高等院校"十三五"系列教材·心理健康通识课程系列

"互联网+"新形态一体化教材

幸福心理学

◎ 雷鸣　王琛　编著

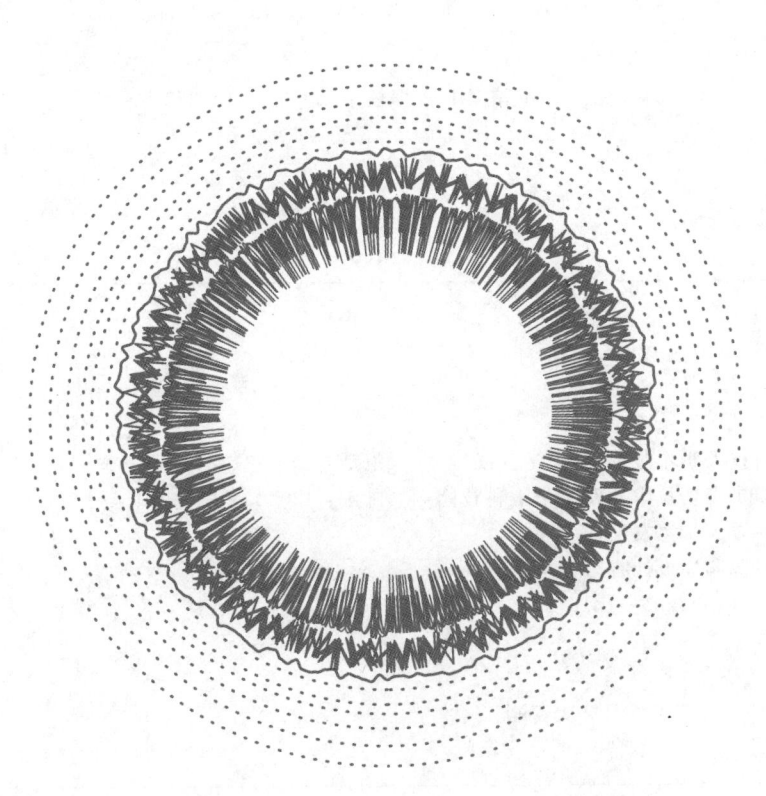

华中科技大学出版社
http://www.hustp.com
中国·武汉

内 容 简 介

　　"幸福心理学"是一门从积极心理学视角传播积极心理健康理念与文化的课程。这门课程根植于中国本土心理学研究成果，探讨中国人的积极心理品质和美德。课程围绕着"幸福"主题，阐释了中国文化背景下与幸福体验密切相关的积极情绪与体验、积极的认知、积极的人格、积极的人际关系、积极的社会组织与文化、压力的积极管理与主动改变等内容。"幸福心理学"课程讲述中国人的幸福故事，从中透析中国人的幸福心理，解读中国人的幸福现象，走进中国人的幸福生活。这是一本具有中国特色、富有时代气息的积极心理学教材，展现了中国的心理健康文化，满足了中国人的心理健康需求。

　　本书是中国大学 MOOC 平台"幸福心理学"课程的指定教材，既可作为本科、成人教育、高职高专积极心理学课程和大学生心理健康课程的教学用书，也可以作为心理学专业课程的教学参考书。由于书中的内容与学生生活关系密切，本书还可以作为通识课程的推荐读物以及心理健康科普读物。

图书在版编目(CIP)数据

幸福心理学/雷鸣，王琛编著.—武汉:华中科技大学出版社，2020.7 (2022.1 重印)
ISBN 978-7-5680-6218-3

Ⅰ.①幸…　Ⅱ.①雷…　②王…　Ⅲ.①幸福-应用心理学　Ⅳ.①B82

中国版本图书馆 CIP 数据核字(2020)第 121322 号

幸福心理学
Xingfu Xinlixue

雷鸣　王琛　编著

策划编辑：江　畅
责任编辑：白　慧
封面设计：优　优
责任监印：朱　玢
出版发行：华中科技大学出版社(中国·武汉)　　　　电话：(027)81321913
　　　　　武汉市东湖新技术开发区华工科技园　　　　邮编：430223
录　　排：华中科技大学惠友文印中心
印　　刷：武汉科源印刷设计有限公司
开　　本：787mm×1092mm　1/16
印　　张：13.25
字　　数：338 千字
版　　次：2022 年 1 月第 1 版第 2 次印刷
定　　价：39.00 元

作者简介

雷鸣，男，博士，副教授，硕士生导师，西南交通大学心理研究与咨询中心副主任，西南交通大学"雏鹰学者"（教学岗）、首批教学设计师，西南交通大学教学质保委课程评估专家、唐臣学堂导师、中美青年创客交流中心创客教育导师，西南交通大学唐立新优秀教师奖获得者，《四川理工学院学报（社会科学版）》编委，四川省心理卫生协会常务理事，中国心理卫生协会心理咨询师专委会青年委员。

研究方向为积极心理学与心理健康教育、学习科学、创伤心理健康与心理复原的认知神经机制。目前主持教育部课题及省级课题 3 项，校级教改项目 2 项，主持国家自然科学基金课题研究 1 项。近 3 年来在《Comprehensive Psychiatry》《Neuroreport》《心理科学进展》等 SCI、CSSCI 期刊上发表论文 10 余篇。在中国大学 MOOC 平台开设"幸福心理学""心理健康传播与普及"两门慕课；"幸福心理学"被选为西南交通大学首批通识课程；"心理学研究方法"被选为西南交通大学优质示范课。在心理健康教育领域率先提出构建"心理健康教育心理学"学科。荣获国家教学成果二等奖、西南交通大学第六届青年教师教学竞赛一等奖、四川省高校心理健康教育课程教学比赛二等奖、教育部第十四届全国多媒体课件大赛三等奖等。

王琛，男，助理研究员，西南交通大学心理研究与咨询中心副主任，国家注册心理咨询师、生涯规划师，四川省预防医学会行为医学分会委员、心理学会会员，四川峨眉山心理学会副会长。多年从事高校学生管理、心理健康及职业生涯规划教育服务工作，曾主持多项省部级课题研究，出版多部教材，公开发表各类学术文章数十篇，在情绪调节、情感困惑、人际交往、压力缓解、职业生涯规划等方面，具有较丰富的个体咨询及团体辅导的经验。

全面小康，渐行渐近。"国家富强、民族振兴、人民幸福"正在由理想变为现实。十八大以来，党和政府将努力提高人民的生活水平，提高人民的幸福感作为施政理念，共创美好幸福生活成为时代的最强音符。20世纪90年代兴起的积极心理学，掀起了一场浩大的对传统主流心理学的修正运动，使得积极的心理现象重新回到心理学研究者的视野之中，并从积极的角度对其重新做出诠释。认识幸福、理解幸福、追求幸福开始成为人民生活的一部分。追求生活的品质、追寻生命的意义、增强自身的幸福感，民众需要引导，社会需要引领。大学生作为一个特殊的社会群体，是祖国未来的接班人，代表着理想，代表着未来。他们的幸福观，代表着青年人的主流和方向，他们确定什么样的幸福观，不仅是其自身的人生选择和生活意义的确定，更重要的是会直接产生重要的社会影响。因此，从积极的视角，积极诠释日常生活现象，引导大学生正视生活中的困境或挑战，激活他们的正能量，增强和提升他们的幸福感，成为高校心理健康教育的重要内容。

雷鸣、王琛两位作者都是毕业于四川师范大学发展与教育心理学专业的硕士研究生，也是我的第一届研究生。值得一提的是，雷鸣还是四川师范大学心理学专业的第一届本科毕业生，并于2005年由学校推荐保送，成为我的弟子，在校期间，他在我的指导下开始涉猎心理复原力的研究，关注积极心理学。雷鸣从西南大学博士毕业后，有缘和王琛一起在西南交通大学工作，并合作完成这本教材。2012年起，雷鸣率先在西南交通大学开设了"幸福心理学"课程，该课程先后被选为心理健康教育特色课程、通识教育课程、在线开放课程建设项目。2019年，这门课程在中国大学MOOC平台开展慕课教学，并在"学习强国"四川学习平台上发布。课程开设至今已有8个年头，在校选修学生有5000余人，在线选修也达上万人次，不少企事业单位也慕名邀请作者前去开展幸福专题讲座，社会反响良好。

凡是过去，皆为序章。两位作者与时俱进，不断改进教学方法，大胆开展教学改革。为满足社会需求，应华中科技大学出版社之邀，他们在原有教材的基础上，重新完善了这本颇具本土化特色的积极心理学教材——《幸福心理学》。这是他们几年来努力工作的结果，作为他们的老师，我深感欣慰。

国内外开设幸福课程的高校已有不少，但是出版的教材却屈指可数。我拿到《幸福心理学》一书文稿后，仔细阅读，细细品味，发现此书具有以下几个特点。

第一，贴近大学生的生活实际。两位作者长期从事心理健康教育工作，身处心理咨询和心理健康教育教学一线，了解当前大学生的社会心理特点和需求。这本书对大量大学生在社会生活中遇到的问题进行了探讨，从积极心理学的视角提出了具有可操作性的相关建议。

第二，本土文化色彩浓烈。本书系统梳理和整理了有关中国人积极心理的研究成果以及中国文化背景下的社会心理现象和心理健康理念。从中国人的幸福观到仁爱、中庸等中国人特有的积极品质，书中都做了较为详尽的阐述。这本书可以说是一本本土化积极心理学的著作。

第三，以正面、积极的视角解读生活现象。书中涉及当下的一些热点问题，均从正面的角度进行了积极的解读，让读者们能够理性平和地看待生活中的挫折，看到生活中自尊自信的自己，重塑积极向上的健康心态，成为新时代的"阳光"青年。

第四，知识体系化，系统性与实用性相结合。这部书重点参考了近 5 年的国内外积极心理学的最新研究成果，并融入中国的社会文化、心理健康理念，在科学的基础上趣味性地诠释了社会心理现象，是科学性与趣味性的统一。

第五，突出知识的有效性。虽然这是一本积极心理学著作，但本书没有按照积极心理学的体系撰写编排，而是依据教育部高校学生心理健康教育课程教学内容的要求，以幸福感为核心，围绕着增强和提升幸福感的六个促进因素进行编写，通过"知识拓展""心理训练"栏目对增强和提升自身幸福感的方法和策略进行阐释。提供的方法和策略都是经过实证研究且证实有效的。

我愿意将此书推荐给大家。如果你想增强自身的幸福感，如果你想改善与家人的关系，如果你想成为一位充满"阳光"的青年，那么这本书不容错过。

是为序。

四川师范大学教授、硕士生导师

戴艳

2020 年 4 月 29 日

前言

　　心理学是一门让人幸福的科学。以往研究人的心理困扰或问题，也绝非想要展示个人的缺点或不足，而是为了更好地理解日常生活中的社会心理现象，增强自身的正能量。但是不知从什么时候开始，一提到心理学，大家总是提到"心理疾病""心理问题"。这有违当时建立心理学科的初心。2000年，塞利格曼教授在《美国心理学家》杂志上发表了《积极心理学导论》一文，倡导心理学应该以积极的视角理解、诠释人类的本质与价值。这标志着积极心理学登上了历史的舞台，心理学界掀起了一场挖掘人类自身积极力量的运动。这场改变以往心理学病理性研究取向的运动，恢复了积极心理现象在心理学研究中的合法地位，得到了学者、民众的普遍欢迎。当前积极心理学日益与我们的日常生活结合起来，重视积极心理学成果在生活中的应用，引导我们在生活中看到自己积极的一面，增强自身的正能量，并借助自身的积极力量解决现实困扰。积极心理学责无旁贷地承担起"让人民生活得更加幸福、更有尊严，让社会更加公正、更加和谐"的历史使命，涵养积极心态，助力社会发展。

　　雷鸣老师从学生时代起就开展积极心理学的研究，入职西南交通大学后，一直倡导从积极心理学的角度开展心理健康教育工作。他从2012年起面向全校学生开设并负责建设"幸福心理学"课程，一直反响不错。选修过这门课程的学生累计超过6000人。这门课程在2013年获建心理健康教育特色课程，2014年获建西南交通大学通识课程。立足于提升积极心理健康素质、增强心理正能量、提高生活质量，从通识教育的意义、积极心理学的研究成果、本土化的特色、学生的内心需求四个方面构建本土化课程体系，并从中国传统优秀文化和国内学者的研究成果中汲取营养。2016年，机械工业出版社出版了教材《幸福心理学》。教材出版4年以来，积极心理学的研究成果进一步丰富，"00后"大学生也迈入了大学校园，另外，2018年获建西南交通大学在线开放课程，2019年在中国大学MOOC平台上开展慕课教学。基于此，雷鸣、王琛觉得有必要与时俱进，进一步完善与课程配套的教材，结合慕课建设，出版数字化教材。这次有幸得到西南交通大学校级在线开放课程（慕课）建设项目、"精品教材"建设项目（西交校教〔2019〕4号）和新时代"大思政"育人工作项目（DSZ2019-YHGG-06）的立项支持，重新完善教材，并在华中科技大学出版社出版。

　　作为一门课程，最根本的是教学内容（即教材）。因为教学内容既是课程的基本构成要素，又是确保教学有效性的重要因素。相对于心理学其他学科而言，积极心理学虽然正在蓬勃发展，但是至今仍未形成一套完整的体系。凡是属于人类的积极心理品质和美德，都是积极心理学的研究对象。这不可避免地导致了积极心理学主题多样、成果丰富，但内容略显凌乱。在这些年的课程建设和教学活动中，我们深刻地意识到，构建"幸福心理学"课程的教学内容，除了立足于积极心理学研究成果、满足学生内在心理需求、体现通识教育的意义和增强本土化研究特色之外，还应该贴近现实生活，围绕着"What（内涵）、Why（机制）、How（方法）"组织教学内容，因事而化，回应学生关切的生活话题和困惑，引导学生全面、辩证地看待社会和人生，正确地看待人生发展路途上的义和利、群与己、成与败、得与失，涵养积极向上的健康心态，凝聚"精气神"；与时俱进，更新教学理念与方法、手段，激励学生敢于有梦、勇于追梦、勤于圆梦，凝聚正能量；因势而新，顺应互联网技术的发展，主动融入网络教学"新阵地"，在无声处引领价值塑造，在浸润中塑造正确的"三观"。

本书具有以下几个方面的特点：一是聚焦中国特色，书写中国的幸福故事。这门课程讲述中国人的幸福故事，从中透析中国人的幸福心理，解读中国人的幸福现象，走进中国人的幸福生活。从中国优秀传统文化、革命文化和社会主义先进文化中汲取心理健康教育素材，展现中国的心理健康文化，使读者正确地认识生活。二是在构建幸福课堂、幸福讲座、幸福沙龙、幸福工作坊、幸福训练"五位一体"的课堂教学基础上，聚焦"理论讲解＋案例剖析＋心理训练"的教学方式，以"知识拓展"的形式运用心理学知识诠释社会生活中的热点话题，便于读者理解身边的心理现象；强化"自我训练"活动，强化体验性，增强内心的正能量。三是适应线上线下混合式教学需要，依托中国大学 MOOC 平台，建设课程资源。助力读者课前预习、课堂研讨、课后的反思与训练；助力读者思考生活的意义、生存的目的和生命的价值。

这部书稿并非一蹴而就。本书在原有教材的基础上，系统地整理了国内外最新的积极心理学研究成果，吸收了一些近年来富有中国特色的积极心理学研究成果，结合当前校园中存在的社会心理现象和典型事例，希望对大学生们有所帮助和启发。同时，本书获得四川省社科规划项目一般项目（项目编号：SC18B137）、四川省教师教育研究中心一般项目（项目编号：TER2017-006）、四川省 2018—2020 年高等教育人才培养质量和教学改革一般项目（项目编号：JG2018-142）的资助，部分研究成果在书中也有所体现。雷鸣和王琛共同完成这部书稿的撰写，其中，雷鸣负责第一、二、四、五、七编共十章的撰写，王琛负责第三、六编共三章的撰写，最后由雷鸣进行统稿。由于本书试图让任何一位没有心理学背景的读者都能看懂，并没有完全采用学术论文的写作风格。在此对未能一一注明具体名字的学者表示衷心的感谢和深深的敬意。同时希望能得到读者对不足之处的谅解。

这本书的顺利出版，得到了西南交通大学心理研究与咨询中心领导、同事以及成都山桦文化传播有限公司康明君老师、华中科技大学出版社江畅编辑的关心和帮助，在此谨表示感谢。感谢吴柔嘉、姜妍、江基伟在素材搜集、课程建设方面付出的辛苦劳动，感谢蒋倩手绘部分图画。同时，我们也特别感谢自己的家人，他们为我们撰写书稿提供了良好的环境。

由于时间仓促，水平有限，本书在阐述和分析中难免会存在一些缺点、错误和疏漏之处，恳请专家、同行和读者批评指正。

雷鸣　王琛

2020 年 2 月 25 日

扫描二维码，观看慕课

目录
Contents

第一编
积极心理学与幸福人生

一直以来，人类都在追求幸福、快乐，而心理学正是一门让人幸福的学科，自诞生之日起，它便自觉地承担起这一使命。心理学研究是为了揭示人类心理现象的基本规律，以便更好地描述、预测和控制心理现象的发生与发展，为人类生活质量的提升提供服务。

积极心理学从正面的角度引导民众关注人类自身具有的积极品质和美德，从积极的视角诠释了人类的心理现象，契合了民众的心理需求，改变了民众对心理学的刻板印象，使心理学重新获得了民众的信任。有研究表明，关注心理健康有助于提升个人的心理健康水平。因此，学习心理学，就是寻找幸福的过程；学习心理学，就是让追求幸福成为自觉行动。

第一章　积极心理学概述

"追求幸福"是时代的主题,也是积极心理学的核心主题。我们了解和学习积极心理学,其实是为了更好地觉察幸福、理解幸福、体验幸福、追求幸福。本章主要介绍了什么是积极心理学,以及这个时代的主题:积极、幸福和蓬勃。这一章也会告诉大家,积极和幸福不仅是人类的本能,而且是可以习得的。

第一节　时代的主题：积极、幸福与蓬勃

积极心理学的产生缘起于塞利格曼教授(积极心理学的创立者)和他女儿的一次花园对话。女儿的回答让塞利格曼教授意识到,心理学应该研究人的积极方面,这促使他发起了一场关注人类积极力量和潜能的积极心理学运动。他在当选美国心理学会(American Psychological Association,简称 APA)主席之后,更是积极倡导积极心理学运动,引起了心理学研究者的足够重视。在 1998 年的美国心理学会年度大会上,塞利格曼教授第一次提出"积极心理学"一词,并强调应该将积极心理学作为 21 世纪心理学工作的重心之一。2000 年,塞利格曼教授在《美国心理学家》期刊上发表了《积极心理学导论》一文,标志着积极心理学运动正式兴起,积极心理学成为心理学发展的重要方向。

一、积极心理学的主题

积极心理学并不只是修正心理学研究的价值取向,更重要的是让民众看到人性中的"善"、人性中的"积极",引导民众学会体验和获得幸福。可以这么说,积极心理学就是一门研究和培养人类积极品质和美德,激发个人潜能,提升个体幸福体验的科学。

积极心理学运动不仅引发了我们对生活质量的认识和思考,还反映了当代社会发展的价值诉求。积极、幸福和蓬勃突出了我们当代社会的主题,成为民众精神生活的自觉追求,是定义当代积极心理学运动发展的关键词。

(一) 积极

积极一词来自拉丁语"positum",原意是指"实际而具有建设性的或潜在的"。心理学所说的"积极",一般具有"正向"或"主动"的含义,既包含外在的主动、积极行为,也包含内在的积极性和倾向性。

在积极心理学领域,"积极"具体包含三个方面的含义。第一,"积极"是相对"消极"或"问题"而言的。积极心理学把心理学研究的焦点从"问题"或者"异常行为"转向人性的积极方面,这是对之前试图通过聚焦问题、解决问题,以促进个体心理健康的心理健康增进策略的补充和完善。第二,引导我们关注人类的积极心理品质,这是我们之前忽视的地方。我们之前总是关

注解决人类自身存在的问题,却忽视了我们人类自身的积极力量,没有依靠这些积极力量来提升和完善自己。第三,从积极、正面的角度对心理现象做出适当的解释,并从中获得积极的意义。从进化心理学的角度来看,抑郁症、强迫症、精神分裂症等心理疾患都是人类适应环境的机制。

总的来说,积极心理学的"积极"更多强调的是看待问题的视角。心理学本来是一门能让人幸福的学科,积极心理学促使心理学的研究回归原有价值导向。我们之前聚焦问题、关注消极方面,是想通过解决问题来增进个体的心理健康。但是这种心理健康增进策略不断地强调病理性行为,让人产生了"我们都有病"的感觉,这与心理学的初衷是背道而驰的。积极心理学引导我们关注人类的积极方面,从而使得一些积极品质和力量重新回到我们的视野中,让我们看到人类心理现象中正性、积极的一面。

(二)幸福

"幸福"一词由迪纳教授引入积极心理学。在积极心理学运动的前期,可以毫不客气地说,幸福感几乎成了积极心理学的代名词。在研究主题方面,幸福感成为积极心理学的核心主题和主要内容。

在积极心理学中,"幸福"包含两个方面的含义。一是积极的情绪体验,比如快乐、兴奋等典型体验,在这种体验中,我们能由衷地体验到高兴、愉快等情绪,这是所有人都向往的心理体验。幸福感是人类最为重要的内在体验,也是所有积极力量和品质形成的关键。二是高质量的生活,既包含物质生活状况,也包括对内在精神世界的评价。幸福感实际上是对当前生活质量的综合评价,体现了对当前生活质量的满意程度。

总的来说,增强幸福感的关键在于不断地满足我们的生活需求,比如住房的满足、出行的便利、生命财产的安全、人际的信任、内心的安宁等。这需要我们树立理性的幸福观念,正确地看待生活中的得与失、利与弊、多与少等,对现实社会和自身发展要有合理的预期。

(三)蓬勃

随着积极心理学运动的深入发展,积极心理学的内容主体逐渐丰富起来。塞利格曼教授认为,应该将人生的蓬勃(flourish)程度作为衡量幸福的黄金标准。他认为,之前我们对幸福的注解存在三个明显的不足。一是把积极情绪与幸福牢牢地联系在一起,似乎谈到幸福,就必然要联系到积极情绪,甚至将幸福体验等同于积极情绪体验。二是对个体幸福体验的衡量太侧重于对生活质量的主观评价,但是这种衡量的方式存在明显的问题,主观性太强,也不太稳定。也许之前让你感觉满意的事情,此刻又不会感到满意。三是积极情绪、投入、人生意义并不能完全代表所有人的追求。幸福的生活状态还包含很多内容,当下的生活和精神状态才是应该重点考虑的方面。

在中国文化背景下,蓬勃就是指生命的活力,即我们展现出来的富有生机的精神面貌和主动的行为表现。青少年是一个充满朝气、活力的群体,他们当中,展现蓬勃生活状态的例子不胜枚举。他们敢于"仰望星空",对未来充满理想和抱负,面对重大突发事件,愿意为自己的理想和抱负而勇当"逆行"者,不负韶华;他们"不怕失败",有敢作敢为的拼劲,面对历史使命,朝气蓬勃,在创新创业大潮中敢作敢为,激发了无限的创新创造潜能。积极心态的建设非常重要,自尊自信、理性平和、积极向上的社会心态,不仅有助于促进社会和谐,还有助于增强个人的幸福体验。

积极、幸福和蓬勃是我们追求的积极心理状态。积极向我们展示了人类心理现象中正向的一面,幸福凸显了我们对生活品质的追求,蓬勃则显示了我们寻求幸福的内在动力和状态。围绕这三个主题,积极心理学推动了我们对人类自身的积极品质和美德的不断探索。

知识拓展

塞利格曼与积极心理学

谈到积极心理学,就不得不讲讲塞利格曼教授,他是积极心理学的倡议者和创立者,他之所以发起积极心理学运动,源自和他女儿的一次对话。

有一天,塞利格曼教授在花园里面除草,女儿则在旁边玩耍,还不时将割下来的草抛向空中,塞利格曼教授就大声地呵斥女儿。女儿一声不吭地离开了花园,不久后又回来了,并一本正经地对着塞利格曼教授说:"爸爸,我想和你谈谈。""可以啊,尼奇(女儿的名字)。"塞利格曼教授回答道。"爸爸,你还记得我过 5 岁生日之前的事情吗?你经常说我在 3 岁到 5 岁时是一个爱抱怨和哭诉的人,那时我经常要抱怨很多事情,也不管这些事情重要不重要。但是当我过了 5 岁生日后,我就下决心不再就任何事对任何人抱怨和哭诉。这是我迄今为止做过的最艰难的一件事。不过我发现,当我不再抱怨和哭诉的时候,你也会停止对我吼叫和训斥。"女儿的回答让塞利格曼教授一下子意识到了一些道理:一是孩子本身具有积极力量,我们需要挖掘孩子身上的积极力量;二是自己总是以消极的方式对待女儿的缺点和不足,也许换成积极的方式去应对,效果会更好;三是心理学应该研究人类的积极方面。

1998 年,塞利格曼教授当选美国心理学会主席之后,更加积极地在心理学界倡导积极心理学运动。在 1998 年的美国心理学会年度大会上,塞利格曼教授第一次提出"积极心理学"的概念,并明确提出积极心理学应该成为 21 世纪的重点工作之一。2000 年,塞利格曼教授在《美国心理学家》期刊上发表《积极心理学导论》一文,标志着积极心理学运动正式兴起,积极心理学成为心理学发展的重要方向。

二、积极心理学关注积极品质和美德

(一)人类自身具有积极品质和美德

1. 人性本善

人的本性是善,还是恶?这不仅是哲学问题,也是心理学关心的话题。有关人性本质的探讨贯穿了心理学的整个发展历史,在不同的人性假设前提下,形成了不同的理论派别。比如在面对压力时,人性是趋于善的、积极的,还是趋于恶的、消极的?在弗洛伊德看来,人性是恶的、消极的,人类总是以病态的形式来摆脱压力和困境;在马斯洛看来,人性是善的、积极的,人类具有自我实现的驱动力。

积极心理学的研究证明"人性是善的"。以心理健康教育为例,积极心理学合理地解释了我们在心理健康促进活动中表现出来的正能量。回顾心理健康教育的发展历程,心理健康教育的实践也曾趋向于"人性是恶的",抹杀了人积极的一面,突出了消极的方面:面对的都是"有问题"的个体,讲授的都是症状和治疗方面的内容,实践的重点都是如何治疗,工作的目标是尽量不出事。但对照现实生活,我们会发现一个矛盾现象:既然人都是消极的,那为什么有不少人主动学习与心理健康相关的课程?为什么有不少人遇到心理困惑时会主动寻求专业咨询和治疗?这些行为促使我们重新思考人性的本质,反思工作的价值导向。心理健康教育的目的不仅在于消除心理困扰,缓解心理问题,还在于挖掘和提升个体的积极品质和力量,提升心理健康素质。

2. 积极品质和美德是人类固有的本性

很多人都渴望塑造积极品质和美德,挖掘自身积极心理品质和潜能,但似乎都忽视了这样一个事实——积极心理品质和美德是我们人类固有的。在积极心理学的研究中,不乏这一方面的经典案例。

比如,研究同情心的经典实验——婴儿啼哭实验。我们都知道,在日常生活中,如果一个房间里面有两个及以上的婴儿,那么就比较麻烦。为什么呢?因为如果其中一个婴儿啼哭,另外的婴儿自然就会跟着啼哭。有心理学家会思考,这是为什么?是被情绪传染了,还是源自天生的同情心?有研究者做了这样一个实验。他们预先录下了其中一个婴儿的哭声,又录下另外一个婴儿的哭声。在一个安静的房间中,他们发现,婴儿听到自己的哭声并没有出现哭泣行为,但是听到其他婴儿的哭声就会跟着哭泣。这项实验表明,我们人类天生就具有同情心。

又比如,国外的社会心理学家做过一项观察实验,结果表明,我们这个世界还是好人多。实验是在冰雪天气下一个公交车站进行的。实验的目的是观察有多少人愿意为一个衣着单薄的儿童提供诸如衣服、围巾、手套等帮助。除了这个孩子知道整个实验过程会被录像以外,站在车站候车的人们并不知道正在被拍摄记录。结果显示,见过这个小孩的绝大多数人或是脱下大衣外套,或是脱下手套,或是脱下围巾……这个实验的结果证明,社会上绝大多数人愿意在没有任何利益的前提下为其他人提供帮助。

虽然人类的积极品质与美德与生俱来,无须刻意地塑造和培养,但需要我们主动地发现,有意识地挖掘。主动地发现就是我们愿意从正面、好的一面去认识心理品质和美德。有意识地挖掘就是通过参与一些实践活动,有意识地展现自身具有的积极品质和美德。

(二) 积极品质和美德是可以习得的

1. 积极品质和美德可以通过后天努力获得

塞利格曼教授先前的一项实验结果表明,积极品质和美德也是可以经过后天的努力而获得的。

塞利格曼教授开展过一项揭示抑郁症病理机制的实验。在这项实验中,用设备反复电击一条关在特制铁笼中的小狗,铁笼经过特殊设计,中间有隔断,这个隔断将铁笼分为左、右两边,两边都有单独的通电开关控制。一开始这条狗在笼子的一侧受到电击后,出于本能反应,自然会跑到铁笼的另一侧。反复多次之后,铁笼的两侧同时通电。这条狗闹腾一段时间之后,开始放弃任何逃避电击的尝试,对电击不做任何反应。实验之后,塞利格曼教授进一步反思:既然抑郁症可以后天习得,那么幸福也可以通过后天努力而获得。塞利格曼教授的这个实验很重要,让我们意识到积极品质和美德可以通过自己的努力而习得。

2. 积极品质和美德可以通过有计划的训练获得

国外已有学者开展过通过感恩练习增强个体幸福感的实验。在这个实验中,要求参与者每天花 15 分钟梳理自己感激的事情,并每周做一次总结。6 周以后,这些参与者的幸福感都得到了明显提升。国内不少学者也实施了类似的提升个体幸福感的临床干预方案。比如,王彦等人(2013)将招募到的参与者随机分为感激组、乐观组和控制组。其中,感激组参与者每周要留意和写下 5 件感激的事情,乐观组参与者每周要想象理想未来的样子并写下纸质材料,控制组参与者每周要留意和写下 5 件对生活有影响的事情。在实验前后,所有参加实验的参与者都填写了个人资料并做了一系列的测验,包括牛津幸福感问卷、正性和负性情感量表、生活满意度量表、流行病学研究中心抑郁量表、个人-活动适合度量表。实验结束后,所有参与者自评练习过程中的个人努力程度。在练习 5 周后,感激组参与者的幸福感水平显著高于乐观组和控制组的参与者,同时,从幸福感的提升程度来看,感激组参与者的幸福感提升程度显著高于乐观组和控制组的参与者。

在以上研究的基础上,心理学家柳博米尔斯基等人提出了"持续幸福的模型"(见图 1-1)。他们认为人类的幸福感受到遗传、环境以及有目的的行为的综合影响。在这个模型中,遗传决定着人类幸福的起点,环境影响着人类幸福的程度,有目的的行为则影响着人类幸福的频率。从这个模型来看,可以通过改变有目的的行为增强和提升幸福感。

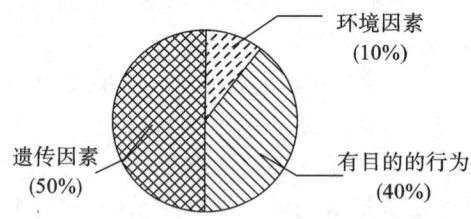

图 1-1 持续幸福的模型(柳博米尔斯基,谢尔登,施卡达,2005)

知识拓展

幸福感可以长久吗?

当我们经过努力评上奖学金时,当我们坠入爱河时,当我们购买的彩票中奖时······你会怎么样?我们肯定会非常高兴,也会感受到幸福,这是不容置疑的。但是很快,幸福的感觉就会消失,很难让它一直持续下去。甚至有研究发现,中奖的人在一年以后的快乐程度还不如没有中奖的人。这是为什么呢?通过双生子调查发现,50%的幸福体验来自遗传,10%源自环境,剩下的 40%源自我们的目的行为。所以,我们不能让获得的幸福体验一直持续下去,是因为我们与幸福相关的目的行为发生了变化。比如,我们一直努力地追求某一门课程获得 90 分,但得到 90 分之后,我们的行为意图不再聚焦于 90 分,之后,即便再次得到 90 分,我们也不会感受到强烈的快乐。所以,要想获得持久的幸福,就应该持续保持一些与幸福相关的活动或行为。

第二节　积极心理学的研究主题与发展趋势

　　伴随着积极心理学运动的发展和成果的丰富,积极心理学陷入主题凌乱、体系不明的困境,无法用理论组织其研究成果,难以形成一套结构化的体系。但是通过很多学者的分析和梳理,积极心理学的内容体系逐渐明朗,从促进积极心理的构建,提升积极心理健康素质,认识和挖掘自身积极品质和美德的视角,构建了积极情绪与体验、积极的认知、积极的人格、积极的人际关系、积极的社会组织与文化、压力的积极管理与主动改变六个板块的内容。

一、积极心理学的研究主题

　　自从塞利格曼教授提出"积极心理学"的概念之后,心理学研究者开始关注人类的积极品质和美德。积极心理学涌现出大量的研究主题,比如积极心理健康、积极心理治疗、积极取向的认知、积极人格、积极人际关系、积极自我、积极教育等,伴随积极心理学运动的兴起,以上研究内容应运而生。同时,创办了专门刊登积极心理学研究成果的刊物 *Journal of Positive Psychology* ,为进一步梳理和完善积极心理学的内容体系奠定了良好的基础。

　　尽管积极心理学运动一开始并不是立足于学科建设,但是学者们提供的丰硕成果却为构建积极心理学的学科体系提供了探索的空间。比如,彼得森在编写《积极心理学》教材的时候,将整个教材分为愉悦与积极体验,幸福,积极的思维,个性的力量,价值,兴趣、能力和成就,健康,积极的人际关系,授权机构9个板块的知识;卡尔编写的《积极心理学》教材包含幸福,沉浸体验,希望和乐观,情绪智力,天赋、创造力与智慧,积极特质与动机,积极自我,积极关系,积极改变9个部分的内容;斯奈德和洛佩斯编写的《积极心理学》教材包含8个方面的内容,具体包括东西方文化视野下的积极心理学、人生不同阶段的幸福生活、积极情绪状态和过程、积极认知状态和过程、亲社会行为、理解和改变人类行为、积极环境、积极的自我改变。总的来说,围绕"增强和提升个体和社会幸福感"这一主题,沿着如何促进个体感知幸福、体验幸福和追求幸福这一思路,初步构建了积极心理学的内容体系。

　　积极心理学运动让我们重新审视人类自身的积极品质和美德。这些积极品质和美德是积极的心理资源,能够有效地缓冲外界消极刺激的负面影响,增强个人的正能量。因此,我们需要传播和普及积极心理学的知识,倡导增强和提升个人幸福体验的科学方法,弘扬积极心理学的理念与文化。在国内,不少学者从积极心理学的视角重新梳理心理健康教育的内容和方法,引导读者更多地从正面、积极的角度认识心理现象,正确认识心理障碍的病理症状。当然,也有不少学者开设了专门介绍积极心理学的课程,传播积极心理学的理念。

　　本书意在挖掘和吸收中国优秀传统文化,正确地理解中国人的积极心理与行为,剖析中国人的幸福规律,理解中国人的幸福生活,分享中国人的心理健康理念,正确地诠释中国人对幸福的理解。同时,结合现有的积极心理学研究文献,围绕"幸福感"这一主题,从积极情绪与体验、积极的认知、积极的人格、积极的人际关系、积极的社会组织与文化、压力的积极管理与主动改变六个主要因素揭示增强幸福体验的理念和方法,提供一些富有成效的干预训练活动。

二、积极心理学的发展趋势

（一）传播积极心理学理念的幸福教育蓬勃发展

进入新世纪之后，以"幸福"为核心的积极心理学运动在全球掀起了一场"幸福教育"的浪潮。幸福教育以培养和增进人的幸福体验为目的，引导人们树立正确的幸福观，传播和普及积极心理学的知识，倡导增强和提升个人幸福体验的科学方法，弘扬积极心理健康教育的理念与文化。其中，树立正确的幸福观是幸福教育的起点。"幸福教育"面向生活，让人们思索幸福的意义，引导个体感知幸福、体验幸福、追求幸福、珍惜幸福。这不仅使当前教育恢复应然价值，让教育回复到"育人"地位，而且是引导个体和社会形成正确的幸福观，拓展增强个体幸福感的有效途径。

（二）大力推动积极心理学课程建设

幸福教育的浪潮冲击着传统的心理学课程体系，特别是哈佛大学的沙哈尔博士主讲的"幸福课（Positive Psychology）"，备受人们关注。此后，以幸福为导向的课程及其教育理念席卷全球，美国、英国、澳大利亚、丹麦等国家纷纷启动幸福教育实验或建设幸福教育课程。幸福教育及其课程已经成为积极心理学运动的一种新的重要形式[①]。国内不少高校开设了积极心理学课程，普及积极心理学的知识和提升幸福感的技能。

（三）重视文化差异，正确解读中国人的积极心理和行为

尽管人类的心理现象具有普遍性和共同性，但是跨文化研究结果显示，文化是重要的影响变量，同样的积极心理品质在中西方文化背景下的内涵及表现形式有着明显的差异。

以自尊为例，舒首立等人（2012）就指出中国文化中的"自尊"并不等同于西方文化中的"自尊"。中国人的自尊是指我们对自己的基本态度和评价，包括个体自尊、民族自尊和文化自尊；而西方的自尊则指人们对自己的认识、评价或者情感，具体表现为自我胜任感、自我价值感或者二者的结合。从概念涉及的内容范围来看，中国人的自尊涉及个人、集体层面。同时，一些在西方积极心理学中被视为消极的心理结构，在中国文化背景下却能够带来积极的效果。以情绪调节的表达抑制策略为例，巴特勒等人（2007）在对欧裔美国人和亚裔美国人进行调查时发现，欧裔美国人使用表达抑制策略导致人际互动和活动减少，给同伴留下了负面的印象，增加了敌对情绪，但是亚裔美国人使用表达抑制策略的效果却恰好相反。在不少研究中都发现，表达抑制能让东方民众获得群体的接纳，更好地融入群体。

（四）吸收并融合中国传统文化的精华，积极倡导中国积极的价值取向

积极心理学运动发轫于西方，探讨的都是根植于西方文化背景下的积极品质和美德，深受西方价值观的影响。而本课程讲述的是中国人的幸福故事，从中透析中国人的幸福心理，解读中国人的幸福现象，走进中国人的幸福生活，展现中国的心理健康文化，适应中国人的心理健康需求。

---

① 从现有的文献来看，"幸福"俨然已经成为当前积极心理学研究的核心和焦点。有学者认为，"幸福"一词已经成为积极心理学的代名词。因而国内不少学者在开设和确定积极心理学课程名称的时候，以"幸福心理学"或"幸福课"来指代"积极心理学"。

更重要的是,中西方对幸福的理解是不同的,中国人以"乐"作为幸福的表现。曾红等人(2012)认为,中国人的幸福感重视人际与集体的和谐,重视精神的感受。这种幸福感是人际关系和社会和谐的集体主义幸福观,并且与道德感、审美感相连,追求的是一种理性之乐。具体来说,中国人的幸福更多受到人际关系质量以及社会环境的影响;中国人的幸福强调精神的满足,追求精神之乐;中国人在谈到幸福的时候,往往以不幸作为背景,越是产生强烈的不幸体验,就越是强烈地追求幸福;在幸福的体验上,中国人并不追求极端强烈的积极情绪体验,而是追求一种平淡的心境,即积极情绪体验与消极情绪体验之间的平衡。

名词解释 ▶▶▶

积极:在心理学文献中一般具有"正向的"或"主动的"含义,既包含外在的主动、积极行为,也包含内在的积极性和倾向性。

幸福:包含两个方面的含义。一是积极的情绪体验,如快乐、兴奋等典型体验。二是高质量的生活,既包含物质生活状况,也包括对内在精神世界的评价。

蓬勃:生命的活力,即我们能够展现出来的富有生机的精神面貌和主动的行为表现。

思考与练习

1. 积极心理学三大主题(积极、幸福、蓬勃)表达的价值诉求是什么?
2. 结合自身的经历,谈谈如何让自己获得持续的幸福。

第二章　认识中国文化背景下的幸福

　　如果有人问你:"你幸福吗?"你会怎么回答? 我们给出什么样的答案,取决于我们对幸福的理解和思考。不过心理学更关注幸福带来的感受和体验,即我们常说的幸福感。我们在了解幸福感之前,需要先了解决定我们幸福感受的内在力量——幸福观。除此之外,还需要了解幸福感的含义、评估方法、特征、心理机制以及影响因素,了解幸福感的不同形式——情绪幸福感、心理幸福感和社会幸福感。

第一节　树立正确的幸福观

　　幸福是人的需求得到满足之后坦然的心理状态,是一种客观实在。日常生活中常说的"幸福",实际上指的是心理学文献中的幸福感。然而,任何一个人对幸福的认识都受制于他的幸福观,幸福观是人生观系统中关于"什么是幸福"的总的看法和认识,是对个人生活质量的综合性评价,受到时代背景、社会环境、价值观的影响。幸福感是个体对幸福的内心体验和心理感受,具有很强的主观性。幸福感受到幸福观的影响和制约,是通过幸福观进行价值判断的结果。因此,在讨论幸福感之前,有必要先对幸福观进行梳理。

一、幸福观的内涵

　　当我们被问到"你幸福吗"这样的问题时,无论做出何种回答,都反映了我们对幸福最朴素的看法。对我而言,什么是幸福? 这就是幸福观要回答的最基本的问题。这个问题的答案,不仅反映出一个人对生活的态度和看法,还反映出一个人对自然、社会、世界、自身的认识程度。幸福观是人生观系统中有关幸福的思考,影响着人们的幸福感。

　　现在很多学者已经意识到研究和引导人们建立正确幸福观的重要性。正确的幸福观有助于我们的成长和发展。首先,幸福观应该与社会的主流价值观相符。选择什么样的幸福观,归根到底还是建立什么样的人生观、价值观问题。对"什么是幸福"的回答,从本质上反映出我们关于幸福的价值观念。人类是社会性动物,人的成长是不断社会化的过程。在这个成长过程中,人们更好地适应社会、融入社会。因此,一个人的价值理念应该符合自己所在社会群体的主流价值观。正确的幸福观应该与社会主流的核心价值观相符。我们所追求的正确的幸福观就是社会主义核心价值观,即在国家层面倡导富强、民主、文明、和谐,在社会层面倡导自由、平等、公正、法治,在个人层面倡导爱国、敬业、诚信、友善。这些价值观应该融入我们的幸福观中。个人的幸福观应该与国家、社会的发展目标以及社会倡导的主流价值观保持一致。

　　其次,幸福观要契合中国的社会文化。文化是一个重要的变量。不同的社会文化背景下,个体的幸福观念是不同的。从心理学研究的角度来看,无论是幸福感的构成成分,还是幸福感的内涵,中西方对幸福的理解都存在明显差异。比如,在幸福感的情感成分上,西方强调幸福感就是积极情绪体验极大化,消极情绪体验最小化,但是中国人的幸福感强调积极情绪与消极情绪的大体平衡。又比如,在幸福感的内涵上,西方强调幸福感是个人的主观感受,关键在于个体自己的想法、潜能是否已经表达或者实现,但是在中国文化中,人际关系的和谐在个人幸福体验中扮演着重要角色。

二、中西方幸福观

幸福观虽然表现为一种主观的认识和感受,但实际上深受社会文化的影响。关于幸福观,中西方之所以出现截然不同的观点,主要是源于社会文化的影响。最明显的一点就是中国的幸福观深受集体主义的影响,而西方的幸福观受到个体主义的影响。

(一)西方的幸福观

西方社会的幸福观主要有三种类型:理性主义幸福观、自然主义幸福观、基于信仰的幸福观。

1. 理性主义幸福观

理性主义幸福观认为幸福源自个人的理性行为,将幸福和感官快乐严格地区分开来。苏格拉底、柏拉图、亚里士多德等都是理性主义幸福观的代表人物。他们强调理性在增进幸福体验中的作用,主张应该抑制个人的物质欲望而追求精神层面上的幸福;他们认为幸福就是人们对精神、灵魂的追求,引导人们放弃对物质、感官享受的追求。

不过,对于主观精神层面的幸福体验,他们强调的侧重点有所不同。苏格拉底认为,幸福存在于认识自身的过程中,认识到“我是谁”才是最幸福的事情。柏拉图认为,善良才是幸福的根本,对善的追求才是抵达幸福的唯一途径。亚里士多德则将幸福与德行联系起来,他认为幸福是一种合于德行的现实活动,只有合于德行,才能获得理智的生命,才会获得幸福。

2. 自然主义幸福观

自然主义幸福观认为幸福来源于人的本性,人生的目的就是追求快乐、享受幸福。将感性快乐等同于幸福,与理性主义幸福观是相对的。自然主义幸福观的代表人物是伊壁鸠鲁和边沁等。伊壁鸠鲁认为,真正的快乐就是身体无痛苦和灵魂不受干扰。边沁则认为人的一切行为都是求乐避苦、趋利避害的,不仅人的本能倾向是避苦,而且人的义务就是做让自己快乐的事情。

3. 基于信仰的幸福观

基于信仰的幸福观主要是从宗教信仰的角度提出的,认为幸福都是源自上帝,并最终回归上帝,真正的幸福不是物质或精神的奖励,而是对信仰的不断追求和向往。基于信仰的幸福观的代表人物是奥古斯丁和阿奎拉等。

这种幸福观主要体现在两个方面。一是幸福就是自己对信仰的追求和坚持。奥古斯丁认为,上帝是至高无上的,只有上帝才能提供给人们所需要的一切。阿奎拉则进一步认为,真正的幸福在于追求至善的境界,也就是爱上帝。二是幸福存在于来世,只有信服上帝,来世才能获得永恒、持久的幸福。基督教认为,现实的幸福是不可靠的,幸福不存在于今世,而在来世。只有赢得上帝的尊重、宽恕,才能在来世获得幸福;今世遭受的苦难越大,来世获得的幸福越多。

（二）中国的幸福观

1. 儒家的幸福观

儒家对中国人幸福观的影响最为深刻。首先，儒家认为，幸福还是不幸福的判断标准是"五福"（即长寿、富贵、康宁、好德、善终），并强调幸福与不幸福的辩证关系，把幸福与德行联系在一起，德行优先，幸福是德行的附属物。其次，强调幸福是可以追求的。"五福"虽然由上天决定，但是"好德"在于自身的把握。通过修身提升自身的德行，才能获得幸福。再次，儒家强调人际关系对幸福的重要性，认为幸福就是享受"父母俱在，兄弟无敌"的天伦之乐。最后，儒家提出要追求社会的共同幸福。通过"修身、齐家、治国、平天下"，求"天下大同"的幸福，即追求普天之下共同的社会幸福。

2. 道家的幸福观

道家的幸福观就是以道为核心，合道顺道。道家认为，万物的本然状态就是最好的状态，能顺其自然之性，则合乎道，能得到最大的幸福。道家从五个方面判断我们的生活是否幸福：合道顺道的生活方式、身心健全的积极状态、道法自然的主观满足、虚静逍遥的精神状态、自然超脱的价值追求（杨玉辉，2011）。具体来说，第一，在生活方式上要合道顺道。这里的"道"就是规律，我们要遵从人的生活规律、事物的成长规律。第二，身心处于积极状态。幸福生活的前提是身体与心理都健全，身心和谐。第三，通过道法自然获得愉悦体验。就是在安排生活时要符合事物的本性和规律，并从中感到满足、愉悦、惬意等。第四，在生活追求上"致虚极，守静笃"，只有保持内心的坚守虚静，幸福快乐才会不期而至。第五，在价值追求上，要自然超脱，"作为"而不刻意达成某种目的。

3. 佛教的幸福观

佛教的幸福观是从苦与乐的辩证关系中诠释幸福。在佛教看来，众人皆有"苦根"，苦乃人天生所难免；同时，众生也有"乐根"，乐也是人的本性。如果一个人一味地寻求乐，那么其结果势必是苦的，最终是不幸福的；但是如果一个人能够真正理解并接纳苦，那么他就容易获得幸福。因此，佛教强调"苦乐圆融"，其中，苦受是核心，圆融是关键。苦受就是理解苦、接纳苦；圆融则指认识到苦即乐，无苦即无乐。也就是说，如果一个人能够从内心解脱，破除苦与乐的迷执，那么他就会感受到幸福，幸福就是"不执不舍"的一种状态。

（三）中西方幸福观的差异

其实大家都能够看到，中西方的主要幸福观在对幸福的诠释、实现途径、体验的指向性等方面存在着显著的差异（张静，2008），具体来说，体现在以下几个方面。

第一，在幸福感的理解上，西方的幸福观将幸福感分解为若干方面，诸如情绪幸福感、心理幸福感、社会幸福感等，而中国传统文化则强调整体的幸福观念，没有拘泥于某一具体领域，将幸福理解为一个系统的、有层次结构的整体。

第二，在幸福感的取向上，西方认为，在积极与消极之间，幸福感居于积极一侧。但是中国传统文化认为过分地强调积极、正面并不是幸福之道。无论儒家、道家，还是佛教都认为，幸福的获得需要辩证地看待积极与消极的关系，而不是执其一端，应该保持两者的大致平衡，趋向于积极。

第三，在幸福感的实现途径上，西方认为，幸福感建立在物质、肉体欲望的满足上，不能离开一定的物质条件和社会状况，幸福的程度取决于外部条件。中国传统文化则强调克制欲望，认为要获得真正的幸福就必须降低对物质的欲望。这是中西方幸福观差异和分歧最大的地方。

第四,在幸福感的延续性上,西方强调追求当下的幸福体验,认为现在的幸福才是最真实的。而中国传统文化不仅关注现在的幸福,也关注未来的幸福。指向未来的幸福感有助于提升现在的幸福体验,因为,只有为了未来幸福,我们才会避免做一些令自己烦恼、后悔的事情,才能克制自我,使身心达到平和的状态。

三、中国当代青年的幸福观

什么是幸福?由于每个人的生活经历、价值观念、成长环境不同,我们对这个问题有着不同的答案。了解中国当代青年幸福观的表现形式及特点能帮助我们正确地理解幸福,科学引导青年树立正确的幸福观,对帮助其获得幸福的人生具有重要的意义。

柴素芳(2012)针对当代青年大学生的幸福观开展问卷调查,结果显示,在幸福含义的认知方面,大多数学生认同"人的迫切而合理的需要通过正当途径得以实现才能幸福"的观点,认识到道德与幸福有着密不可分的关系,能力是获得幸福的前提条件;在幸福类型的认识上,大多数学生认识到物质幸福与精神幸福的统一、过程幸福与结果幸福的统一、个体幸福与社会幸福的统一、创造性幸福与享受性幸福的统一;在幸福目标以及幸福预期上,身心健康、家庭美满、有尊严和价值感是青年人感到幸福的主要原因,而家庭关系失控或个人情感受挫、没有尊严和价值感、经济条件差是他们感到不幸福的主要原因,同时,大多数人认为自己将来会幸福;在幸福的实现途径上,大多数学生认识到幸福要靠自己创造。从上述调查结果看来,大多数青年大学生树立了正确的幸福观。李凤兰等人(2016)也通过调查认为,青年大学生的幸福观表现出如下特点:一是反映了以家庭生活为核心、注重精神生活的价值追求;二是呈现多元化、生活化和个性化特征,青年人最看重"家庭—平安—自由"型幸福观,其次是"快乐"型幸福观、"情感满足"型幸福观,再次是"人际和谐—事业有成"型幸福观、"提升自己—服务社会"型幸福观、"荣誉—信仰"型幸福观;三是以社会为取向的幸福观和追求精神快乐的幸福观有助于提升青年人的幸福感;四是在性别、家庭、生源地等变量上存在显著的差异,具体来说,男生倾向于"金钱—权利—美貌"型幸福观,女生倾向于"家庭—平安—自由"型幸福观,来自城市的青年不看重"提升自己—服务社会"型幸福观等。

笔者调查过当前大学生的幸福观。首先让大学生报告由"幸福"联想到的词汇,通过内容分析方法进行筛选、整理,选取频数最高的、最具代表性的70项描述幸福的词汇作为测验的项目,再随机要求另外400名大学生接受测试。结果显示,大学生的幸福观念远比我们通常理解的快乐和满足要广泛和深刻。通过调查可知,大学生的幸福观与快乐、高强度积极情绪、低强度积极情绪、平静、自由、精神饱满、关爱、有作为、爱人、朋友10类词组密切相关。这10类词组大致可以分为积极情绪体验(快乐、高强度积极情绪、低强度积极情绪、平静)、积极的精神状态(自由、精神饱满)、主动的助人行为(关爱、有作为)、积极的人际关系(爱人、朋友)。

四、面向全生命周期的幸福教育

幸福教育的落脚点和重点就是树立正确的幸福观,引导人们正确地觉察幸福、体验幸福、追求幸福。一个人有什么样的幸福观,决定着他有什么样的幸福感。我们开展幸福的自我教育和引导,目的在于通过树立正确的人生观来树立正确的幸福观。树立正确人生观的关键在于我们赋予自己什么样的生命意义。基于中国样本的元分析表明,生命意义与主观幸福感和生活满意度均有高相关性(靳宇倡,何明成,李俊一,2016),还有众多研究显示,生命意义能够帮助我们增加建设性行为,提升自我价值感、效能感,让我们对未来乐观从而产生持久的幸福感(霍,2010;斯蒂格,卡希丹,大石,2008;杨慊,程巍,贺文洁,等,2016)。

生命意义就是我们领会、理解或看到生活的意义,并随之觉察到自己生命的目的和使命。比如,有的人意识到自己的生命意义就是好好活着,只有好好活着才能报答父母的养育之恩;又比如,在面对重大危机事件时,有的人选择"逆行"而上,因为他们意识到自己的使命就是救护他人。一旦我们明白了自己的生命意义,就会有存在的价值感,自己的生活就会有明确的发展方向。生命意义会引导我们把精力投注在未来有价值的事件上,而空心病以及无聊、空虚、绝望等状态都反映了我们生命意义的缺失。

我们不会一生下来就知道自己的生命意义,我们总是在自己的成长过程中逐渐发现自己的生命价值。跨文化研究显示,中西方在建构生命意义的来源时有所不同。国内学者总结相关研究后认为,生命意义来自社会关注、自我成长、关系和谐、生活享受以及身心健康五个方面(程明明,樊富珉,彭凯平,2011)。当然,我们也不可能在人生某一个时间节点明白了人生的意义之后就觉得达到目的了,我们总是在生活中不断地追寻生命意义,不断地理解生命意义,对生命意义的追寻和理解贯穿我们的一生。我们的人生本来是没有意义的,生命意义的关键就在于我们给自己的人生注入了什么内容。

何为正确的幸福观?就是要展现生命意义的积极取向。纵观古今中外,我们在塑造幸福观的过程中,应该注意以下几点。

(1)物质对获得幸福具有基础性作用,幸福是通过自己的劳动获得的。

幸福来源于劳动。对幸福的判断虽然属于个体意识层面的主观经验,但受制于物质基础,幸福的产生离不开现实需求被满足的客观状态。但这种被满足的幸福体验应该建立在自身付出劳动的基础上,而不是单纯依靠父母的经济资助和扶持。苹果手机、平板电脑的确能够让我们主观感受到愉悦的情绪,如果我们是用自己通过付出劳动而获得的勤工助学津贴、奖学金购买这些商品,内心产生的快感是其他方式所不能比的。"幸福是奋斗出来的。"

(2)幸福是物质幸福与精神幸福的统一,是个人幸福与社会幸福的统一,是创造幸福与享受幸福的统一。

幸福是物质幸福与精神幸福的统一。幸福不是光靠我们对物质生活的满意程度就能决定的,还有赖于我们的精神生活质量。只有理解自己的生命意义,拥有充实的精神生活,才能获得真正的幸福。"空心病"就反映了我们在精神幸福上的缺失。幸福是个人幸福与社会幸福的统一。任何人都置身于一定的社会关系之中,并非单独存在的个体。个人与社会相互依存,个人幸福丰富着社会幸福,而社会幸福决定着个人的幸福。幸福是创造幸福与享受幸福的统一。劳动创造与休闲享受是辩证统一的,劳动创造是为了休闲享受,而休闲享受是为了更好的劳动创造。创造幸福是享受幸福的前提,反过来,享受幸福促进创造幸福。

(3)幸福的最终目标就是人的自由全面发展,而不是现实的满足。

人的自由全面发展是指一个人摆脱并超越了各种内外约束,在能力、人际关系、个性等方面获得普遍提升,达到协调发展的过程和境界。人类追求的终极目标便是人的自由而全面的发展,而不是当前现实需求的满足,"小确幸"不是我们追求的幸福。

第二节　反映积极心理状态的幸福感

积极心理学关注对幸福的研究,主要集中于对幸福的感受和体验,即幸福感。鉴于幸福感的主观特性,心理学文献中又称之为"主观幸福感"。幸福感反映了我们内心的积极心理状态,也是我们生活质量的直观反映。

一、幸福感的内涵及特征

(一)幸福感的内涵

幸福感作为一种积极的主观体验,主要表现在情绪体验和认知评价两个方面。在情绪体验上,主要表现为体验到快乐、兴奋、愉悦、放松等积极情绪;在认知评价上,主要表现为积极评价或者偏向于积极信息的加工。在日常生活中,我们可以选用三种方法衡量自己的幸福感。

1. 积极的情绪体验和对生活的满足

一般来说,幸福感被视为个体对生活及其各个方面的总体评价,最主要的评价指标就是积极的情绪体验和对生活的满足,这是目前心理学对幸福水平最经典的评估方法。其中,在情绪体验方面,个人体验到较多的积极情绪,较少的消极情绪;在认知评价方面,满足于当前生活,达到满意的生活状态。

2. 基于对生活中典型事例的评价

每个人对生活的评价并不是基于日常生活中的琐事,而是主要依据生活中的典型事例。因此,评估幸福感时还可以看看我们对生活中典型事例的评价,以及伴随的情绪体验。虽然附着在典型事例上的情绪会随着时间的推移而逐渐减弱,但是事件对我们产生的影响,其本身的性质是没有变的,积极的还是积极的。

3. 多个时间点重复评估幸福体验

该评估方法是在多个时间点反复测量即时的情绪体验,依据个体幸福感受的变化趋势评估一个人的幸福体验。这种评估幸福感的方法是从效用的角度出发,重视我们稳定的幸福体验(experienced well-being)而不是某一个时间点的幸福感受。

(二)幸福感的特征

成人的幸福体验和儿童的幸福感受没有本质的区别,唯一的区别可能是获得幸福体验的来源。幸福体验有哪些心理特征呢? 一般来说,主要包括以下几点。

1. 在情绪体验上趋向快乐的心境

幸福体验中,典型的积极情绪体验包括快乐、高兴、愉悦等。这也是为什么我们想要追求幸福的原因。但是积极情绪带来的正性感受或体验,只是幸福感的一个重要方面,而不是全部。很多时候,我们并不喜欢单纯地体验积极情绪,而是喜欢在积极情绪体验中夹杂着少量的消极情绪体验,也就是趋向于快乐的心境。放松、愉悦能够激发我们学习、工作、生活的热情,但有时还是需要一定的压力(如完成作业的最后期限、学习任务、考级等)来帮助我们保持工作的效率。适当的消极情绪能够约束我们的行为,避免积极情绪带来的风险行为。

宫基和里夫的研究表明,中国文化强调的辩证思维,使得中国人更愿意让积极情绪与消极情绪维持平衡,而不是像西方人那样倾向于将积极情绪最大化,将消极情绪最小化。因此,幸福感并不是只有积极情绪体验,还应该包含一定的消极情绪体验,对于中国人而言,最好是积极情绪与消极情绪的平衡。

2. 在认知上对生活状况和生活质量满意

幸福感不仅包括感官上的积极情绪体验,还包括对现实生活的满足,是对个人现实生活的一种综合性评价。幸福感强调对生活质量的评价,即生活满意度(life satisfaction)。生活满意度是个体基于社会、他人或自己的标准对自己生活状态和质量进行主观评价的结果。就时间性而言,生活满意度涉及对过去和当前的生活状况的评价,主要基于对过去的生活质量的评价。对生活的满意会强化个体的正面情绪体验和感受。

知识拓展 ▶▶▶

幸福等于单纯的快乐吗?

幸福不等于单纯的快乐。有很多人觉得只要有快乐体验就能产生幸福,其实不然。一项神经生理学实验表明,单纯地追求快乐是会致命的。20世纪60年代,有研究者发现老鼠大脑中存在一个"快乐中枢",接下来,研究者在老鼠大脑的这个区域插入一个电极,老鼠只要按一下控制杆,就会有轻微电流刺激这部分脑区,带来愉悦的体验,而按下另外一根杠杆就会得到食物。实验结果很有趣,这只老鼠会一直按能带来愉悦体验的杠杆,即便自己已经很久没有进食。最后,老鼠竟然被活活地饿死了。虽然进食带来的愉悦体验和电击"快乐中枢"带来的情绪体验是一致的,但是单纯的快乐不能代替进食带来的愉悦体验。其实在现实生活中也常常能看到类似的行为表现,比如,有的同学喜欢上了某一款新游戏,下课后顾不上吃饭,径直跑回寝室不分日夜地玩游戏,感觉好像只要能够专心致志地玩游戏,就可以忘却饥饿。其实这对我们的身体损害非常大,很多同学直到生病才意识到自己的身体状况已经出现变化。

把单纯的快乐等同于幸福还会带来另外一个风险,那就是对快乐的追求是没有止境的。单纯的生理快乐是很难持续的,因为快乐阈限会逐渐提高。比如吸烟带来的快感,刚开始的时候,我们只要一吸烟就感到兴奋,但是随着吸烟时间的延长,会发现一支烟带来的快感很短暂,需要在一段时间之后再次吸烟。所以,在现实生活中我们经常会看到,很多人刚开始一天吸几支烟,然后会逐渐加大吸烟量,一天一包烟,甚至一天几包烟。

二、增强幸福感的心理机制

积极心理学研究表明,经济发展水平与幸福感之间存在一个"幸福悖论",即经济发展水平与民众的幸福水平并不是呈线性正比关系,当经济发展到一定的高度时,民众的幸福水平并不一定会提高。这说明幸福体验的形成具有自身的特殊规律,需要我们积极探索影响幸福感的心理机制。从现有的研究结果来看,幸福感的心理机制主要包括基本需求的满足、动机与期望的满足等。

（一）基本需求的满足

需求既是个体行为的内驱力，又是幸福的主要来源，是影响幸福感的最主要因素。如图2-1所示，按照人本主义心理学家马斯洛的观点，人类最基本的需求包括生理需求、安全需求、爱与归属的需求、尊重的需求、自我实现的需求。只要这些基本需求得到满足，我们就能够体验到幸福。

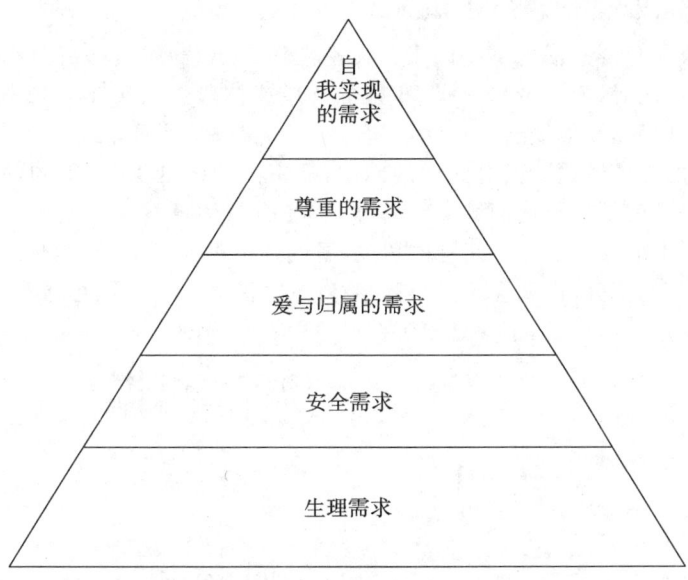

图2-1　马斯洛需求层次理论

在现实生活中，通过满足基本需求来提升人们的幸福感时应该注意以下几点：一是每个人的成长经历不同，导致每个人的需求点不同。只有相应的需求得到满足，人们才会获得幸福感。二是基本需求的内容与形式是多样的。需求可以通过物质得到满足，也可以通过情感得到满足，还可以通过言语得到满足。三是满足需求带来的幸福阈限会逐渐提高，比如，我们现在很想吃火锅，吃了火锅就会产生极大的满足感和幸福体验，但是如果天天吃火锅，未必会产生幸福体验。

（二）动机与期望的满足

追求成功的动机可以提升我们的幸福感。追求动机和实现成功的过程都是增强幸福感的重要机制。

在追求动机方面，期望和目标的达成是一个人幸福感的重要来源。首先，目标指向不同，幸福的来源就会不同。比如，同样是大学生，其中一部分同学看重学习成绩，那么成绩的高低会影响这部分同学的幸福感，还有一部分同学看重自己的兴趣与爱好，那么这部分同学如果实现了自己的兴趣和爱好就会感到幸福。又比如，现在自己觉得很饥饿，急需找到食物填饱肚子，因此，这时一碗面或一碗饭更能让我们体验到幸福，而不是得到表扬或奖励。其次，期望程度不同，幸福感的强度也会不同。比如，同样是想通过大学英语四六级考试，有的同学只求能及格就行，而有的同学希望能考出一个较为理想的分数，所以，当得知自己考了540分时，前者会觉得很满足，后者可能会觉得不满意。

在实现成功的过程方面，自我决定和自我潜能的发挥都是人类幸福感的来源。首先，人类最重要的内在动机——自我决定是幸福感（尤其是心理幸福感）的重要来源。人们具有一种基本的、内在的自主决定的倾向性,这种倾向性会引导人们从事他们感兴趣的、有益于能力发展的行为,并且使人们能够更好地适应环境。其次,自我潜能的发挥也能够带来幸福体验。沃特曼认为幸福体验有两种:一是我们全身心地投入活动之中,意识到自己的潜能得到充分发挥的体验,这一种是"个人表现"(personal expressiveness)的幸福。二是在活动中体验到自己的生活或心理需求得到满足,这一种是"尽情享乐"(hedonic enjoyment)的幸福。

(三)对正面、积极信息的认知加工

认知是影响我们获得幸福的重要因素。无论是坏事还是好事,都需要经过我们的认知加工,得到相应的评价之后,才能带来消极、积极的反应或体验。在认知因素中,思维模式、归因方式、自我暗示和社会比较很重要。

第一,看问题的思维模式。面对同样的问题,从不同的角度去看,得到的体验或反应也会不同。最经典的问题就是杯子里面装着半杯水,你是会认为还有半杯水呢?还是会认为只剩半杯水呢?这实际上取决于我们看问题的角度,看到杯子里"有"的部分,你就会认为还有半杯水;若是看到"没有"的部分,你就会认为只剩半杯水(见图2-2)。正面思维很重要,培养积极心态的关键就在于塑造正面思维,也就是善于在逆境中看到好的方面。

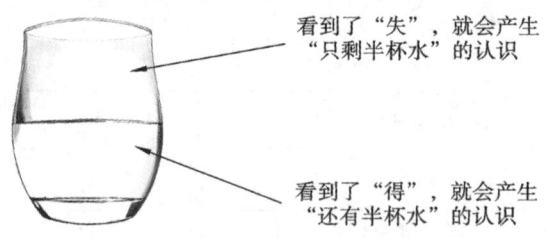

图2-2 "只剩半杯水"与"还有半杯水"

第二,对结果的归因方式。归因实际上就是解释,解释造成当前结果的原因。不同的归因方式,带来的效果也是不一样的。如果将成功归结于自身的能力,我们体验到的就是自豪;如果将成功归结于自身的努力,我们体验到的就是满足;如果把成功归结于任务过于简单,我们体验到的就是幸运;如果把成功归结于运气,我们体验到的就是侥幸。

第三,自我暗示。自我暗示能够改变我们的心理状态或行为,积极取向的自我暗示会增强我们的自信;消极取向的自我暗示会让我们感到恐惧、自卑。外界的信息通过影响我们的认知过程,潜移默化地影响我们的行为。"望梅止渴""画饼充饥"就是典型的例子。

第四,社会比较。恰当的社会比较能够给我们带来积极的情绪体验。当我们进行横向比较的时候,多拿自己的优点和别人的缺点进行向下比较,多比较客观因素,少比较主观因素。同时,鼓励自己经常进行纵向的社会比较,多拿自己现在的状态和以前的状态进行比较。这些社会比较的策略有助于增强和提升我们个人的幸福感。横向比较时适当的向下比较可以让自己的心里舒坦;以自己过去的生活为标准做纵向比较,渐进的变化可以带来幸福感,让大家看到自己的进步。

(四)应对灵活性

从已有的文献来看,不同的应对方式对增强和提升个体的幸福感具有不同的影响。在不同的文化背景下,同一种应对方式,带来的效果也是不同的。

目前的研究还发现,不仅应对方式会对幸福的体验产生重要的影响,而且能够根据环境的需要来灵活地调整、选择应对方式(即应对灵活性)尤为重要。同一种应对方式,在这个情境中使用时,减压效果显著,但是在另外一个场景中使用时,减压效果却不尽如人意。就拿宣泄情绪来说,当压力过大时,情绪反应强烈,宣泄情绪的效果就会很明显,但是当我们需要采取具体措施来解决问题的时候,宣泄情绪恐怕不会带来任何明显的效果。

(五) 自我调控

每一个人自身都存在着幸福产生机制——自我调控。在社会生活中,自我调控机制能够增强和提升我们的幸福感,具体体现在以下几个方面。

一是延迟满足。延迟满足就是我们常说的"忍耐""节制",是指为了追求更高的目标,获得长远的利益,克制自己的欲望,放弃眼前的诱惑。在现实生活中我们不难发现,如果放弃眼前的诱惑,延迟一段时间之后再满足自己的需求,那么我们体验到的情绪要比因即时获得而体验到的情绪更积极、更强烈。延迟满足主要依靠有意识的自我抑制。

二是自谦。自谦是一种行事风格,就是根据环境的要求进行自我克制,避免过分突出自己。自谦能够帮助我们建立良好的人际关系,体验到强烈的幸福感。

三是自我提升。自我提升是追求积极的自我形象和肯定自我的内驱力,以满足增强自尊、提高自我价值感、寻求积极自我认识的需要。特别是当我们面对不利结果的时候,就会无意识地表现出自我提升。比如,当我们考试失利时,拿到试卷之后我们可能就会说:"虽然结果不太理想,不过还是挺不错的,有几道自己拿不准的题居然做对了……"自我提升有助于降低压力感受。

四是忍。忍是一种策略性的自抑机制或历程,是个体通过认知环境与个体的关系之后,所采取的一种消解心理与现实冲突的心理策略。当然,这个抑制过程可能是积极主动的,也可能是消极被动的。在中国文化背景下,忍能够实现自我和谐、人际和谐。

三、幸福感的影响因素

幸福掌握在我们自己手里。按照积极心理学的现有研究结果以及"持续幸福"模型可知,我们想要获得长期、持续的幸福感受,最重要的就是要调动我们的一切主观能动性,通过幸福感的心理机制以及影响因素,增强和提升我们的幸福感。

结合已有的研究成果,除了年龄、阅历等因素以外,与幸福感密切相关的因素还包括积极情绪与体验、积极的认知、积极的人格、积极的人际关系、积极的社会组织与文化、压力的积极管理与主动改变(见图 2-3)。通过调节这些因素,就有可能提升我们的幸福感。比如,通过感恩练习改善我们的人际关系,通过改变对压力的认识提升压力管理的效果。不少研究已经证实这六种因素均能增强、提升个体的幸福感,我们将在后面的章节中为大家做详细的介绍。

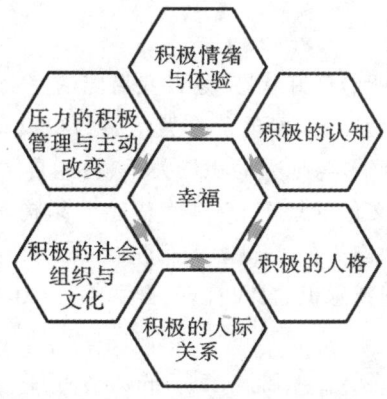

图 2-3　影响人类幸福感的主要因素

第三节　幸福无处不在：从情绪幸福感、心理 幸福感到社会幸福感

一直以来,对幸福感的研究都集中在主观幸福感方面,主观幸福感几乎成了幸福感的代名词。其实,从传统哲学的角度看,有关幸福的理论可归结为两种类型:快乐论(hedonic)和实现论(eudemonia)。快乐论认为幸福是一种主观上的快乐体验,关注人们积极、快乐情感的数量以及所经历时间的长短。这类研究聚焦于个人的情绪、情感体验方面。实现论则认为幸福不仅是快乐,更是个人潜能的实现,是人的本质的实现与显现,也就是说,发挥潜能、奉献社会就能获得幸福。这类研究关注个人潜能的实现和发展以及积极品质和美德的弘扬,趋向于面向内心的心理幸福感和面向社会的社会幸福感。所以,幸福是一种综合性体验,包含情绪幸福感(emotional well-being,EWB)①、心理幸福感(psychological well-being,PWB)和社会幸福感(social well-being,SWB)(Keyes,2007)。

一、幸福：从情绪幸福感到社会幸福感

（一）情绪幸福感

情绪幸福感是指人们根据内在的标准对自己生活质量的各个方面进行主观评价,并由此而产生积极情感占优势的心理状态。一般从生活满意度、积极情感和消极情感三个维度来评估个体的情绪幸福感,这三个维度可以被简单地归结为情感成分和认知成分。积极情感(如高兴、愉悦、兴奋)和消极情感(如抑郁、焦虑、紧张)属于情感成分,生活满意度属于认知成分。从西方文献来看,情绪幸福感表现为对生活的满意、积极情绪体验的最大化、消极情绪体验的最小化,是正性情感占主导的心理状态。但是在中国文化背景下,情绪幸福感强调积极情绪与消极情绪的平衡,追求内心的平静与平淡的生活。

有调查结果显示,情绪幸福感的认知成分和情感成分的影响因素是不一样的。作为情绪幸福感认知成分测量指标的生活满意度主要受到年龄、收入、人际支持、家庭成员亲密度的影响,而作为情感成分指标的积极情感、消极情感主要受到人际支持、支持的利用度、家庭成员亲密度和适应度的影响。

（二）心理幸福感

心理幸福感是指人心理机能的良好状态,是自我潜能的完美实现,是不以人的主观意志为转移的自我完善、自我实现、自我成就,展现了人类发展的积极动力。有西方学者认为心理幸福感主要包括六个维度:自我接纳、与他人的积极关系、机能自主、环境掌控、生活目标、个人成长(里夫,凯斯,1995)。在中国文化背景下,心理幸福感的结构不同于西方。邢占军等人借鉴里夫的心理幸福感量表,认为中国人的心理幸福感包括以下九个因素:自我成长与进取心、人际适应、自我满足感、成就感、创新意识、自我管理、自主感、压力感和未来感。

---

① 有的学者将情绪幸福感视为主观幸福感(subjective well-being),认为主观幸福感可以通过生活满意度、积极情绪、较少的消极情绪体验来衡量。

心理幸福感强调的是个体自我潜能实现时的体验和状态,关注人类自身的发展和成长。需要和目标的实现以及潜能在这个过程中的发挥对于心理幸福感而言非常重要。从现有文献来看,追求目标的过程(成就动机)和实现目标的过程(自我潜能的实现)对增强和提升个人的心理幸福感非常重要。在这两个过程中,目标、主观期望、成就动机、自我决定以及个人表现尤为关键(凯斯,1998)。当然,在中国文化背景下,也应注意成就动机对大学生心理幸福感的影响。由于中国人的成就动机中存在明显的社会取向,即中国人追求成功的主要原因是为了达到他人或团体的期望,因此,重要他人或团体成员的期望对大学生心理幸福感的影响尤为显著。

国内学者苗元江(2003)从六个维度来描述具有高心理幸福感的个体的特征:第一,充满活力与能量,拥有生命热情,精力充沛;第二,珍爱生命,关注健康,保持良好的生活与行为方式;第三,相信自己的能力、重要性,有成功感和价值感,具有较高自尊;第四,具有温暖的、安全的、真诚的、持久的人际关系;第五,愿意帮助他人,富有爱心,希望通过自己的努力使世界变得更加美好;第六,自我接受,不断发展,开放新的经验,有自知之明,能够控制自己的行为。

(三)社会幸福感

积极心理学家认识到不仅自我实现对增强个体幸福感有重要的作用,而且在整个社会中发挥潜能也能增强个体的幸福感。这一类立足于社会宏观层面的幸福被称为社会幸福感。社会幸福感是指个体对自己与他人、集体、社会之间的关系质量,以及对其生活环境和社会功能的自我评估(许艳杰,2009)。社会幸福感主要关注个体在社会领域的社会关系和社会任务,体现了个体在社会关系中适应的好坏及其程度,是在更为广阔的社会领域里探索个体的良好存在状态。从目前的文献来看,社会幸福感涉及社会整合、社会认同、社会贡献、社会实现、社会和谐五个维度。国内学者在调查大学本科生和研究生时发现,Keyes 提出的社会幸福感的五个维度具有高度的跨文化一致性,在以上两类中国学生群体中,社会幸福感表现出和西方社会一样的心理结构。

社会幸福感展现了个体对社会意义和价值的理解,显示了人们对社会潜能的认识,体现了人们在社会中获得的归属感和存在感,表现了人们接纳社会的程度以及为社会做出贡献所带来的积极体验。社会幸福感充分体现了个人在宏观社会环境下的自我评估。

二、幸福感的整合

随着我们对幸福的进一步认识,知道了幸福感是情绪幸福感、心理幸福感和社会幸福感的综合。凯斯等人将情绪幸福感、心理幸福感和社会幸福感作为判断一个人是否处于积极心理健康(positive mental health,PMH)状态的重要指标。积极心理健康是指不仅没有心理疾病,还要保持积极的心理状态,也就是我们生活中常讲的"阳光心态",如图 2-4 所示。一个充满"阳光"的人,不仅没有心理疾病,还朝气蓬勃,活力无限,展现出一种身心完满的状态(the complete state)。个体在这种状态之下,能体验到积极情绪,达到自我实现和奉献社会的协调统一。

有关积极心理健康的理论在中国人的身上也得到了验证。国内学者借助数学统计方法对中国人群进行调查,发现尽管情绪幸福感、心理幸福感和社会幸福感三者在个体体验上相互分离,但在理论结论上却是一个整体(见表 2-1)。这证实了幸福感是包括情绪幸福感、心理幸福感和社会幸福感在内的多层次、多维度的心理结构,幸福感的整合模型如图 2-5 所示。一个人

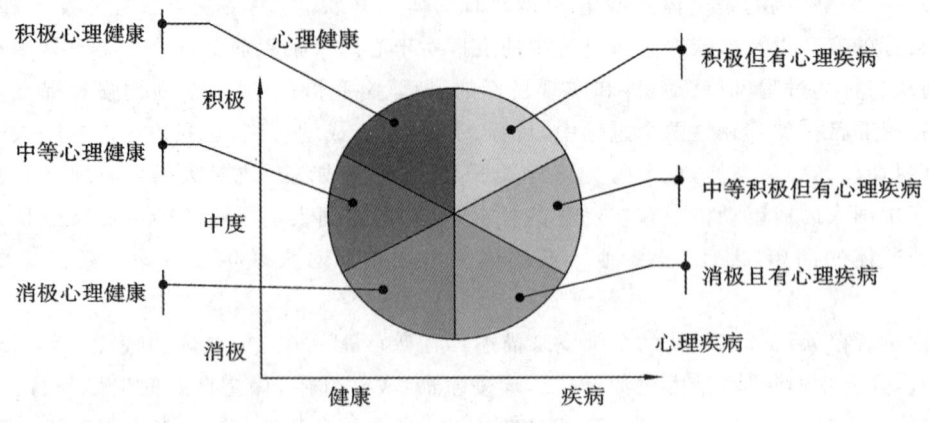

图 2-4　积极心理健康模型

越是善于积极管理情绪,就越能实现自我价值,越是对社会做出更多的贡献,就越能体验到幸福。

表 2-1　情绪幸福感、心理幸福感和社会幸福感的心理要素

情绪幸福感	心理幸福感	社会幸福感
生活满意度:对自己当前生活质量的主观评价	自我接纳:接受自己,并对过去的生活展现出包容的态度	社会整合:理解社会的多样性,提高自己的包容度和接受度
积极情感:感受到喜悦、高兴的情绪,对生活充满热情	与他人的积极关系:与他人存在温暖、满意和信任的关系,有亲密感	社会认同:在社会群体中获得归属感,对生活的环境充满安全感
消极情感:生活缺乏快乐体验,有不愉快、不如意的感觉	机能自主:具有自主性和独立性,有较强的自我调节能力	社会贡献:体会到自己为社会所创造的价值和所做的贡献
	环境掌控:获得掌控感,能控制和利用环境	社会实现:相信社会具有发展潜力,对社会的发展充满信心
	生活目标:生活中有目标,并体会到生活的意义和价值	社会和谐:对社会生活感兴趣,体会到生活的意义和价值,并感受到个体与社会的和谐统一
	个人成长:看到自我的发展和成长,并体验到自我潜能的实现	

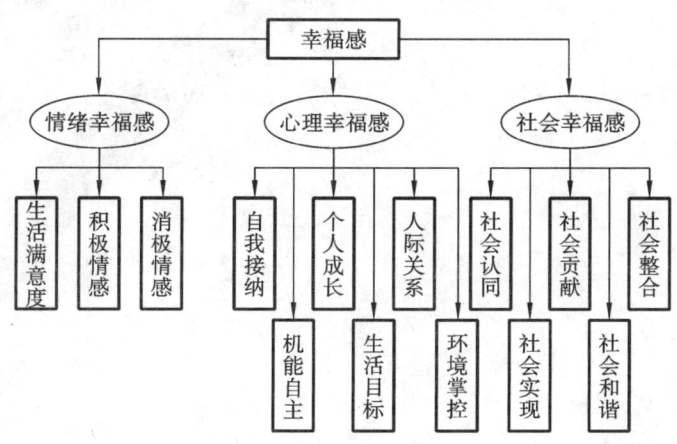

图 2-5　幸福感的整合模型

名词解释 ▶▶▶

幸福观:人生观系统中关于"什么是幸福"的总的看法和认识,是对个人生活质量的综合性评价,受到时代背景、社会环境、价值观的影响。

情绪幸福感:又被称为主观幸福感,是指人们根据内在的标准对自己生活质量及其各个方面进行主观评价,并由此而产生积极情感占优势的心理状态。

心理幸福感:人心理机能的良好状态,自我潜能的完美实现,是不以自己主观意志转移的自我完善、自我实现、自我成就,展现了人类自我发展的积极动力。

社会幸福感:个体对自己与他人、集体、社会之间的关系质量,以及对其生活环境和社会功能的自我评估。

积极心理健康:不仅没有心理疾病,还朝气蓬勃、活力无限,展现出一种身心完满的状态。

思考与练习

1. 请阐述自己对幸福的理解和感受,并思考蕴涵在其中的文化差异。

2. 结合现实生活中的案例,介绍一些增强和提升自己幸福感的方法和策略。

3. 从自己的生活经历出发,谈一谈对情绪幸福感、心理幸福感和社会幸福感的认识与体验。

第二编
积极情绪与体验

在生活中，我们难免会面对得与失、顺与逆、乐与苦等情境，我们由此或欣喜若狂，或焦虑不安，或孤独恐惧，或满腔怒火，或悲痛欲绝，或舒适愉快……我们在特定的情境中感受到相应的情绪，并随着情境的变化体验到不同的情绪。情绪总是与我们如影相随，是我们生活中的一个非常重要的方面。

为什么大家都愿意追求幸福呢？其中一个非常重要的原因就是幸福能给我们带来愉悦和快感，只有幸福的人才能体验到积极情绪。在这一编中，我们将和大家一起讨论中国文化背景下的积极情绪及其体验。

第三章　积　极　情　绪

情绪是一类极其复杂的现象。从产生来看,情绪是人们对外部刺激(某一件事情、某一个人、特定的建筑等)的反应,是主观体验、外部表现、生理唤醒等多种成分复合响应的过程。从类型来看,除了"喜怒哀惧"四种基本情绪以外,很多复杂的情绪难以明确地区分,比如快乐、高兴、愉悦、兴奋等正面的情绪,又比如面部表情相似的"幸灾乐祸"和"哈哈大笑",却是不同性质的情绪感受。从表达途径来看,任何一种情绪都需要主观体验、面部表情、肢体动作、言语表达等配合完成。情绪是复杂多样的,这一章我们就来认识一下积极情绪。

第一节　认识积极情绪

情绪是一种比较复杂的心理现象,我们可以这样来理解它:情绪是我们对客观事物的感受,并经由身体表现出来的状态。积极情绪和情感是幸福体验最重要的组成部分。

一、积极情绪与情感

我们每天都会体验到情绪,有时候会感到高兴、兴奋,有时候会感到伤心、难过,有时候会感到气愤、憎恶,有时候会感到爱慕、钦佩。这些情绪都是个体的内心感受经由身体表现出来的状态。

在日常生活和文学、影视作品中,我们经常将情绪(emotion)和情感(affection)混用,实际上,两者是有明显区别的。我们一般将情绪视为短暂的状态,是对外部刺激的响应;而情感则被视为一种较为稳定的状态,不容易受外在环境变化的影响。

（一）情绪

情绪是由外在刺激或身体内部因素引起的反应。大多数学者认为,我们体验到的任何一种情绪,至少会有三个方面的表现:主观体验、外部表现、生理唤醒。

1. 主观体验

情绪的主观体验是指由客观刺激引发的喜、怒、哀、惧等主观感受,是情绪必不可少的成分。比如,当我们哭泣的时候,感受到的是悲伤;当我们看喜剧的时候,感受到的是喜悦;当我们看到蜘蛛、老鼠的时候,感受到的是害怕。

时间会改变我们的情绪感受,情绪的主观体验强度会随着时间的推移而逐渐减弱。比如,在汶川地震发生当时,地震亲历者体验到了强烈的恐惧,但半年之后,尽管不少人提到地震仍然有明显的情绪反应,但至少已经不再感到恐惧。

过去的经验会影响我们的情绪体验。"一朝被蛇咬,十年怕井绳",如果我们有过被蛇咬的经历,感受到疼痛并体验到痛苦的感觉后,那么以后当别人提到蛇时,即便没有蛇出现在面前,内心也会莫名其妙地不舒服。积极情绪也是一样,如果我们在聚会上认识了某个人,彼此相处得很愉快,有相见恨晚的感觉,那么当同样一群人再聚集在一起的时候,我们会非常愿意和这个人相处,重新体验类似的积极情绪。

2. 外部表现

情绪不仅让我们产生主观体验,还会引发内脏(呼吸、内分泌系统等)机能,脑电、皮肤电活动的变化,以及外部表现(面部表情、肢体动作、语气声调等)的变化。很多积极情绪是通过外在表情、开放式的肢体语言表现出来的,比如,当一个人高兴时,在外在表情上,眉毛向下弯曲,嘴巴张开的同时,嘴角向上翘起,在肢体语言上,双手会微微向外张开。外部肢体表现使我们直观地感知对方的情绪状态。

3. 生理唤醒

任何情绪都离不开生理唤醒,不仅大脑皮层,而且大脑皮层以下的丘脑、下丘脑、边缘系统、网状系统都会参与生理唤醒。不同的情绪,唤醒水平的强度会有所不同。积极情绪也伴随着生理唤醒状态,并在唤醒强度上表现出差异性,比如,兴奋和愉悦两种情绪状态下的生理唤醒强度就不同。此外,不同性质的情绪,生理唤醒通道也是不一样的。比如,恐惧情绪是外界威胁刺激通过"快速反应通道",激活杏仁核而产生的。

知识拓展 》》》

起 床 气

起床气是最近几年大家开始关注的情绪现象,通常用来形容人在起床之后的坏脾气。起床气,顾名思义就是指每天清晨起床后出现的生气、烦恼、愤怒等消极情绪,它的产生主要与我们的睡眠时间长短和睡眠是否被打扰有关。大家平时学习、工作压力较大,睡得比较晚,第二天清晨起床就容易出现起床气。而在周末或假期,我们睡觉的时间都有所延长,有的早上还会睡懒觉,就普遍不会出现起床气。同时,如果我们早上睡觉的时候被别人打扰,或者被闹钟叫醒,那么就容易出现起床气。

最近有研究发现,起床气其实与睡眠质量有密切的关系。人的睡眠分为快速眼动睡眠和非快速眼动睡眠两种。人在睡觉的时候,这两种睡眠状态会交替出现,交替一次就称为一个睡眠周期,每晚大致要经历4~5个睡眠周期。与起床气关系最为密切的是快速眼动睡眠。在这个睡眠状态下,人的眼球不停地左右摆动,脑电波频率变快,心跳加速,血压升高,肌肉松弛。快速眼动睡眠的时间越长,我们的睡眠质量就越高,做梦就发生在这个阶段。如果我们在这个阶段被叫醒了,那么就容易出现起床气。

(二)积极情绪与积极情感

积极情绪(positive emotion)指的是一种正面的、带来愉悦感的暂时性体验。例如,我们喜欢一个人的时候,对其产生爱慕的感觉。一见到这个人,内心就会产生喜悦、兴奋等情绪。感激、宁静、兴趣、希望、自豪、逗趣、激励、敬佩、爱等都是积极情绪。

积极情感(positive affection)指的是正面的、相对稳定的社会性情感,主要包括道德感、理智感、审美感。同情心、责任感、羞耻心都是道德感的典型表现。比如,突降暴雨时,一位残疾老人因身体不方便,全身被淋湿了却仍然在马路上艰难地前行,如果我们没有同情心,就不会冒着暴雨为其撑伞,和这位老人一起穿过马路。求知欲、好奇心都是理智感的典型表现。当我们全身心投入一项事业或活动中,急切地探究其中的原委时,根本没有时间顾及自己的衣食冷暖,强烈的求知欲让我们感受到思维自由驰骋的快感。美感是审美感的主要表现形式,是我们根据美的标准评价事物时所产生的主观体验。比如,当我们身处茫茫大漠,被大自然的力量所折服时,不免发出"大漠沙如雪,燕山月似钩"的感叹。

我们会本能地追求积极情绪、积极情感。积极情绪可以通过感官和心理体验来获得,积极情感则需要在持续获得积极情绪的基础上获得,借助于外部刺激,需要我们用心去培养。

二、积极情绪的生理基础

积极情绪有着与消极情绪不一样的生理响应机制。生理心理学研究表明,积极情绪、积极情感与奖赏系统密不可分。近年来,认知神经科学的研究明确证实,与积极情绪加工密切相关的脑区有腹侧纹状体系统(ventral striatum system)、眶额叶皮层(orbitofrontal cortex)和杏仁核(amygdala)(伯格多夫,潘克塞普,2006)。在功能上,腹侧纹状体系统负责探测奖赏及其相关目标的表征,眶额叶皮层负责甄别奖赏的正面程度和重要性,以及对奖赏的预期,杏仁核则主要负责外部刺激与奖赏结果的联结。

为什么毒品、网络游戏、酒精类饮品、药草等,一旦成瘾就很难戒除呢?因为这些物质导致的病理性行为成瘾激活了奖赏系统,带来了愉悦体验。正因为如此,当我们面对挫折或压力时,如果没有合理的途径或方式去宣泄和疏导消极情绪,那么很多人就会选择尝试这些物质来获得快感,带来主观的愉悦体验。

三、积极情绪的社会作用

心理学研究发现,积极情绪具有扩展-建构的功能(见图3-1),对个人的发展具有积极的作用。具体表现在以下几个方面。

第一,积极情绪可以瞬间拓宽注意范围和思维的宽度,提高思维的灵活性。面对同样的学习任务,如果我们感受到愉悦、快乐,那么想法就会一个接一个地从脑海中冒出来;如果我们感受到焦虑、紧张,那么任凭我们如何苦思冥想,也不会冒出任何想法。学习如此,考试也是如此。

第二,积极情绪帮助我们从正面理解事件的积极意义。我们对一件事情的看法很多时候取决于自己的情绪状态。如果自己心情很好,即便遇到坏事,也不会觉得有多的糟糕;但如果自己心情很差,那么即便是彩票中奖,也不会觉得中奖是值得高兴的事情。俗语说,人倒霉的时候喝凉水都会塞牙缝。讲的就是心情对我们的认知的影响。

第三,积极情绪能够增强我们的免疫力。其实心理学研究早已表明,消极情绪容易让我们感冒生病,即便是吃药,治愈的时间也会比那些体验到积极情绪的人要长得多。相反,如果我们体验到积极情绪,即便是生病住院了,也能够增强免疫力,缩短治疗的时间。

第四,积极情绪有助于增进人际交往,展现人格魅力。这个道理显而易见。如果我们身边有两个人,一个人正在哭泣,另一个人正在说笑话,那么我们会选择和谁待在一起?绝大多数人会选择后者。这就是积极情绪的感染作用。聚会时我们常常可以看到类似的情形,一个能够给大家带来快乐的阳光的人必然会成为全场的中心。

第五,积极情绪有助于积极品质的培育。任何一种积极心理品质都伴随着积极情绪,反过来,积极情绪可以进一步强化这种积极品质。以自谦为例,自谦是中国人一种重要的行事风格。俗话说,满招损,谦受益。一个自谦的人容易得到群体的认同和支持,而这种认同和支持会让我们体验到人际交往的快乐,并进一步强化我们的自谦行为。积极心理品质的培养和塑造不是一朝一夕就可以完成的,需要我们重视和发挥积极情绪的作用。

第六,积极情绪能够缓解压力,调动应对压力的资源。积极情绪具有自我保护功能,能缓解压力的消极效应。同时,能够调动各种资源,调整个体的生理机能和心理状态,以更好的状态应对困境。

第七,积极情绪可以增强一个人的安全感。消极情绪提醒我们注意环境的危险,而积极情绪的释放则是以一个人内心充满安全感为前提。一个人愿意表达积极情绪,不仅能让自己,还会让周围其他人的内心感觉到安全。

总之,积极情绪有助于身心健康和事业成功,提高生活的质量。积极心理学的研究发现,积极情绪能够拓展我们的视野,改变我们看问题的角度,提升我们的生活质量。反过来,良好的生活质量能够促使我们产生更多的积极情绪。这就是积极情绪带来的积极社会效果。

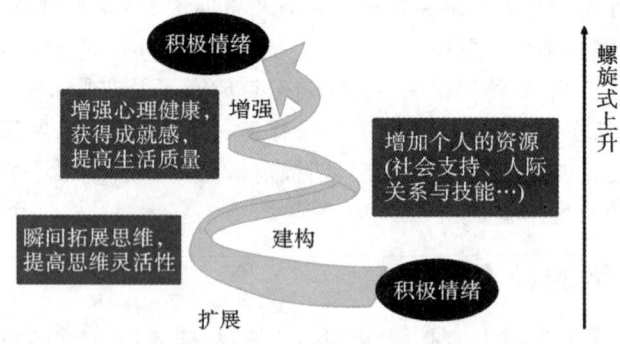

图 3-1　积极情绪的扩展-建构功能

四、积极情绪的获得与培养

(一)情绪的产生机制

一直以来,心理学家们都在探讨情绪是如何产生的。从现有的文献来看,情绪的产生机制主要有四种:先天进化的结果、外部刺激的结果、认知评价的结果、他人感染的结果。

1. 情绪是由先天遗传决定的,是进化的结果

喜、怒、哀、惧等基本情绪是人类进化的结果,是人的一种本能。在生活中,我们感受最深的就是恐惧情绪。人看到蛇、蜘蛛等动物会产生恐惧心理,这是一种正常的心理现象。人类在进化过程中形成了一条情绪的快速反应通道,这对于人类的生存来说非常重要。如果我们丧失了快速反应的能力,那么生命就会受到威胁。

2. 情绪是外部刺激诱发生理反应的结果

这一观点最早源自詹姆斯和兰格提出的情绪外周学说,他们认为"情绪是对机体变化的知觉",主张情绪是在生理反应之后被感受到的。之后,坎农和巴德提出情绪是中枢反应的结果。其实,两者都主张情绪体验与生理反应是密不可分的。

3. 情绪是认知评价的结果

不少学者认为,情绪是个体认知评价的结果。自从阿诺德提出情绪理论以来,一大批学者都提出了自己的情绪认知理论,其中最为有名的是埃利斯的情绪 ABC 理论和拉扎鲁斯的认知-评价理论。他们认为,压力情境并不一定会带来消极的情绪,关键在于个体如何认识当前发生的事情。比如,同样是面对失恋,但是每一个人的反应却是不一样的。如果将爱情视为生活的全部,那么失恋带来的打击可想而知;如果将爱情视为一种人生经历,那么失恋未必不是获得经验,促进自我成长的途径。

4. 情绪是受到其他个体或群体感染的结果

他人的情绪也会影响我们的情绪体验。比如,我们看见一个正在哈哈大笑的人,我们也会不由自主地笑起来,尽管我们并不知道他笑的原因。这就是情绪产生的另外一种机制——情绪感染。

(二)积极情绪的培养方法

积极情绪的培养方法可以借鉴情绪的产生机制,总的来说,可以通过以下几条途径培养积极情绪。

1. 提供正面的外部刺激

情绪的产生离不开刺激物,我们可以设定、选择正面的刺激物诱发积极的情绪。当我们心情不愉快时,可以尝试听让人兴奋的音乐或是看一场喜剧电影,让积极情绪感染我们,自然心情就会好一点。虽然事情本身不能改变,但是心情是可以选择的。

2. 通过生理调节舒缓情绪

情绪的发生离不开生理反应,积极情绪的培养也可以通过调整生理机能来实现。比如,当我们不开心的时候,将自己的面部肌肉调整到微笑的状态,心情自然会好一点。另外,也可以通过运动放松躯体,心情自然也会好转。

3. 通过认知调整获得好心情

情绪受到我们认知评价的影响。心情的好坏取决于我们如何去看待一件事情。从正面、积极的角度审视发生的事情,我们就会获得好心情。有时候,积极的幻想也会让自己有不错的心情。

第二节　生活中典型的积极情绪

在生活中,我们会体验到以下四种积极情绪:自我意识情绪——自豪(pride),体验他人痛苦的情绪——同情(compassion),称赞他人的情绪——钦佩(admiration),感谢他人——感激(gratitude)。这些积极情绪在我们的社会化过程中发挥着积极的作用,但是,在不同的社会文化背景下,这些积极情绪的表达方式各有不同。因此,我们需要在中国文化背景下重新认识这些积极情绪。

一、源自自我的积极情绪：自豪

自豪就是个体把成功事件或积极事件归因于自己能力或努力的结果时所产生的一种积极的主观情绪体验（杜建政，夏冰丽，2009）。我们从 4 岁开始就能够用非言语方式表达自豪。自豪情绪对外可以提高我们在群体中的社会地位，对内可以提升我们的自尊和价值感。

（一）内心的两种自豪：基于成就的自豪与自大的自豪

心理学研究发现，一个人的内心有两种自豪：基于成就的自豪（achievement-oriented pride）和自大的自豪（hubristic pride）。基于成就的自豪是指将成功归因于努力而引起的自豪，自大的自豪是指将成功归因于个人能力而引起的自豪。举例来说，我们在数学竞赛中获得了理想的名次，如果我们把这次成功归结于自己的努力，那么就会体验到基于成就的自豪；如果我们把这次成功归结于自己的聪明或认为自己天生聪慧，那么就可能会体验到自大的自豪。

这两种自豪都能维护我们的自尊，但是社会效果是不一样的。基于成就的自豪能够提升我们的声誉和地位，而自大的自豪则能够强化、巩固我们的优势方面。不过，自大的自豪容易让我们过于夸大自己。有学者对自豪引发的联想词语实施聚类分析，结果发现，"成功的""有成就的""自信的"等词语往往与基于成就的自豪有关，而"傲慢的""自大的""自以为是的""逞能的"等词语往往与自大的自豪有关（特蕾西和罗宾斯，2007）。

我们内心存在的两种自豪，并不是非此即彼的关系。心理学研究告诉我们，需要时时警醒自己，自大的自豪容易让我们"夜郎自大"，要引导自己建立基于成就的自豪情绪。

（二）自豪的社会文化差异：表达还是抑制

我们不仅能够体验到自豪情绪，也会表达自豪情绪。只不过，社会文化影响着我们对自豪情绪的体验和表达方式。有研究比较过中国人和美国人在不同情境中的自豪体验，结果显示，中国人的自豪体验与美国人是不同的。首先，在自豪体验强度方面，美国人在两种假设情境（情境一：自己被某著名大学录取；情境二：自己的孩子被某著名大学录取）中体验到的自豪感大致相当，但是中国人在第二种情境（自己的孩子被某著名大学录取）中体验到更强烈的自豪感。其次，在表达的倾向性方面也有明显的差异。研究以接力赛为例，设置了两种情境：一是自己在某一次比赛中表现很好，但所在的队伍输掉了比赛；二是自己的表现不好，但所在的队伍赢得了比赛。结果表明，美国人在第一种假设情境中体验到更强烈的自豪感，而中国人在第二种情境中体验到更强烈的自豪感。这表明，美国人更愿意表达基于个人成就的自豪情绪，而中国人更愿意表达基于集体成就的自豪情绪。

社会文化影响我们表达自豪的方式。大量的研究表明，在集体主义文化模式下，社会并不赞许表达个体的自豪情绪，但能够接受因集体或他人而产生的自豪；在个体主义文化模式下，社会提倡表达个体的自豪情绪。其实在生活中也不乏典型的例子。比如，2004 年刘翔在雅典奥运会上以 12 秒 91 的成绩获得男子 110 米栏冠军，成为第一个在世界级直道项目上获得冠军的中国人，我们为刘翔而自豪。又比如，新中国成立以来，中国取得了举世瞩目的建设成就，我们为祖国而自豪。在这两个例子中，我们表达的自豪情绪都不会引起他人的反感，因为我们是因集体或他人的成就而感到由衷的自豪。

但是如果是基于个人的成就想要表达自豪之情，就需要谨慎。比如，期末考试期间，当同寝室的其他同学都在查看一门通过率较低的课程成绩时，如果确认自己得了 95 分，那么我们在这种情境中必然会因自己的努力而自豪,但是与此同时,其他同学查出来的课程分数都在 60 分、70 分左右,那么你还适合将自豪情绪表达出来吗? 会喜形于色地大声说"欧耶,我得了 95 分"吗? 很明显,大家很有可能会在这时抑制自己的喜悦之情,不会主动地表达自豪情绪,即便当同寝室的同学问起成绩时,也会比较委婉地说出分数。为什么呢? 这是因为我们的社会文化不赞许基于个人成就来表达自豪情绪。

二、体验他人痛苦的情绪：同情

孟子曾说,人皆有四心,即"恻隐之心,羞恶之心,辞让之心,是非之心"。孟子所言的"恻隐之心"就是心理学所指的同情,同情是一种促进亲社会行为的积极情绪。有研究表明,同情来源于幼年时期的依恋,幼儿从 3 岁起就开始表现出同情。从人生发展的角度来看,同情是健康人格形成的基础,也是公民道德形成的关键。

（一）对他人不幸的共鸣

同情(在生活中也常被称为同情心)是一种对他人的不幸产生共鸣的情绪,并对当事人表现出关心、爱护、赞成等支持性情感。同情有两个方面的含义:一是我们感知到他人的不幸并产生共鸣,感受到他人的痛苦、无助等消极情绪;二是我们自觉地在情感和行为两个方面给予他人支持和帮助。

很多心理学研究发现,同情不仅是基本的道德情感,还是助人、谦让、乐善好施等亲社会行为的主要动机来源。

同情是基本的道德情感之一。道德情感是调节人与人之间关系的重要因素,人们在道德活动中产生并体验道德情感,反过来,道德情感也会影响人的道德活动。孟子曾经说过:"恻隐之心,仁之端也。"没有同情心,就不会有仁的表现。当我们看到他人落水、动物被虐杀等情形时,如果有同情之心,就会出手相救,表现出"仁"的情操。同情是良心形成的起源。良心是我们对自己应尽的社会义务和应承担的社会责任的主观认同,是个人以自律准则的形式积淀下来的道德判断力和自制力(田克俭,2004)。良心是个人自我意识在道德方面的表现,是个体内心道德准则的体现,在规范我们每一个人的社会行为上起着重要的作用。如果没有同情心,就不会形成良心。如果不能感受到他人的切肤之痛,不能体谅到他人的难处和痛苦,又如何能够产生羞耻心,如何形成是非观,如何知道辞让呢?

同情能够促进助人行为和利他行为的产生。研究表明,亲社会行为都是通过同情得到激发的。如果没有同情心,不管他人遭遇多大的不幸,都不会引发我们的亲社会行为。

（二）接纳自我的不完美

同情的对象不仅可以指向他人,也可以指向自己。指向自己的同情被称为自我同情。具体来说,就是我们接受自己遭遇的痛苦和困境,以理解和非批判性的态度接纳自己的缺点和不足,并认识到自己的经历是普遍存在的。简而言之,自我同情就是"宽以待己",接纳不完美的自己,是在自我聚焦最小化的基础上对自己的友善和关切。自我同情是一种积极的自我情感,体现出对自己的接受和内心的愉悦。

与自我同情相对的是自我怜悯。自我怜悯(self-pity)是指我们过分关注自己的问题而忽视了问题的普遍性,夸大了个人的痛苦程度。自我怜悯容易让我们深陷消极情绪之中。

国内外的研究显示,中国人对自我同情的理解不同于西方人。在西方人群中,自我同情包含自我宽容(self-kindness)、普遍人性(common humanity)和正念(mindfulness)三个方面(内夫,2003)。中国人的自我同情则包含自我宽容、自我接受、社会适应、自我确认、自我调节、情绪注意六个方面(侯佳捷,2007)。对比这两项研究结果可知,西方人认为自我宽容是指接纳自己的失败、不完美;普遍人性是指失败或不幸具有普遍性,并非只有自己一个人遭遇到;正念则是指以清醒、平衡的意识觉察当前的情形,正视当前的不幸或困境,不过于纠结。而中国人认为,自我宽容是指个体会安慰自己,并对周围的一切怀着宽容和理解的态度;自我接受指的是个体以一种理性的态度对待自己的缺点和不幸,接受自己的不完美;社会适应反映的是人们能认识到遇到挫折和痛苦时自己的情绪反应与他人是相同的,自己的体验并不是独一无二的;自我确认反映的是个人在看待自己的问题时能抱着开放的态度;自我调节是指人们能主动调节自己的情绪,改善自己的消极状态,保持心态的平和和情绪的稳定;情绪注意则反映了个人对自己消极情绪的关注程度是否适宜。

自我同情具有积极的社会意义。自我同情能够引导个体包容自身的不足和不完美之处,能够缓解负性情绪的消极作用,有助于我们面对问题。

(三)同情不等于共情

一个富有同情心的人并不一定能够准确地感受别人的心理过程。心理学的共情(empathy)是指个体感知或想象他人的情感,并部分体验到他人感受的心理过程(桑热,拉姆,2009),也就是我们常说的"感同身受"。心理学一般按共情的功能把其分为情绪共情(emotional empathy)和认知共情(cognitive empathy)。情绪共情可以压制暴力行为,产生利他行为的动机,认知共情则可以帮助我们选择最合适的办法去帮助别人(史密斯,2006)。

情绪共情是指对他人情绪状态的"感同身受",是一种替代性分享。情绪共情能力在个体的成长过程中出现得比较早,14个月大的婴儿就会表现出情绪共情能力,对其他婴儿的哭泣做出类似的哭泣反应(梅尔佐夫,穆尔斯,1983)。脑成像实验结果也证实,他人的情绪可以激发个体自身与这种情绪或感觉相关脑区的活动,将他人的情感表征转化成个体自身的情感表征,从而令个体对他人的情绪"感同身受"。研究已经证实,情绪共情是客观存在的现象。

认知共情是指对他人目的、企图、信仰的理解,可以帮助我们预测他人的行为。认知共情能力在个体成长过程中出现的时间相对较晚。通过失言识别任务发现,3到4岁的儿童开始了解到他人具有与自己不同的情绪和想法,到11岁左右,儿童才能具备比较完善的认知共情能力(斯通,拜伦·科恩,奈特,1998)。

知识拓展

为什么富有同情心的人并不一定有很强的共情能力?

虽然共情与同情都是对他人情绪和行为做出的反应,但是两者有明显区别。这体现在:第一,在情感方面,共情是自己对他人情绪的感受和理解,反映了情感共享,而同情则是个体的情感内在地指向他人或自己;共情不仅包括积极情绪,还包括消极情绪,而同情只包括由他人消极情绪所引发的感受;共情反映了自己对他人情绪的认知过程,而同情突出自己的体验。第二,在行为方面,共情可以帮助个体更好地预测他人的行为,同时,促进个体表现出利他、合作等亲社会行为,同情则促使个体表现出助人行为,但不能帮助个体预测他人的行为。第三,共情与同情的效果不一样,共情能够通过理解他人,达到增进情感、改善关系的目的,而同情能够帮助他人减轻不幸的感受。

三、见贤思齐的情绪:钦佩

钦佩是指当人们看到优秀他人及其行为品质(能力、成就、美德等)时产生的一种积极情绪感受(海特,2003)。在这种情绪感受中,人们对榜样充满了欣赏之情,自己内心因榜样而受到鼓舞,是一种见贤思齐的积极情绪。

(一)欣赏和激励

钦佩表现在两个重要的方面:欣赏(appreciation)和激励(inspiration)。当我们钦佩一个人的时候,就会欣赏他的优秀品质或行为,并激励自己,提升自身的价值。

具体来说,具备以下四种条件能让我们产生钦佩感。

第一,具有值得我们欣赏的优秀品质。施克伦等人(2008)访谈150名大学生后发现,能够让大学生产生钦佩感的品质有三类:第一类是坚持原则、诚实、公正、善良、宽容等道德品质,第二类是乐群、领导力、专业能力等职业能力,第三类是乐观、坚韧等积极态度。

第二,与我们的价值观念越接近的榜样,越容易让我们钦佩。社会的每一个行业都有佼佼者,但是我们并不会对每一个成功人士都产生钦佩感,越是和我们的价值观念接近的榜样,就越容易得到我们发自内心的赞赏和钦佩。

第三,榜样的年龄和成长的环境越是接近自己,越容易引起我们的钦佩之情。如果年龄差距过大或成长环境差异过大,就很难起到激励自己的作用,难以引起我们的钦佩感。

第四,榜样的言行与自我提升动机(self-improvement)趋向的一致性。如果我们从榜样的言行品质上感受到我们自己需要完善的方面,我们除了表达钦佩之外,还会激励自己完善这方面的品质。

(二)钦佩不同于崇拜与敬畏

1. 崇拜

崇拜是我们对自己、他人以及外界事物(自然山川等)的高度认同和尊重。青少年偶像崇拜是一比较普遍的社会心理现象。从心理学角度来看,偶像崇拜就是我们认同、模仿另一个人的认知、情感、行为模式、价值观甚至外表形象等,反映了我们对偶像的心理认同和情感依恋。偶像崇拜贯穿整个人生发展阶段,是我们逐步摆脱父母的情感束缚,追求自主,追寻"理想自我"的表现,是我们在肯定自我和追求理想自我过程中的一种特殊形式。大学生正处于第二人格偶像崇拜阶段,帮助他们塑造独立人格具有重要的意义。

有研究发现,当代大学生偶像崇拜具有三个鲜明的特点:一是大学生对偶像的崇拜趋于理性,由外表形象、行为举止的模仿转向人格、气质方面的崇拜,并且看重偶像的成就、能力以及对社会的贡献;二是大学生选择的偶像呈现多元化和个性化特征,并注重其价值观念与自己的价值观念保持一致;三是偶像对大学生的成长具有激励作用,能鞭策他们进步。

由上文可以看出,钦佩不同于崇拜。虽然钦佩和崇拜的对象都是自己学习、模仿的对象,都可以起到激励自己的作用,但是钦佩或许还伴随着较低程度的社会竞争(比如,自己钦佩某一位同学,同时不可避免地会和这位同学在学业上存在竞争关系),崇拜则是一种完全的佩服,甚至自己心甘情愿地退出竞争,甘拜下风。另外,在个体情感的指向上,钦佩不涉及情感依恋,而偶像崇拜承接了我们对父母情感依恋的转移。

2. 敬畏

敬畏(awe)是一种既包含敬重又包含畏惧的矛盾性道德情感。在敬畏情绪下,我们内心想趋近尊崇的对象,因"敬"而希望拉近自己与尊崇对象之间的距离,但同时因"畏"而不得不刻意保持一定的距离。因为我们越接近尊崇的对象,就越会发现自身的不足,当意识到这种差距是无法弥补的,即便努力了但依然存在时,我们就会因"畏"而保持一定距离,并伴随着羞愧、焦虑等情绪。如果没有敬畏感,我们就不会心存戒惧。

在日常生活中,我们可以在以下情形中深刻地体会到敬畏之情:一是作为一种情绪体验的敬畏,激励我们进步。比如,和寝室同学相处一段时间之后,我们发现其中一位同学是"学神",那么敬畏之情就会油然而生。二是作为一种认知方式的敬畏,让我们心存戒惧。我们为什么会对大自然充满敬畏?因为我们在欣赏自然界的山川河流的时候,感受到大自然的鬼斧神工,自然界几亿年的演变让我们看到人类现有力量的局限性,心中会油然而生对大自然的敬畏之情。三是作为一种生活态度的敬畏,让我们知道道德底线。在现实生活中,没有敬畏之心,也就失去了生活的根基和道德的底线。作为一种生活态度的敬畏,能够时时提醒我们坚持做人处事的底线和原则。

心理学研究表明,心存敬畏,可以帮助我们进行有效的时间管理,延长我们的时间知觉,让我们从更长远的时间跨度上有效地进行时间规划和管理,同时,敬畏可以增加我们的亲社会行为,让我们更乐于助人。此外,敬畏能够引导我们产生一种积极向上的倾向和对精神的追求,激发我们对生活的热爱,提高精神愉悦的程度。最后,敬畏有助于降低自我意识。有研究表明,体验到敬畏情绪的个体更容易感受到自我的渺小,降低对自我的关注程度(盐田,凯尔特纳,莫斯曼,2007)。

敬畏不同于钦佩:一是钦佩是一种见贤思齐、激励自己积极向上的正面情绪,让我们趋近榜样,而敬畏是一种既敬重又畏惧的矛盾性情绪,让我们既趋近又疏远尊崇对象。二是诱发敬畏和钦佩的情绪刺激不同。榜样的能力、成就或美德会让我们产生钦佩和敬畏,但自然奇观、宗教、艺术、文学作品等只会引发我们的敬畏之心。三是对我们内心的冲击作用不同。钦佩会让我们看到自身的不足,而敬畏会让我们感受到自我的渺小。

(三)面对同样优秀的人:钦佩和妒忌

钦佩和妒忌(envy)是面对比自己优秀的他人时所产生的截然不同的情绪反应。钦佩是对他人的优秀品质和能力持有欣赏的情绪,而妒忌是对他人的能力与成就带有敌意的情绪,是一种不被社会接受的社会性情绪。妒忌就是我们在社会比较过程中意识到别人拥有而自己试图拥有却缺乏的能力、品质、成就等时,体验到的一种令人不快的情绪,夹杂着羞耻、挫败、自卑、敌意等情绪(高桥,卡托,松浦,莫布斯,须原,大久保,2009)。战国初期魏国大将庞涓陷害同门孙膑的事例就深刻地说明了妒忌容易让人们减少亲社会行为,增加敌对行为,甚至会对被妒忌者实施欺骗行为。同时,人们对所妒忌的人更容易幸灾乐祸(契卡拉,菲斯克,2012),即人们在看到比自己优秀的人遇到灾祸或者遭遇不幸的时候,感到开心的心理现象。当然,在现实生活中,特质性妒忌的人(天生就充满妒忌)是非常少的,多数情况属于特定情境引发的妒忌。比如,我们熟悉班上的学霸,知道学霸很优秀,平时并不会妒忌他们的能力和成绩,但是到了颁发奖学金或其他奖励的时候,我们心里多少会产生一些妒忌情绪。

心理学研究发现,妒忌是因为个人拥有的社会支持资源较少,需要通过竞争获取资源而导致的。希尔和巴斯(2008)认为,妒忌就是我们在资源竞争中处于不利位置时产生的消极情绪,它会促使我们获得竞争优势或瓦解对手的竞争优势。

现实生活中哪些因素会导致我们产生妒忌情绪呢?大致来说有四种因素:彼此之间的相似性程度、关注的领域以及重视的程度、对事情的掌控程度、是否感受到公平公正。

第一,我们与被妒忌对象之间的相似性程度,相似度越高,就越容易引起我们的妒忌情绪。比如,班上某位同学和自己住在同一个小区,家庭经济状况、父母的职业等都差不多,还从小一起长大,如果这位同学总是拿到各种奖学金,我们就容易对这位同学产生强烈的妒忌。为什么我们不会对所有考上清华、北大的高材生产生妒忌,却会妒忌身边这些学习优异的同学呢?这是因为身边的同学离我们的生活圈子很近,有很多和我们类似的因素。

第二,关注的领域以及重视的程度。比如,我们比较看重某一门课程,为了取得好的成绩付出了很多努力,但是你发现,班上有一位同学这门课程的成绩一直很好,你虽然很努力,但是他却一直比你优秀,那么你就容易产生妒忌。再比如,在现实生活中,自己比较看重人际关系,也很努力地维护人际关系,但是效果却不甚理想,那么我们就容易对人缘好的同学产生妒忌。

第三,对事情的掌控程度。面对一个比自己优秀的同学,如果我们觉得可以通过自己的努力超越他,感到可以掌控赶超他人的进程,那么我们产生妒忌的可能性就会降低;如果发现再怎么努力都不可能赶超这个同学,那么就会产生强烈的妒忌。庞涓陷害孙膑的原因就在于此。当然,如果差距很大,而且没有办法缩小彼此的差距,那么我们只会钦佩,而不会妒忌。这就是我们会妒忌学霸,而钦佩学神的原因。

第四,是否感受到公平公正。如果我们认为某一个人取得成功依靠的是不公正的程序和不公平的评选,那么我们就容易妒忌别人。当然,不公平感并不是产生妒忌的必要条件,只是会加剧妒忌情绪的体验强度。

知识拓展

如何认识妒忌? 如何引导自己纾解妒忌情绪?

妒忌并不全然都包含着敌意,也有善意的妒忌。吴宝沛、张雷(2012)研究总结发现,善意的妒忌一般出现在彼此之间的差异是可以缩小的,并认同他人优秀的前提下,所以班上第一名和第二名的同学之间是可以产生友谊和良性竞争关系的。但是如果我们认为对方具有不公平的优势,就会出现充满敌意的妒忌。同时,善意的妒忌与我们是否愿意自我提升有关。如果我们愿意提升自己,完善自己,那么妒忌就能促进自我改进,增强学习的动机,反之则会贬低他人,做出更多充满敌意的行为。此外,在善意的妒忌下,被妒忌对象会主动采取合作的方式,实现共赢,相反,会采取回避的方式,以免自己受到不必要的影响。

面对同样优秀的他人，为什么有的人会钦佩，有的人会妒忌呢？问题的关键就在于我们能否接受自己的不完美。无论面对什么样的竞争，只要我们能够坦然接受自己的不足和缺点，不管面对什么样的结果，我们都能接受现实。一个能够接受自己英语很差劲的人，是不会妒忌一个英语成绩很优秀的人的。妒忌是一种正常的社会性情绪。如果我们不免产生妒忌，那么就要学着接受自己的不完美，引导敌意的妒忌成为善意的妒忌。

四、感谢他人的情绪：感激

感激是一种积极情绪，是受惠者在受到施惠者的恩惠后内心产生的一种正性、愉悦的情绪体验，促使受惠者对已受到的恩惠做出回报（弗雷德里克森，2004）。感激被视为一种道德情感，能激发报恩行为。

（一）知恩图报：感激

感恩是中华民族的传统美德之一。感恩是指对别人提供的帮助表示感激并予以回报（报恩）。也就是说，我们只有对帮助自己的人心怀感激，回报于行，才能称得上感恩。知恩图报的"知恩"二字就包含感激之意。面对别人的帮助，心存感激之情，会让我们感受到被他人关注的温暖，增强社会幸福感。

感激会促使我们向施惠者做出回报的行为，即常说的"报恩"。作为情绪层面的感激，具有启动回报行为的作用，能够驱使我们做出积极的回馈性报恩行为。这种因感激而欲报恩的倾向，有助于受助人肯定自身存在的价值，增强奉献社会的信念。

对生活中的一些幸事（运气、命运等）表达感激，也会提升我们的幸福感。这是因为，感激本身就是正面的积极情绪，它的出现可能会抑制、抵消受助人心中的无助、失望、挫败等消极情绪，还能够让受助者感受到他人给予的关爱。

（二）助人未得到回报：缺乏感激

中国人主张知恩图报。但是在现实生活中，有时候我们助人之后，却没有感受到对方的感激，被助方也没有做出感谢的行为。其中主要的原因不在于对方不懂得知恩图报，而在于没有激发对方强烈的感激之情。研究表明，遇到以下几种情形，受助者更容易体验到强烈的感激之情。

第一，当自己得到有价值的帮助的时候，我们就容易产生强烈的感激之情，做出报恩的行为。比如，在出现重大公共卫生事件（如新型冠状病毒肺炎疫情），相关卫生防护用品脱销的时候，得到他人给予的口罩等防护用品或酒精等消毒用品，我们就可能对提供帮助的人产生感激之情。

第二，当施惠者为自己付出了很大的努力和代价的时候。比如，我们的电脑坏了，请同学帮忙修理，结果别人为修理自己的电脑既出力又出钱，忙活了好几天。又比如，有的同学在自己生病的情况下还坚持帮我们做好数学建模。

第三，当施惠者所付出的努力是有意行为的时候。比如，有学生患了重病急需输血，但是血库已经没有所需的血型，同学们得知消息之后，不计路途的辛苦，专程赶去医院献血。

　　第四,当施惠者提供的帮助超出自己的预期时。比如,在准备考试的过程中,原本我们只打算向学霸请教一些学习问题,结果学霸不仅帮我们搞懂了难题,还给我们分享了自己整理的学习材料和考试攻略。

　　第五,当施惠者付出了很大的努力却没有索要任何回报时。比如,新学期开学回学校的路上,行李较多,一个好心的同学一直帮助自己把行李从车站送到寝室,却没有喝一口水,没有吃一点东西。

知识拓展

为何借笔记的同学不会感激学霸?

　　在期末复习期间,很多同学整理课程资料的时候都会想到借学霸的笔记本复印一下。不少学霸慷慨解囊,大方地借出笔记本。不过,借出笔记之后,不少学霸内心很受伤害,虽然不奢望借取方能够回报自己,还是会希望得到感谢,但是学霸们并没有感受到对方的谢意。这是为什么呢?恐怕与我们对学霸的刻板认识有关系。学霸们的笔记很翔实,需要花费他们一学期的心血,不仅要在平时上课时认真记录,还要在课后仔细整理、完善。学霸能够心甘情愿地把费尽心思整理的笔记借给别人,这实属不易。但是借用笔记的同学却不这么认为,并非他们不懂得感激,而是在很多人的眼里,记好笔记,精心整理笔记,对学霸来说是轻而易举的事情,并不需要付出很大的努力和代价。

名词解释

　　积极情绪:一种正面的、带来愉悦感的暂时性体验。

　　积极情感:正面的、相对稳定的社会性情感,主要包括道德感、理智感、审美感。

　　自豪:个体把成功事件或积极事件归因于自己能力或努力的结果时所产生的一种积极的主观情绪体验。

　　同情:在生活中也常被称为同情心,是一种对他人的不幸产生共鸣的情绪,并对当事人表现出关心、爱护、赞成等支持性情感。

　　自我同情:指向自我的同情。具体来说,就是我们接受自己遭遇的痛苦和困境,以理解和非批判性的态度接纳自己的缺点和不足,并认识到自己的经历是普遍存在的。

　　共情:个体感知或想象他人的情感,并部分体验到他人感受的心理过程,也就是我们常说的“感同身受”。

　　钦佩:当人们看到优秀他人及其行为品质(能力、成就、美德等)时产生的一种积极情绪感受。

　　崇拜:我们对自己、他人以及外界事物(自然山川等)的高度认同和尊重。

敬畏：一种既包含了敬重又含了畏惧的矛盾性道德情感。

妒忌：我们在社会比较的过程中意识到别人拥有而自己试图拥有却缺乏的能力、品质、成就等时，体验到的一种令人不快的情绪，夹杂着羞耻、挫败、自卑、敌意等情绪。

感激：一种积极情绪，是受惠者在受到施惠者的恩惠后内心产生的一种正性、愉悦的情绪体验，促使受惠者对已受到的恩惠做出回报。

思考与练习

1. 如果你的成绩高于同寝室的其他同学，或者整个寝室就你一个人拿到了奖学金，你会怎么告诉同寝室的同学？如何处理和他们的关系？

2. 当我们做出助人行为的时候，是基于同情，还是基于共情？

3. 结合生活中的事例，谈谈你对钦佩、崇拜、敬畏和妒忌的认识和看法。

4. 想一想，感激与感恩有什么区别？

第四章 积极情绪体验与积极取向的情绪管理

尽管中国人的幸福体验力图维持积极情绪与消极情绪之间的平衡,但是我们还是试图追求积极情绪带来的愉悦感,因为在这种状态下个体能够感到舒适、惬意,这正是我们希望在生活中感受到的。这就是大家都追求幸福的原因,幸福感能带来积极的情绪体验。

第一节 积极的情绪体验

为什么我们喜欢快乐、高兴、兴奋、激动等积极情绪?因为这些积极情绪会带来精神上的愉悦体验。但是从情绪体验的强度来说,不同的积极情绪,体验强度是有差别的,如哈哈大笑和微笑。跨文化研究显示,中西方对积极情绪体验的认识明显不同,中国文化背景下强调的积极情绪体验不等于西方文化背景下强调的积极情绪体验。

一、积极情绪体验

积极的情绪体验是指个体通过感官或心理体验到正面的情绪,并由此获得身心愉悦的状态。如何判断一个人在某一段时间内的情绪体验是正面的还是负面的,我们需要先评估一下其在这段时间内体验到积极情绪、消极情绪的时间长度。已有的研究表明,积极情绪与消极情绪是相互独立的,我们可以同时体验到积极情绪和消极情绪。只要体验到积极情绪的时间多于体验到消极情绪的时间,那么我们就处于积极情绪体验状态。积极情绪是个体产生积极情绪体验的前提和基础,想要获得积极情绪体验,那么积极情绪必然在心理体验中占明显优势;想要持续地获得积极情绪体验,就需要不断地体验到积极情绪。

但并不是体验到积极情绪的时间越多于体验到消极情绪的时间就越好,在中国文化背景下,体验到的积极情绪与消极情绪的比例大致相当的时候,便是最佳的积极情绪体验。这也得到了跨文化研究的支持。中国人会较多采用压抑积极情绪的方式,维持积极情绪与消极情绪的平衡(宫基,马,2011)。极端的积极情绪体验并不是我们所倡导的,短暂的高兴是可以的,但是长时间的高兴会让我们的身体受不了。即使故事再精彩,能令人捧腹大笑,但是一旦肚子开始疼了,我们自然会马上停下来。在日常生活中,我们不仅需要对消极情绪进行管理,还需要对积极情绪进行管理。"不以物喜,不以己悲"的淡定平静的态度,才是中国人倡导的积极情绪体验。

二、获得积极情绪体验的途径

要想获得积极的情绪体验,首先要体验到积极情绪。一个没有获得快感的人是不可能获得积极情绪体验的。积极心理学的研究发现,我们可以通过感官愉悦和心理享受获得积极情绪体验,只是两者带来的体验强度是不同的。

获得积极情绪体验的第一种途径便是感官愉悦,即通过感觉器官获得生理或心理满足而产生的积极体验。比如,饥饿后吃饱饭的惬意,口渴后喝水的舒适,高压状态下高歌一曲带来的轻松。感官愉悦的程度取决于我们的需求被满足的程度以及这种需求的重要性。但是感官愉悦并不是总能带来内心的快乐,因为感官愉悦带来的快乐阈限会不断提高。比如,小学生第一次得到玩具小汽车作为奖品的时候会非常开心,但是第二次再因奖励获得玩具小汽车的时候,开心的程度就会下降,等到上中学的时候可能根本对玩具小汽车不感兴趣了,这是因为我们的快乐阈限提高的缘故。因此,仅仅依靠感官愉悦来增强个人的积极情绪体验是不能持久的。

获得积极情绪体验的第二种途径就是心理享受,即打破个体固有的某种自我平衡而积极投入某项活动时产生的正向体验。比如,同学们终于解答出一道让人百思不解的高数题,在毕业晚会上弹奏了一曲扣人心弦的歌曲,在一幅绘画作品前自由地发挥想象,几个同学酣畅淋漓地打了一场羽毛球赛。心理享受的重要特征就是我们愿意沉浸在活动之中。也有研究表明,心理享受的积极体验离不开我们的认知评价,我们对当前的活动做出正面的评价(如这个活动太好玩了,这首歌太好听了等)之后才产生积极情绪体验。相对于感官愉悦而言,心理享受更能促进个体的成长和积极品质的培养。在这种体验中,不少人并没有把当前的活动视为负担或任务,而是沉浸在其中,享受活动过程。

积极心理学主张引导个体通过心理享受获得积极情绪体验。当然,积极心理学的研究还发现,面对结婚、获得奖学金、中奖等积极事件,我们可以通过品味(savoring)的方式增强积极情绪体验(如增加积极体验的时间长度等)。品味是我们通过有意识地回忆、体会或想象感受到愉悦体验的行为,典型的表现就是期望未来将要发生的积极事件,仔细体会当前生活的积极方面,经常回忆美好的往事。有研究者将品味进一步分为 9 种表现形式:同他人分享、沉浸并专注于积极的事情、自然流露自己的积极情感、与更坏的结果进行比较、强化对当前美好生活的感知、主动回忆快乐的事情、关注当下、细数自己的幸运之处、直观展现愉悦的感受。这些品味方式可以增强我们的积极情绪体验。

三、典型的积极情绪体验

从目前的研究结果来看,积极心理学关注三种积极的情绪体验:平淡的快乐——幸福感,全身心地投入——流畅感,注意力高度集中——冥想。

(一)平淡的快乐:幸福感

如果要问幸福的典型体验是什么?快乐、高兴一定是出现频率最高的词语。的确,我们每个人对幸福的认识都是不同的,有关幸福的价值观念也是不同的,但是幸福的体验却是相似的,即包括快乐、高兴、愉悦在内的快感。西方积极心理学认为,幸福感强调积极情绪体验或感受,突出积极情绪体验的最大化和消极情绪体验的最小化(甚至没有)。西方的这种观点将幸福体验从消极情绪一端推向积极情绪一端。在现实生活中,西方文化背景下对幸福感的注解并不适用于中国人,不少心理学爱好者试图按照一些西方的心理学书籍从生活中获取幸福,但是结果却令人惊讶。越是按照西方的模式追求幸福,越是得不到幸福,甚至会失去已有的幸福体验。这是为什么呢?因为中国人对幸福感有自己的理解方式。

很多研究发现，中国人的幸福感不同于西方人的。首先，在幸福观念上，中国人提倡的是"乐"，古人常以"乐"作为幸福的表现。张晓明（2011）在整理儒家、释家（佛教）、道家对"乐"的理解后指出，中国本土文化中的"乐"既是一种情感，又是一种精神层面的追求，具体表现为：第一，"乐"是一种生存境界，是在自我体验的过程中所达到的一种具有美学境界的情感体验；第二，"乐"是知情意（循理、情生、意乐）合一的一种主体情感意向性的心理状态或生存境界；第三，"乐"的基础是天人合一，建立在个体与自我、个体与他人、个体与自然和谐的基础之上。

其次，在幸福感的内容指向上，曾红和郭斯萍（2012）认为，中国人的幸福感提倡集体主义，忽视个人情感，是与他人、家庭、集体联系在一起的；中国人的幸福感与道德感、审美联系在一起，是"善""美"合而为一的"善美愉悦"，超越官能上的满足和功利性，追求自我精神层面的幸福状态；中国人追求理性之乐，追求一种非物质欲望满足式的幸福，即一种值得追求的精神境界。

再次，在对幸福的感受上，中国人常常将"幸福"与"不幸福"互为比照，增强幸福的感受（卢，吉尔摩，2004）。西方幸福感的产生是单向的，就是追求最大化的正面、积极情绪体验，但是中国人追求的是一种相对的幸福体验。

最后，中国人的幸福感在情绪状态上并非指向积极情绪体验那一端，而是追求积极情绪体验与消极情绪体验的平衡。中国人的幸福常常是一种平淡，是一种心境（任俊，叶浩生，2004）。可以这么理解：中国文化中强调"不以物喜，不以己悲"，平凡之中也许就隐藏着极度的幸福，幸福是无须刻意追求的。

归纳而言，中国人的幸福感比西方人的幸福感内容更丰富，超越了生活质量和情绪两个方面，有如下几个特点：第一，中国人将幸福感视为一种生活的目标和人生的境界。第二，中国人的幸福感为人际关系以及人与环境的关系所左右。第三，中国人的幸福感更多指向精神层面。第四，中国人的幸福感往往以"不幸"为背景，是一种相对的积极状态。第五，中国人的幸福感强调积极情绪体验与消极情绪体验的平衡，追求平淡的心境。

（二）全身心地投入：流畅感

积极心理学特别强调在具体活动中感受到的全情投入状态，即西方学者所讲的流畅感（flow）。流畅感是指我们对某一活动或事物表现出兴趣，并由此推动自己全身心投入活动之中的一种体验。在日常生活中，我们多将其称为投入感。投入感不是靠回忆或想象产生的，而是在当前从事的活动中直接感受到的。比如，我们全神贯注地做一项作业，做完之后抬头一看才意识到已经过去了3个小时，在过去的3个小时里，我们除了注意与作业相关的演算、绘图、推导之外，并没有注意到其他信息，这就是典型的投入状态。

1. 流畅体验的特点

我们都有过聚精会神、全神贯注、专心致志、两耳不闻窗外事的投入状态，在这些投入状态下，除了事后直观地感觉到时光飞逝之外，我们还表现出以下几个特点。

（1）注意力高度集中，拥有专注力。

流畅体验的一个突出特点就是我们聚精会神、完全地投入具体的活动之中，脑海中容不下其他的事物，即便周围发生别的事情，我们也没有任何感觉。爱好、兴趣、需要都有助于提高我们的专注力。

（2）活在当下，丧失时间感。

处于流畅体验的人，对当前所做的事情入迷，专注在此时此刻。比如，学生在考试时，不会去埋怨自己过去学习过程中的粗心,不会担心考题是否能答完,时间是不是够用,也不会想象之后的结果,身心完全融入当下解题的过程之中,注意不到时间的流逝。

（3）对活动过程有掌控感,有自信心。

进入流畅体验的人对正在做的事情或参与的活动有很强的掌控感,在做事的过程中体验到自身的掌控能力,即感觉到凭借自身的能力是可以完成任务的,事情正在自己的努力下逐渐完成,具有"我行""我能够"的信念。

（4）自我内在需求的驱动。

获得流畅体验的人都有"正在做自己喜欢的事情"的感觉。当前的行为并不是由外部力量驱使的,完全出自自己的内部需求。

（5）活动投入程度高,冲淡了自我意识。

高程度地卷入活动之中,只关注当下的行为,忘记了自己的身份和角色,甚至忘记了自己身体的需求（如疲劳、饥饿、劳累等）。

2. 获得流畅体验的条件

奇克森特米哈伊认为,一个人能够全身心地投入某件事是因为自己的能力与任务的挑战性相匹配,这是促使我们高度投入活动的关键性因素。具体来说,获得流畅体验需要具备以下几项条件。

（1）对正在做的事情感兴趣。

兴趣是最好的老师,是个体内在动机产生的基础。兴趣被激发和引导之后,熬夜、查阅资料、连续加班都不会给自己带来困扰,因为所做的事情是我们自己想做的,所以我们自愿地沉浸其中,对周围的一切浑然不知。

（2）由内在动机驱使。

如果当前的活动是自主决定、主动选择的结果,而不是他人强加的,甚至连活动的落实也是由自己的内在动机驱使的,我们就容易全身心地投入当前活动中,获得流畅体验。同时,这种体验本身也会鼓励我们继续投身于当前的活动。

（3）活动任务是挑战,而不是威胁。

完成当前活动任务所需的知识、技能与自身的水平大体相当,"跳一跳,就能摘到苹果。"如果活动任务通过自己的努力是可以完成的,那么这种任务对我们而言就是一种挑战;相反,如果通过自己的努力,甚至借助外部的资源也不能完成活动任务,那么这样的任务对我们而言就是一种威胁。

（4）活动及其进程是可以掌控的。

我们不仅要明确活动的目标,知道自己要做什么,如何做,还要熟悉活动的进展,知道进行到哪一步了,存在哪些问题,需要做什么调整,下一步要做什么。也就是说,要能够掌控当前进行的活动及其进程。

（5）体验到愉悦情绪,缺乏时间感知能力。

在整个活动过程中,我们可能经历了期待、兴奋、愉快,也可能经历了紧张、焦虑、烦躁,不过在活动完成之后,都会体会到创造的乐趣和成功的喜悦。同时,活动的参与者自我意识淡薄,缺乏正常的时间感知能力,普遍感受到难以正确估计整个活动的时间长度。

知识拓展 ▶▶▶

兴趣与无聊

无聊(boredom)是人们在日常生活中因为缺乏外在的刺激或对周围事物丧失兴趣而产生的一种消极情绪体验。在这种体验中,人们感到心情郁闷、精神空虚、厌倦、冷漠、孤独、无助等,产生对生活的无意义感。无聊有五个方面的典型特征:情绪上体验到不愉快、厌倦,认知上感受到时间漫长,生理上唤醒水平降低,行为表达上趋于退缩或不表达任何意图,动机上缺乏改变或离开情境的意愿。

周浩、王琦和董妍(2012)梳理了相关文献后认为,使一个人体验到无聊的因素可分为外部和内部两个方面:外部因素包括重复性的单调工作和生活、超过个人能力的困难任务、感受到强迫的社会环境;在内部因素方面,动机、能力是使个体感受到无聊的关键性因素。当一个人的内部动机无法得到满足,不具备实现愿望的能力的时候,就会体验到百无聊赖、茫然无助的无聊状态。当然,无论是外部因素,还是内部因素,自我调节都起到了重要的作用。不少学者研究发现,自我调节能够让我们摆脱无聊的体验,找到人生的意义。其实在现实生活中,我们都能够发现,有着较高的自我调节能力的人在聚餐活动中往往能自得其乐,与他人和谐相处,其乐融融,不会感到无聊。

很多人在体验到无聊的时候,都会做出很多努力,企图摆脱当前枯燥、没有快感的生活。但是不少人选择了一些不恰当的应对方式,如吸烟、酗酒、吸毒等。这些方式虽然能够暂时缓解无聊感,但是经历过后所体验到的无聊感会更加强烈。不少人就会陷入一个怪圈:越是无聊,越是寻求外部的刺激,结果感受到更加无聊,于是寻求更多的外部刺激。要想摆脱无聊的体验,改变自己是唯一的方法。改变自己就是提高自己对学习、工作的兴趣。做一些自己想做又能做到的事情来找到自己的兴趣。对于大学生而言,培养新的兴趣或爱好、做一些想做的事情、形成新的生活方式、接触新的学习环境和内容、参加一些社团活动,都能减少无聊的体验。

3. 流畅感与走神

与流畅感相对的就是走神。我们每个人都希望能够全身心地投入每一件事情,但是现实很残酷,走神总是如影相随,稍不注意,我们就会分心、走神。比如,好不容易拿起书,刚看几页就开始想着自己待会去哪里吃饭;听老师上课时,自己脑海里想的却是周末去哪里玩。这些都是注意力脱离当前活动的走神表现。走神就是我们的注意力从当下正在做的事情中转移到与当前无关的事情上的一种心理状态。

有研究发现,我们每天有 30%~50% 的时间在走神(基林斯沃斯,吉尔伯特,2010)。为什么我们会走神呢?麦克维和凯恩(2010)认为,走神不仅与自动产生的想法、观念有关,还与我们的注意或执行控制能力有关。大多数情形下,走神与注意或执行控制能力有关。我们的注意机制需要同时处理多项任务,既要执行当前的活动任务,也要执行与活动无关的任务,但是每一个人的心理资源都是有限的,走神正是因为注意力从当前任务转移到无关任务上,而无关任务消耗了大量的注意资源,从而抑制了对当前任务的反应(斯莫尔伍德,斯库勒,2006)。

哪些因素容易让我们走神呢?有学者认为,有四个导致我们走神的主要因素:第一,工作记忆容量超载。如果我们正在调动自己已有的知识经验来理解老师讲的高数知识,满脑子想的都是这件事情,已经不可能再想其他事情,但还是无法弄明白其中的道理,那么我们就容易走神。第二,体验到消极情绪。大量的研究发现,在体验到消极情绪(焦虑、紧张等)时,个体就容易走神。在考试的时候,过度焦虑的学生容易走神、分心,注意力无法集中到试卷上,往往将注意力转移到对考试结果及其带来的后果的想象上。第三,疲劳和练习过量。疲劳会增加走神的概率。随着练习次数的增加,成效无显著提高,而错误率却不断增加,我们就容易分心、走神。第四,年轻人容易走神。多数研究发现,老年人走神的概率要小于年轻人。只是最近有一项研究发现,尽管老年人在阅读测验中走神的比例小于年轻人,但是如果考虑到阅读兴趣因素,其实老年人和年轻人走神的概率没有太大的差异。

(三)注意力高度集中:冥想

在人本主义心理学兴起之后,冥想(meditation)开始进入心理学的研究视野。冥想能够让我们从"信息超载"的状态中解脱出来,放松身心,保持情绪平衡。

1. 冥想的内涵与特征

什么是冥想?冥想是一种比较复杂的体验。从认知来看,冥想是通过身心的自我调节达到注意力高度集中的过程;从过程来看,冥想包括身体放松、呼吸调节、注意聚焦三个阶段;从体验来看,冥想就是有目地将注意力集中于个体内心的体验;从效果来看,冥想就是通过自我调控,让个体获得情绪平衡、内心平静和专注。

根据注意的朝向,冥想被分为两类:正念式冥想(mindfulness meditation)和聚焦式冥想(concentrative meditation)(卡恩,波利奇,2006)。其中,正念式冥想是指大脑自由地接受头脑中出现的一切思想、观念、感受,不做任何的判断或控制;聚焦式冥想是指把注意力集中于某一单独的特定活动上,摒除其他想法和干扰。无论哪种形式的冥想活动,都让我们表现出以下四个方面的典型特征。

(1)时间知觉失真。

我们平时可能会比较准确地估计出活动所花费的时间,但当我们全身心沉浸在冥想活动之中时,就会失去对时间的感知能力,我们对时间的估计会出现偏差。

(2)注意力高度集中,全身心地投入。

无论是聚焦式冥想,还是正念式冥想,我们都高度聚焦于当前的心智活动,将注意力集中到脑海中出现的观念、想法、图像。

(3)接纳程度提高。

在冥想状态中,个人具有较高的开放性,能够包容更多的想法和观念。在冥想活动中,各种想法、观念,甚至在平常生活中受到抑制的想法都会自由地出现在脑海中,接受各种想法和观念的可能性提高。

(4)关注当下。

冥想关注的是此时此刻脑海中呈现的观念、想法,关注当前的所思、所想、所感,不关注过去和未来以及一切与当前无关的事物。

2. 正念式冥想

正念式冥想有两种形式:第一种是类似"灵魂出窍"的分离性观察,也就是个体在冥想过程中将自我意识从当前活动中分离出来，自己作为客体进行"客观"的观察。第二种是正念，即对当下经验不加评判地进行注意。在正念中，个体关注当前脑海中出现的所有观念、想法和感受，不加任何限制，任由思维自由发挥。

正念式冥想具有积极的效果。加兰等人（2009）通过临床实验证实，正念在正面的认知重评中起到了核心作用。他们认为，当一个人在面对压力事件的过程中，压力事件（如5·12汶川地震、日本福岛核电站泄漏）的威胁、伤害程度已经超过个体自身的承受范围时，正念式冥想以去中心化（避免这些威胁、伤害与此刻的认知联系在一起）的评价方式，关注当时的意识过程而不是意识的具体内容，提高人们的适应性，扩大个体的注意范围，增强认知灵活性。凭借这样的调整过程，我们重新对压力事件进行积极评价，从正面理解压力事件的意义，并引发缓解压力的正面情绪。正念应对模型如图 4-1 所示。

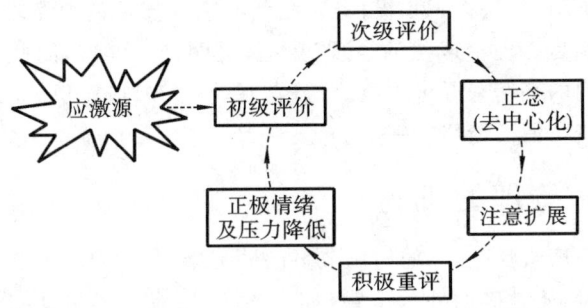

图 4-1　正念应对模型（加兰，盖洛德，帕克，2009）

3. 聚焦式冥想

聚焦式冥想是指把注意力集中于某一个具体的想法、观念。在练习这类冥想活动的时候，我们可以借助外在的引导来帮助我们聚焦于某一个想法或观念。在日常生活中常用以下四种方法进行聚焦式冥想。

（1）言语重复。

言语重复就是反复地吟诵一个词组或句子，注意力集中在言语活动之中。比如，反复吟诵一个单音词（如"啊"）或者一个短语（如"加油"），诵读它们会产生平静效应，清除大脑中其他的观念和想法。

（2）视觉聚焦。

视觉聚焦是指将视觉集中于（或凝视）一个物体或映象，将注意力集中在视觉刺激上，并对这些视觉刺激进行想象，并且大脑专注于想象的内容。

（3）声音重复。

声音重复是指持续地重复一种声音，如鼓声、钟声、瀑布声、海浪声，帮助人们集中注意力。比如，在乘坐汽车的时候，我们专注于倾听汽车发动机的声音，也能达到集中注意力、排除大脑中出现其他想法的效果。

（4）身体冥想。

通过肢体简单的机械运动使自己集中注意力。比如，藏传佛教徒手里面经常拿着一个"转经轮"，摆动手臂就可以让它旋转起来，又比如，同学们有时拿起一支笔在手上旋转，以上方式都能达到集中注意力，使内心平静下来的效果。

第二节 情绪的积极管理：开启幸福人生

在生活中，许多人认为情绪是一种无关紧要的、暂时的状态，任其自然发展，觉得情绪差一点没关系，反正过一会就会好一些，很少主动地、有意识地控制与调节自己的情绪。但是现实生活一次次地告诉我们：如果不能调控好自己的情绪，对情绪及时进行疏导、调节与控制，往往会产生难以预料或不可挽回的结果。比如，路怒症这一心理状态，情绪容易失控，也就容易失去幸福人生。所以，我们要学会管理情绪，学会控制、调节和疏导消极情绪，培育积极情绪。

当然，情绪管理不只是控制、调节和疏导消极情绪，也需要管理积极情绪。缺失了消极情绪，我们会变得轻狂、不踏实；缺失了积极情绪，我们会陷入痛苦的泥潭之中难以自拔。随意地表达情绪而不加以克制是心理不成熟的表现（梁亮，吴明证，2009），因此需要通过积极情绪体验和消极情绪体验之间的平衡来寻求中庸之道（宫基，马，2011）。积极取向情绪管理的终极目标就是要保持积极情绪与消极情绪的平衡。

一、情绪积极管理的机制

当我们处于某一种情绪状态时，如何调节自己的情绪，如何进行积极的情绪管理呢？无论是依靠我们个人的力量，还是借助外部事物（如喜剧小品、音乐等），其实都是通过调控反应的过程来进行情绪管理。

情绪心理学家格罗斯的研究表明，从情绪的发生过程进行情绪管理可分为事前、事中和事后三个阶段。情绪管理可以从这三个阶段，针对情绪线索、情绪反应倾向以及情绪反应三个因素，从选择情境、改造情境、转移注意、改变认知、调整反应五个方面进行调控（见图4-2）。

从已有的研究结果来看，中国大学生使用了很多具体的调节策略，如积极分心、暂时解脱、发泄情绪等。纵观研究结果来看，最重要且有效的情绪调节策略主要包括转移注意、认知重评、情绪反应抑制三大类。

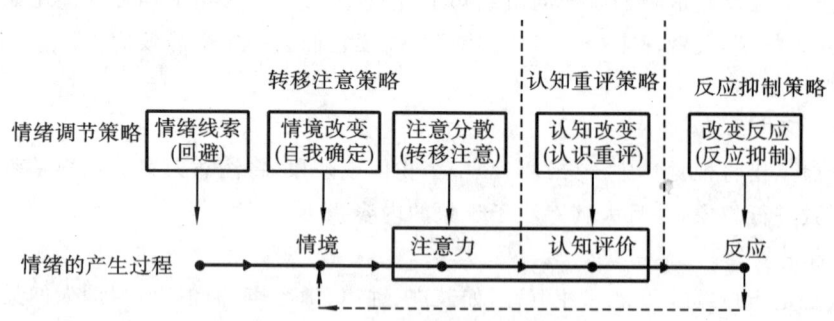

图4-2 格罗斯的情绪调节模型

此外，人类的情绪调节机制不仅存在于意识层面，还存在于无意识层面。当遇到压力事件时，我们往往会有意或无意地进行情绪调节，力图回避或减少消极情绪体验，增强积极情绪体验。当遇到突发性事件（如地震、车祸等）时，我们就会无意识地启动机制进行情绪管理，如逃避、否认、躯体化障碍等。甚至有研究发现，当还没有意识到压力威胁的时候，我们已经在无意识层面启动情绪调节机制,如果无意识层面的调节没有达到效果,那么我们就会从意识层面对特定情绪进行积极管理。所以,我们不是没有情绪管理的心理机制,而是多数情况下我们调控情绪的方式不适合当时的环境,但我们又没有掌握应对当前环境的恰当方法。

知识拓展

无聊、空虚、寂寞心态

人为什么会产生无聊感?有的研究者认为主要有两个外部因素:一个是任务的难度。人之所以会感到无聊,是因为要么正在做的事情太简单,要么正在做的事情太困难。事情太简单,没有兴趣做——"太小儿科了,当我是什么?"事情太难了——"当我是超人吗?"遇到这两种情况,我们只能叹气。另一个是感觉被掌控,没有体现自己的价值。有时候宁愿感叹,却不愿行动,是因为别人把一切都安排好了,只需要你认真地"演出",你会觉得当"提线木偶"有意思吗?从内部因素来说,那就是"不止跳了一下,还是摘不到苹果"。理想很丰满,现实很骨感,不是没有梦想,而是梦想根本实现不了。

无聊的后果就是空虚。一时的无聊可以忍受,长时间的无聊会侵蚀人的心灵,导致空虚心理。空虚指一个人的精神世界一片空白,没有自我价值感,没有信仰,没有寄托,百无聊赖。如果你空虚,往往会感到"没劲",心里不充实;如果你空虚,生活就没有敬畏,什么都可以藐视;如果你空虚,就会在生活中沉沦,没有追求,也没有什么可以留恋。

人为什么会空虚?有两大重要因素:一是精神需求没有得到满足,没有自我价值感。人都有"被需要"的需要。这个需要满足了,人就会感到自己有价值,反之,就会感到自己没用。接受别人的帮助,其实也是在帮助别人寻找自我的价值,成就别人的自信和"我能,我行"的信念。二是缺少精神支柱,没有寄托。空虚往往让人看不到希望,失去未来的方向。没有理想信念,就会导致精神上"缺钙"。

明明在微信中交流得热火朝天,但是内心依然寂寞。为什么线上聊得火热,线下却是相见不如怀念,寂寞如故呢?这不是高处不胜寒的"寂寞",也不是一个人独处的"孤寂",更不是自我封闭造就的篱笆,而是缺乏心灵的契合,缺少精神上的同化。没有共同的追求,寂寞自然就会袭来。

人为什么会寂寞?因为我们的心灵无法融入他人的信仰与生命之中,他人也无法走进自己的内心世界。因为失去了沟通的基础——共同的追求。所谓"志同道合",朋友多了,大家有了共同的追求,内心就不会寂寞。

二、转移注意力,关注当下

转移注意力有两种方式:一是引入新的活动,将注意的焦点从引起不良情绪反应的刺激情境转移到其他事物或活动上,如看电影、打球、下棋、找朋友聊天,特别是购物或打扫卫生都有助于改善心情。如果感觉到压力过大,无法安心学习,不妨整理一下自己的桌面或者床铺,你会发现这是一个不错的缓解压力的办法。通过引入新的活动,将我们的注意力强行转移到其他活动上,避免我们陷入负性思维,钻"牛角尖"。

二是将注意力从不良的情绪反应中转移到当下的活动上,关注此时此刻。我们经常说要活在当下,什么是活在当下?就是关注此时此刻你自己的情绪、认识、需要做的事情。如果我们活在当下,那么重要的事情就是自己正在做的事情,重要的人就是现在和自己一起做事情的人,重要的时间就是现在。如果我们活在当下,就会有什么问题,就解决什么问题,暂时搁置不良的情绪反应。

知识拓展 ▶▶▶

如果你不活在当下,就会失去当下

有一个乡下姑娘挤了一罐牛奶,把它顶在头上,然后就开始胡思乱想了:这罐牛奶可以卖几块钱,这几块钱可以买几只小鸡,小鸡长大了可以下很多鸡蛋,鸡蛋又可以孵出很多小鸡,小鸡长大又可以下很多鸡蛋,卖这些鸡蛋的钱就够我买一条漂亮的裙子,我穿上裙子到王宫跳舞,我的舞姿吸引了王子,王子邀请我跳舞,我要摆摆矜持……她一歪脑袋,牛奶罐掉在地上摔碎了。

三、重构认知,正面解释

情绪与认知密不可分。每一件事情都有很多观察和反思的视角。同样一件事情,从不同的角度可能会感受到完全不同的情绪体验。心态是一种比较微弱但具有渲染性的较为持久的情绪状态。"人逢喜事精神爽"讲的就是喜事所引起的愉悦的心态。心态有积极与消极之分。积极心态是我们面对现实生活时形成的正面的心理视角以及由此产生的正面态度和感受。生活中难免会遇到一些社会上的不公平现象或者压力事件,需要引导人们形成奋发进取的阳光心态、理性平和的健康心态、开放包容的乐观心态,需要引导人们正面认识自己所遭遇的困境。

(一)转换视角,换位思考

在校园里,寝室人际关系问题是青少年学生感到棘手和困惑的问题。大家先仔细阅读下面的对话,从这段对话中,你听出了什么?

"我要搬寝室!"一位学生对辅导员说。

"为什么?"辅导员问。

"我和室友的性格、习惯不一样。他不讲卫生,晚上老是放很大声的音乐。我跟他说了几次,他就是置之不理。我让他打扫寝室的卫生,他就是……"

从这段对话中,你感受到了什么?恐怕感受最深的就是这位同学的抱怨。任何情绪都离不开一定的诱因或情境。我们仔细阅读这段对话,不难发现这位抱怨的学生总是站在自己的立场上,看到的是自己的建议未被采纳,感受到的是自己强烈的挫败感。其实生活中并没有绝对的正确与错误。比如,冬天南方的寝室比较阴冷,没有暖气,那么阳台的窗户要不要打开呢?

来自南方的同学可能倾向于打开窗户,因为要保持空气的流通;来自北方的同学则可能希望关上窗户,因为这样比较保暖。无论是打开窗户,还是关上窗户,都和对、错无关,只与我们的生活经历、习惯有关。如果你意识到这点,那么自己的态度自然就会改变。

我们过多地关注情绪的诱发情境,就容易被情绪所左右,难以让自己的内心平静。如果尝试换一个角度去思考,和对方互换角色,从对方的角度看问题,我们对待事情的态度自然就会改变。

知识拓展

改变世界,先从改变自己开始

《礼记·大学》提到:"古之欲明明德于天下者,先治其国;欲治其国者,先齐其家;欲齐其家者,先修其身;欲修其身者,先正其心;欲正其心者,先诚其意;欲诚其意者,先致其知;致知在格物。"这就是说,一个要想在天下弘扬光明正大德行的人,首先要能治理自己的国家;想要治理好自己的国家,先要管理自己的家庭;想要管理好自己的家庭,先要修养自己的品性;想要修养好自己的品性,先要端正自己的心思;想要端正自己的心思,先要使自己的意念真诚;想要使自己的意念真诚,先要使自己获得知识。而获得知识的途径在于学习和认识万事万物的道理。所以,"物格而后知至,知至而后意诚,意诚而后心正,心正而后身修,身修而后家齐,家齐而后国治,国治而后天下平。"我们只有先"正心""修身",后"齐家",才能"治国""平天下"。

(二)重构事件的积极意义,正面解读事件

重新认识压力事件或困境的意义和价值,要能够看到事件的积极意义,从正面的角度看到这些事件带给自己的历练和成长。比如,下雨天容易造成道路拥挤、堵车,但是从提高空气质量的角度来看,下雨未尝不是一件好事,所以不少人喜欢下雨的天气,因为下雨之后空气中的尘埃含量就会下降。又比如,遇到雾霾天气,大家心里可能都烦透了,但是试想一下为什么我们现在特别关注环保,应该归功于雾霾、沙尘天气。正是因为这些天气的出现,我们才知道蓝天白云的可贵,"绿水青山就是金山银山"的理念才能深入人心。

(三)进行向下和纵向的社会比较,突出自己的优势

在社会群体中,我们都会有意或无意地通过社会比较寻找到自己在群体中的位置。如果没有考试排名,我们就不知道自己的学习水平;如果没有彼此间的比较,我们就不知道自己与别人的差距。遗憾的是社会比较的结果往往让我们看不到自己积极的一面。这是因为我们不仅喜欢向上比较,还喜欢将自己的劣势与别人的优势进行比较,这样比较的结果,恐怕很难不损害我们的自尊心。比如,很多大一新生刚进入大学校园,在迎新活动中看见自己同寝室的同学在舞台上弹琴说唱,可能会突然意识到自己的不足。

因此,应该引导自己进行向下的社会比较,拿自己的优势和别人的劣势进行比较,突显自身的优势。比如,一个成绩不太好的学生可能会调侃另一位成绩优异的同学:"不要看你专业

成绩比我好,但是你的足球踢得不如我。"也可以根据自身的发展进行纵向的社会比较,在这种比较中,看到自己的进步。

(四)从结果转向过程,看到自己的成长

成长是一个蜕变的过程,会有阳光,也会有阴霾,必须经历磨难方能体验破茧而出的幸福。我们不能过分地关注事情的结果,而应该注重自己在应对过程中的成长和历练。

当回味大学生活的时候,回忆里更多的不是恬淡的生活、惬意的阳光,而是痛苦、悲伤、焦虑的生命历程。多年以后,你也许会发现,正是这些生活的调味品,才成就了你今天的幸福。当洗净生命的尘埃后,留下的就是这些刻骨铭心的足迹。

如果我们过于关注事情的结果,只聚焦于好与坏、得与失、顺与逆,心态就容易走向极端。如果我们将人生中遭遇的所有事件都视为宝贵的经历,那么我们会发现:考试不及格说明自己经历过学业的挫败,终于可以直观地理解一个"学渣"的苦闷;失恋说明自己经历过情感分离的考验,从而明白了情感对人类是多么的重要。结果其实不重要,重要的是我们是否将其看作人生的经历。一个阅历丰富的人才能找到开启积极心态的钥匙。

(五)趋向正面信息,积极自我暗示

自我暗示是我们在特定的情境中有意无意地重复想象、谈论,使自己不自觉地接受某种观点、信念、态度或行为模式,从而在心理状态或行为上发生相应变化的过程。当一件事情发生之后,我们对自己进行什么样的暗示,就决定了我们会有什么样的情绪体验。比如,在人际交往过程中受到欺骗,很多人就会进行消极的自我暗示:"你是笨蛋,被这么简单的谎言欺骗了。"在这样的消极自我暗示之下,我们还会相信自己的能力吗?还会积极、主动地尝试与其他人交流吗?不会。相反,如果我们搜集相关的正面信息,对自己进行积极的自我暗示,认为受骗让自己熟悉行骗的套路和方式,吃一堑长一智,受骗让自己成熟,那么受骗这件事情就可以激励自我成长,使自己趋向好的方面。

四、抑制反应,适度表达

西方大多数研究表明,表达抑制策略(如压制自己的情绪表达、回避、不直接表达自己的想法)会损害人们的身心健康。但是在中国文化背景下,表达抑制策略的效果却是不一样的。巴特勒等人(2007)调查欧裔美国人和亚裔美国人发现,欧裔美国人使用表达抑制策略会导致人际互动活动下降,给同伴留下负面的印象,并增加敌对性行为,而亚裔美国人使用表达抑制策略的效果恰好相反。这可能有两个原因:一是东方文化强调集体主义取向,认为个人的情绪表达应该顾及他人和整个群体的感受,所以,中国人一般会抑制自己的情绪反应,不夸大,不过激。二是就中国人而言,表达抑制能比认知重评更迅速地降低消极情绪的唤醒水平(袁加锦,龙泉杉,丁南翔,娄熠雪,刘莹莹,杨洁敏,2014)。

当然,过分压抑情绪反应只会使情绪困扰加重,需要把握好"度"。在必要的时候可以适度地宣泄自己的不良情绪,发泄的方式一般以不影响别人的生活为宜。比如,在空旷的地方独自一人大哭,剧烈运动(跑步、骑行、打球等),在 KTV 唱歌,向他人倾诉等。

知识拓展

情商:比智商更重要的因素

在现代社会,情商越来越受到重视。日常生活中经常被提及的情商,即情绪智力(emotional intelligence),就是利用情绪线索解决情绪性问题所必需的个性心理特征。在现实生活中,智商很重要,情商更重要。无论是在校园生活中,还是在职场中,只有将情商与专业知识、职业技能相结合,才能迎来学业上的成功、事业上的发展、生活中的幸福。

情商是什么?大家普遍认同迈耶和沙洛维的观点。情商包括四个方面:准确地觉察、评价和表达情绪的能力,产生正向思维的情感能力,理解、分析和使用情绪知识的能力,调节情绪以促进情绪和智力发展的能力。现在普遍认为,人与人之间的情商并没有明显的先天差异,更多是与后天的培养有关。因此,必要的时候可以进行提升情商的心理训练,可以从情绪知觉、自我管理、自我激励、他人情绪的识别、人际关系的管理五个方面进行提升。

名词解释

积极的情绪体验:个体通过感官或心理体验到正面的情绪,并由此获得身心愉悦的状态。

流畅感:我们对某一活动或事物表现出兴趣,并由此推动自己全身心投入到活动之中的一种体验。

无聊:人们在日常生活中因为缺乏外在的刺激或对周围事物丧失兴趣而产生的一种消极情绪体验。

走神:我们的注意力从当下正在做的事情中转移到与当前无关的事情上的一种心理状态。

冥想:有目的地将注意力集中于个体内心的体验。

正念式冥想:大脑自由地接受头脑中出现的一切思想、观念、感受,不做任何的判断或控制。

聚焦式冥想:把注意力集中于某一单独的特定活动上,摒除其他想法和干扰。

积极取向情绪管理:控制、调节和疏导消极情绪,培育积极情绪,使得积极情绪与消极情绪保持大致的平衡。

思考与练习

1. 在哪些生活情境中我们可以获得积极的情绪体验?

2. 谈谈你对中国人的幸福感的认识和看法。

3. 回顾以往的成长经历,思考一下,我们有时在学习的时候为什么不能体验到流畅感?

4. 讲一则生活小故事,谈谈你自己获得积极心态的亲身经历。

第三编

积极的认知

俗话说:"人生不如意,十之八九。"人生在世,难免会遇到不顺心的事情,当我们遇到不顺心的事情时,怎么办? 一般来说有两种方式:一种方式是寻找各种方法解决这个问题,问题解决了,烦恼自然就消除了;另一种方式就是调整自己,改变自己,改变不了问题,就只能改变自己对事情的态度,以适应环境。

调整自我的一个重要方面就是认知调整,即从积极的角度重新认识、解释当前的事件。只要我们愿意改变认识,即便遇到一时无法解决的问题,也会发现自己的情绪有了很大的变化,这就是认知的作用。积极心理学倡导积极认知(positive cognition),就是指对事件进行正面的认识、积极的解释和合理的归因,从正面建构事件的意义或价值。

第五章　积极认知铸就幸福人生

一念天堂，一念地狱。无论好事还是坏事，其结果都不是必然的，关键在于我们如何看待这件事情，愿意从什么样的角度来审视这件事情。积极心理学提到的"积极认知"就是对事件进行正面的认识、积极的解释和合理的归因，从正面建构事件的意义或价值。积极认知不仅能够改变个人对事件的态度、看法，还有可能改变一个人的未来，让人对未来充满期待。

第一节　幸福人生就在转角处

积极心理学认为，人不是被动地体验事件和环境，对所有生活事件的感受、反应都需要经历认知的过程。认知包括我们对当前事件的认识、解释和评价等，在我们的日常生活中具有举足轻重的作用。认知（思维方式）决定着我们如何看待某个事件。中国人的辩证思维决定了我们都倾向于既要看到事情积极的一面，也要看到事情消极的一面。有时候就是因为我们换了一种视角来看待同样一件事情，结果发现，这件事情能给自己带来积极的作用。

一、改变人生的认知因素

我们经常说，认知决定心态，积极的认知会带来积极的心态。为什么会这样？因为积极的认知能够引导我们看到事情"好"的一面，进而消解消极的情绪体验，增强积极的情绪体验，正如"人逢喜事精神爽"。相反，人若是产生了消极的认知，比如觉得自己倒霉，那么就会有"喝凉水也会塞牙缝"的消极感受。

更重要的是，认知与我们的情绪体验是相互作用、相互影响的。认知与情绪体验呈现出一种螺旋式的交互影响效应。对事件产生正面、积极的认知，那么就会产生积极、正面的情绪，积极的情绪反过来会进一步强化正面的认知，如此相互作用，形成一个良好的互动循环。相反，如果对事件产生负面、消极的认知，就会产生消极、负面的情绪，消极的情绪进一步强化对事件的负面认知，形成一个负面的闭环。所以，有什么样的心态，关键在于我们自己选择什么样的认知。

活动练习 ▶▶▶

同样一件事情，为什么会有不一样的心情？

事件的起因：今天下午，我给最好的朋友打了一个救助电话，但是他没有接听，直到现在也没有给我回电话或短信……

此刻，你有什么反应？

A：我整个晚上都心情沮丧,无精打采。

B：我没感到有什么不愉快的,继续做自己的事情。

如果你是 A,想一想为什么你会整个晚上心情都不好。

如果你是 B,想一想为什么你会若无其事,继续做自己的事情。

在刚才的练习活动中,大家都会想,为什么会产生 A、B 两种截然相反的行为反应呢？这是因为我们对"好朋友没有回电话"这件事情的认识、解释不同。美国临床心理学家艾利斯认为,人的情绪反应来自自己对所遭遇的事情的信念、评价、解释,而非来自事情本身,也就是说,认知决定着个体的情绪反应。艾利斯的这一观点就是情绪 ABC 理论,即一个事件的发生并不必然会引起情绪反应,而是需要通过认知的中介作用,如图 5-1 所示。在情绪 ABC 理论中,A 代表诱发情绪的事件,B 代表个体对事件 A 的信念、认知、评价或看法,C 代表情绪反应。

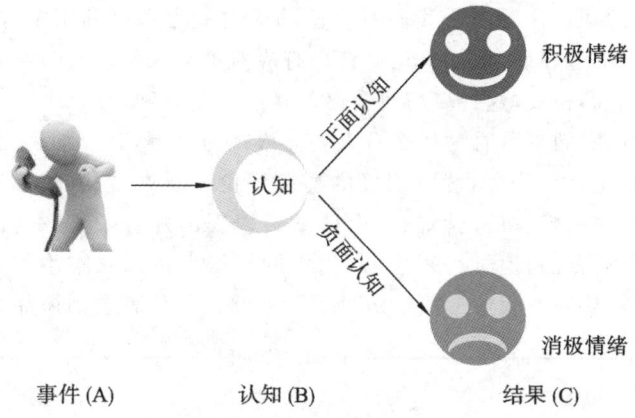

图 5-1　情绪 ABC 理论模型

回顾现有的文献,影响我们心态的认知因素包括认知信念、认知评价、归因方式、社会比较、自我暗示。同样一件事情,为什么有的人能认识到积极的一面,有的人却不能？主要原因在于有些人对事件产生了不恰当的认知,如存在消极的认知信念、负面的认知评价、不恰当的归因方式、上行社会比较方式、消极取向的自我暗示等,这些消极的认知因素遮蔽了我们看到幸福的眼睛。因此,要增强我们的幸福感,首先就需要澄清自身存在的不恰当的认知因素。

（一）认知信念

认知信念是我们自觉坚持的想法、观念及行为倾向。思维模式和应对效能感（coping efficacy）就是我们最熟悉的两种认知信念。

思维模式是我们认识自己、他人和事物的倾向性,典型的表现就是刻板印象。比如,我们对"学霸"形成的固有认识,认为"学霸"天天死读书,读死书,除了学习什么都不会。这种思维定式会限制我们看问题的视角,看不到其他可能性的存在。心理学研究发现,我们存在一些非理性认知,这些非理性认知往往让我们的思维走向极端,并伴随着强烈的负面体验。比如,"我英语成绩就是很差"这句话如果经常出现在你的言谈之中,那么就容易形成诸如"自己英语成绩差是应该的"的成见,这会让我们主动放弃英语学习,失去学习英语的热情。

应对效能感是我们处于应激状态下对自己能否成功应对所具有的信心,是对自己应对能力的认识。应对信念通过影响我们对调节策略或方法的选择,进而影响解决问题的效果以及我们的身心健康。"天生我材必有用",这种正面的积极应对信念会让我们觉得压力并没有那么可怕,并坚信自己总有一天会出人头地。如果丧失了积极应对压力的信念,那么我们将体验到越来越强烈的挫败感。

(二)认知评价

情绪的认知评价理论强调认知评价在我们身心反应过程中的作用,也就是说,某一件事情并不必然会引起特定的情绪、行为反应,关键在于我们对这件事情的看法。对事情的看法决定了我们会有什么样的情绪、行为反应。

认知评价理论认为,我们对压力事件的认识先后经历了初级评价和次级评价两个阶段。在初级评价阶段,我们需要从两个方面对压力事件进行快速的判断:一是这件事情与我有关还是无关? 二是如果有关的话,那么这件事是好事还是坏事? 如果这件事与自己无关,那么我们可以直接漠视事情的发展,或者以看客的心态观望事情的发展。在次级评价阶段,会进一步对自身的应对策略进行判断,这反映了我们对自己的应对能力和可利用资源的知觉。尽管当前这件事情对自己来说不是好事,但如果觉得自己有应对策略来解决这件事情,那么这件事情对自己而言只是一种挑战,相反,这件事情对自己就构成了伤害和威胁。

以吃面包虫为例,我们来看看为什么有人将此事视为好事,有人却视之为坏事(见图 5-2)。有的人会认为面包虫是有营养的食品(积极的初级评价),愿意尝试(挑战性次级评价)。由于在认知评价过程中形成积极、挑战性评价,个体就会表现出好奇,愿意品尝这种食品。有的人虽然认为面包虫是营养食品,但觉得很恶心(消极的初级评价),根本不想品尝这类食品(威胁性次级评价)。由于在认知过程中形成消极、威胁性评价,个体就会回避品尝这种食品。

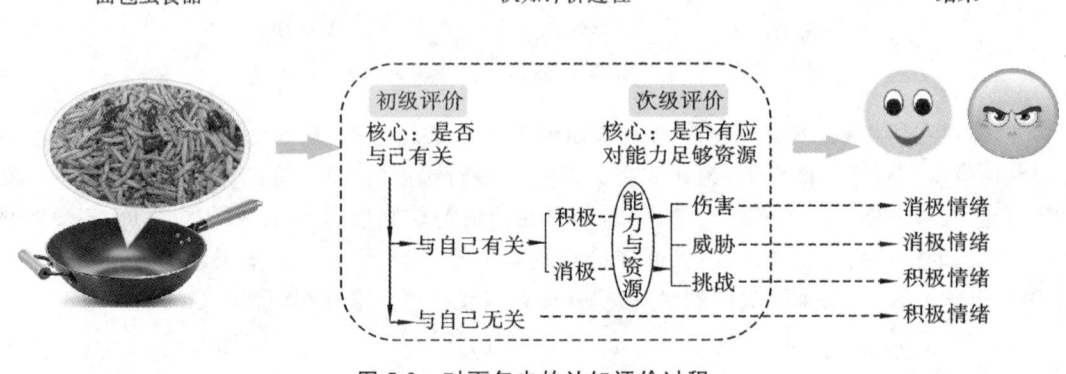

图 5-2　对面包虫的认知评价过程

(三)归因方式

归因(attribution)是指对自己或他人行为原因的推论或解释。如果归因恰当,有助于增强我们应对的信心,但如果我们归因不恰当,就很容易出现迷信行为。

在现实生活中,我们有很多非理性行为。比如,想要维持恋爱关系,就千万不能走 X 形的桥;考试之前不能理发,一理发就会影响自己的考试状态;重要考试之前一定要洗头,否则只要考试时挠头就肯定考不好。这都是因为我们对事情进行了错误的归因。以我们期末考试选择特定的座位为例,有同学相信某一个特定的座位具有"魔力",觉得只要坐在这个座位上复习,不管什么考试都能顺利通过,这其实是迷信的表现。为什么会这样? 大家可以回顾一下这种行为是如何形成的。也许他在某一次考试之前恰好坐在这个座位上复习,尽管课程很难,考试也比较难,但他仍然通过了考试。之后,凡是遇到类似的考试,他就会自觉地坐到这个座位上开始复习,而且一定要在这个座位上复习,似乎只有这样做,才能顺利地通过考试。

知识拓展 ▶▶▶

人为什么会出现迷信心理和行为?

在人类文明历史进程中,一直存在迷信心理和行为。很多人可能会问:人为什么会迷信?陈永艳、张进辅、李建(2009)认为,迷信的形成原因可能有以下几种。

第一,迷信其实是我们内心的投射,即人将自己行为不曾意识到的动因转移到外界的结果。精神分析学派认为,迷信者隐约可以感到自己行为的内在条件性,但又找不到满意的解释,于是就把行为的根源归结于外界。比如中国人常说的,不做亏心事,半夜不怕鬼敲门。

第二,迷信是某一个行为或观念偶然强化的结果。比如,有一次参加考试的路上,自己右眼的眼皮一直在跳动,结果当天考试非常顺利,成绩也比较理想,那么下一次考试的时候就会期待自己的右眼眼皮跳动。这是因为右眼眼皮的跳动与考试成绩之间的偶然联系得到了强化。当然,迷信也有可能是通过观察他人而得到的。比如,看到别人供奉财神后发了财,自己就马上请个财神像供奉起来。

第三,迷信与归因有密切的关系。认知心理学认为,迷信是因为我们在复杂事物之间建立起荒谬的胡乱联系或错误的因果关系。例如某人去邻居家串门,结果在他到的那一刻邻居家死了人,这两者之间本来没有任何联系,只是偶然的巧合。但在这种情境下,迷信的人就会把人的死亡原因归结为这个人的到来,这个人就会被认为是"克星""凶煞"。

第四,迷信还与我们寻求心理安慰和掌控感有关。迷信往往是在我们无法把握未来事件的情况下产生的,尤其是未来的不确定性容易使我们产生危机感,缺乏掌控感,导致我们不得不求助于外界某些能"预测"自己未来命运的载体,以安慰自己并重新获得对未来的掌控感,让自己相信可以借此控制难以掌控的事情及其进展。

(四)社会比较

社会比较(social comparison)是我们将自己的态度、遭遇、意见等与他人进行对比的行为。社会比较是一种评价自我的重要方式,我们通过与不同背景的人进行比较来凸显自己的优势或短处。社会比较一般有三种方式:平行比较、下行比较、上行比较。

平行社会比较是我们选择和自己能力、观点、背景相似的他人进行比较,平行社会比较往往发生在需要了解自己观点、能力的时候;下行社会比较是指和比自己差的人进行比较;上行社会比较则是和比自己强的人进行比较。无论是上行社会比较、下行社会比较,还是平行社会比较,我们一般都会和与自己有一定社会联系的人进行比较,如同学、邻居、同事、亲戚等。相似的因素越多,社会比较带来的心理感受越强烈。我们之前探讨过的钦佩和妒忌两种情绪,都是基于社会比较而产生的。

相对而言,上行社会比较出现的频率更高,但是日常生活中很多上行社会比较并不恰当。不少人拿自己某一具体方面的缺点(英语成绩很差)和别人的整体优势(拿到了一等奖学金)进行比较,这种社会比较会带来挫折、敌意等情绪。不恰当的社会比较往往会扩大自己与他人的差距。

（五）自我暗示

自我暗示是我们在特定的情境中有意无意地重复想象、谈论,使自己不自觉地接受某种观点、信念、态度或行为模式,从而在心理状态或行为上发生相应变化的过程。自我暗示会让我们相信头脑中想象的事物是真实存在的,哪怕根本就不存在于这个世界,或者根本就没有发生过。教师期待效应就是发生在教师身上的积极自我暗示。日常生活中自我暗示的典型例子莫过于夜晚对鬼魂的恐惧。其实这个世界上是没有鬼魂的,我们也都没有见过鬼魂,但是在漆黑的夜晚,我们越是不断地重复想象影片中鬼魂的模样,就越确信有鬼怪存在,内心就越害怕、恐惧。这就是不断进行自我暗示的结果。

自我暗示能够改变我们的心理状态或行为。积极取向的自我暗示会增强一个人的自信。四六级考试结果公布之后,很多人考试成绩不理想,就会进行消极的自我暗示:我的英语水平很差。在这样的消极自我暗示之下,我们会主动学习英语吗?还会有学习的热情吗?不会。在人际交往过程中也是这样的,如果我们不断地暗示自己人缘不好,那么我们就会相信别人是不愿意理睬自己的,也就不会主动地联系其他人。这样自我暗示的结果必然是在现实生活中人缘差,感受不到人际间的温暖。相反,对自己的优点或长处进行反复的强化,可以潜移默化地增强自己的优势。

知识拓展

中国道家认知疗法

中国道家认知疗法是由湖南医科大学附二院精神卫生研究所的杨德森教授等提出的,在此基础上,张亚林提出了中国道家认知疗法"ABCDE"技术(张亚林,杨德森,1998)。这种疗法主要通过调整个体的认知,进而改变其心境。

中国道家认知疗法的核心思想是道家处世的"32字原则",即"利而不害,为而不争;少私寡欲,知足知止;知和处下,以柔胜刚;清静无为,顺其自然"。该疗法围绕道家提倡的"无为"理念来分析患者的问题与价值观,引导患者找出其中的矛盾之处并对此进行干预和转化,最终达到心理治疗的目的(杨德森,张亚林,肖水源,周亮,朱金富,2002)。中国道家认知疗法的具体步骤和技术如表5-1所示。

表5-1 中国道家认知疗法的具体步骤与技术

步骤	具体含义	操作时间	治疗目标	内容与方法	工具或技术
A	评估当前的精神压力(actual stress)	60～90分钟	帮助患者找出主要的精神刺激因素,并对精神压力进行定性和定量分析	解读导致患者出现问题的不良应激因素,必要时可应用生活事件量表(life event scale,LES)进行全面评估	生活事件量表(LES)

续表

步骤	具体含义	操作时间	治疗目标	内容与方法	工具或技术
B	调查价值系统（belief system）	30～40分钟	帮助患者完成价值系统评价表	根据患者的具体需要，理清患者的价值观，了解患者的欲望与现实间不合理的地方，进行相应引导	价值系统评价表
C	分析心理冲突和应对方式（conflict and coping styles）	30～40分钟	分析确定患者的心理冲突，并了解患者的应对方式	通过前两个步骤，分析目前患者的需要与现实的差距，了解患者的心理冲突及应对方式，进行相应讲解	应对方式测查表
D	道家哲学思想的导入与实践（doctrine direction）	100～120分钟	让患者熟记"32字原则"，并理解吸收	对"32字原则"进行逐条逐字的讲解，这一步可分2至3次进行，以确保患者充分理解道家思想的内涵，并通过家庭作业进行进一步巩固	布置家庭作业，每日写心得日记
E	评估与强化疗效（effect evaluation）	45～60分钟	评估治疗效果，总结实践经验，强化和巩固疗效	仔细了解患者目前的心理状况，并通过量表和生理指标明确治疗效果，针对患者问题，进行进一步巩固	症状自评量表（SCL-90）

　　注：在医院对患者进行团体治疗时还可加入松静术、柔动术及病情分析会这几种技术。松静术要求患者每日花15分钟进行静默坐并且放松全身肌肉；柔动术要求患者每日根据"32字原则"，花15分钟做4套柔动体操；病情分析会是所有患者每周需要进行的集体讨论，每次讨论一位患者的情况，帮助患者了解自己认知及应对方式中的不足。

　　在效果评估方面，道家认知疗法在E步骤通过患者自我感受的陈述、症状量表的评估、生理生化指标的测定进行效果的综合评估，张亚林和杨德森（1998）提出，在评估过程中要尽量对患者进行肯定和鼓励，认真倾听患者的反馈，仔细询问患者治疗效果及是否完全理解"32字原则"。如有必要，需要反复多次进行D、E两步的操作，以便确定治疗的效果。

——吴柔嘉、雷鸣的《中国道家认知疗法的应用研究现状与展望》

二、消极取向的认知及其类型

（一）非理性认知的来源

消极取向的认知并不是消极事件一出现就自然随之出现，而是个体有意识地认知重构的结果。也就是说,消极事件发生后,会伴随出现消极情绪体验,这是人的本能反应。消极情绪容易诱发消极取向的认知,而消极取向的认知会进一步诱发消极情绪体验,如此反复循环,容易陷入消极情绪的怪圈。这时就需要我们有意识地进行认知重构,从负面事件中看到好的一面以及积极的意义,对结果进行合理的解释。

非理性认知和信念并非天生就有,而是来源于每个人的生活经历和归因。获得积极认知需要克服自身存在的困境,即澄清自己思维中存在的非理性认知和信念,这些非理性认知和信念貌似"正确",实际却阻挡了我们对幸福的体验。快速地甄别出非理性认知和信念是塑造积极认知的关键。

(二)非理性认知

我们每一个人或多或少都会存在一些非理性认知和信念。比如,贝克总结出来的5种非理性认知:任意地推断、选择性概括、过分地引申、个体化解释、"全或无"二分思维。埃利斯总结出11种典型的非理性认知,并进一步归纳为4种:糟糕至极的预期、低挫折承受的认知、以偏概全和绝对化要求。

也有学者认为,由于大家对在概念理解、价值取向、调查人群以及关注焦点等方面的差异,梳理得出的非理性认知总是存在一些明显的差异。因此,我们需要结合具体人群,了解和掌握他们常见的非理性认知。

刘富汉(2009)采用因素分析方法,提炼出大学生群体中5种典型的非理性认知。

第一,低自我应对效能。当遇到困境或压力时,主动贬低自己的应对能力。比如,"遇到困难或挑战的时候,我无能为力""我付出的努力永远得不到回报,不管什么事情都事与愿违"。这些认知不仅有损我们的自信,还会加重挫败感。

第二,低自我评价。将偶尔发生的消极事件看成无休止的,将自己出现的一些过失看作固定的表现。例如,四六级考试成绩不理想,不少大学生会出现"我做任何事情都不如别人""我很笨"的非理性认知。

第三,对自己有绝对化要求。要求事物完全按照自己的意愿发展。比如,"我一定不能出任何差错""我应该考第一名""在集体场合中,我必须表现得很好"等。言词中常出现"必须""一定""务必""应该"等词语,会让人倍感压力,因为这些词语充满了强烈的控制色彩。

第四,对社会环境提出绝对化要求。希望环境总是能够提供成功的必要条件或机遇。比如,"我希望我的生活和学习不会遇到麻烦和困难""我希望万事如意"。

第五,对他人有绝对化要求。我们对周围的人充满了期待,这一类信念的典型非理性表现就是对别人提出过分的要求,表现出明显的控制他人的欲望。比如,"室友应该把我当作铁哥们或好姐妹""我的同学不能忽视我,要关心我"。

当然,大学生还存在其他的非理性认知,比如,灾难化思维(过分夸大自己的问题和缺点或过分轻视自己宝贵的品格,如"这次如果考不好,我就评不上优秀学生,我的人生就没有希望了")、瞎猜疑(事情还没有发生或还没有结果,就主观地对事情做出消极的推测和断言,例如,在期末考试复习期间,不少大学生就说:"我肯定完了""要是我不及格怎么办?"还没开始考试,就开始猜测结果)、凭感情论事(遇到问题进行情绪化推理,将感觉误认为事实,认定自己的消极情绪必然反映了事物的真实情况，例如，"我心很慌，一定有什么不好的事发生""我现在心烦意乱，我这次考试一定完蛋了"）。

三、塑造积极取向的认知

提升大学生的幸福感，关键在于引导他们形成积极取向的认知，要获得积极认知，最重要的是形成正面思维（positive thinking）。在遇到挑战或挫折时，我们会产生解决问题的动机，并主动寻找解决问题的方法和策略，促使事情朝着好的方向发展。有一点需要明确，虽然正面思维、积极认知都涉及对事情的认识，但是两者还是存在明显的区别。正面思维涉及问题解决的心智过程，属于高级认知过程，是积极认知的核心；积极认知则是正面思维的外部表现，是我们选择加工事情的正面信息或者偏向正面信息等，包含诸如对事情做出正面的解释、寻找事情的积极意义、积极幻想、乐观解释风格等。

很多同学可能会问，如何培养自己的正面思维，塑造积极取向的认知呢？这里有四种方法：一是调整我们自身存在的非理性认知；二是改变语言组织表达模式；三是积极调整认知因素；四是丰富自己的阅历，拓展自己的视野。

（一）调整非理性认知

艾利斯的合理情绪疗法干预的重点就是我们自身存在的非理性认知和信念。要调整非理性认知和信念，首先就要甄别出我们的无意识言语或行为中存在的不合理思维模式。

可以采用以下方法甄别出自身存在的非理性认知：一是记日记。将自己当时的想法如实地记录下来，将自己的想法转化为书面文字，通过反复地研读书面文字，推敲字里行间的意义，我们必定能看出思维的不合理之处。二是与人交流。与别人交流自己的想法，在倾诉过程中，或许能够发现话语之间的不合理之处。三是自我思维辩论。通过自我辩论，不断追问自己行为背后的原因，自然就可以发现其中的不合理之处。

（二）改变语言组织表达模式

在心理学研究中，语言与思维存在密切的关系。语言是思维的反映，是思维的工具、载体，我们通过语言展现思维的过程。那么反过来，可不可以通过改变语言组织表达模式，进而改变思维模式呢？实践证明这是有可能的。以"因为……所以……"句式为例，中国人解释自己某种行为的时候，往往会先讲明原因，而用英文表述时则相反，先会说明自己做了什么，然后才讲明原因。这两种表达顺序反映出的思维模式是不一样的，前者强调原因，重在阐释自己行为的合理性；后者突出行为，强调个人的选择行为。由此，同样一个句式，不同的表达顺序，体现的就是不同的思维方式。

当然，改变一个人的思维模式并不是一蹴而就的。我们的语言习惯和语言风格是在漫长的日常生活中形成的，语言表达过程成了无意识的加工过程，无须我们刻意去思考。这种无意识的语言模式塑造了我们的思维方式。反过来，我们要改变思维模式，就需要改变自己的语言模式（至少是语句的顺序结构）。要想改变那些无意识的语言模式，首先需要有意识地改变我们的语言模式，通过不断练习，不断内化为无意识的认知过程，逐渐形成正面思维的习惯。

心理训练 ▶▶▶

语言结构一变，心情就会大变

我们经常会听到"我做不到……"这样的话。这不仅让听者觉得事情难以办到，而且会让说话的人不断暗示自己面对的是难以破解的困境，让自己处在负面思维的循环之中，难以自拔。但是，只要改变语言的句式结构，选择其他句式，仔细品读，你就会体验到不同的心情。

"到现在为止，我还不能做到……"

"因为我过去不懂……所以到现在为止，我还不能做到……"

"要是……我就能够做到……"

第一个句子增加了时间限定，会让我们感觉到自己还有希望。第二个句子增加了理由，让我们更容易接纳当前的自我。第三个句子假设了一种情形，不仅能够让我们接纳现状，还能维护我们的自尊。

语言模式的转变，可以改变我们对困境的消极认识，构建出积极进取的心态，形成更加清晰的行动目标和方法。改变一下语言结构，我们就会对同一件事情有不同的认识。

（三）调整认知因素

之前，我们已经谈到认知信念、认知评价、归因方式、社会比较、自我暗示等因素会影响我们的身心反应以及情绪反应。面对一件事情，如果我们在这些认知因素上出现偏差（如消极的应对效能信念、负面的认知评价、不恰当的认知归因、上行社会比较），那么必然会带来负面的效果。因此，需要我们调整认知因素，建立积极的心态，促进自身形成正向思维。

1. 提升个人的应对效能感

应对效能感包含我们应对困难情境的自信程度、认知水平和胜任能力。一个具有积极应对信念（高应对效能感）的个体会表现出应对压力的自信、对困境的正面认识以及坚信自己能够成功应对压力（胜任力）。我们可以通过一些训练有意识地增加自信程度、认知水平、胜任力，塑造积极的应对信念。其中一种比较有效的方法是在专业人员的指导下进行积极的归因训练，将成功归结于能力，将失败归结于运气。

2. 提高个体的承受程度

对同样一件事情，为什么我们会出现不同的认知评价？其中一个重要的原因就是个体的承受程度有差异，个体的承受程度会影响其在初级评价阶段对事件性质及程度的主观评定。要提高个体的承受程度，一是需要增加个体的阅历，"钢化效应"（经历过压力的个体今后遇到类似的压力时，体验到的压力强度会下降）就是一个很好的说明。二是通过反复置身于困境之中，提高个人的压力阈限，这需要在心理学专业人员的指导下进行。

3. 引导个体合理地进行归因

不恰当的归因容易让个体体验到习得性无助，损害了自我价值感。从日常生活经验来看，要避免个体一味地将消极事件进行内在归因,而将积极事件进行外在归因;要避免个体在面对消极事件时感觉到失去掌控;要避免个体将某一个方面的失利泛化到生活的方方面面。合理的归因应该遵循归因的"黄金法则",避免伤害个体的自尊。

4. 尽量进行多维度的社会比较,避免单一的上行社会比较

俗语说:"山外有山,人外有人。"社会比较难免会分出高低上下,需要我们合理地选择比较的内容,维护自我价值,切莫拿自己某一个方面的缺点与别人明显的优点进行比较。比如,大一新生进入大学之前都有优越感,这种优越感来自成绩的优秀,但是有的同学参加一场迎新晚会后,可能自尊心就会受损,因为其他同学会器乐表演,而这正是其没有的,于是就会觉得自己没有别人优秀。因此,需要选择新的比较内容,比如可以选择从数学、人缘等方面重新进行多元化的社会比较。

5. 提供正面信息材料,进行积极的自我暗示

首先,要注意自我暗示的性质,根据自我暗示的规律,避免对消极信息进行反复强化;遇到负面的外在环境,应该尽快抽离;遇到正面的信息刺激,要对其反复强化。其次,要把握自我暗示的特点。在进行自我暗示时,要强调"现在"而不是"将来";经常使用"我现在很幸福"强化幸福感受,而不是强调"我将来会很幸福";暗示的内容是我们需要的,而不是不需要的,比如,我们要暗示自己越来越"勤奋""努力",而不是"不再懒惰";暗示的句式要简短,形成气势。

(四)丰富自己的阅历,拓展自己的视野

我们经历的事情越多,越容易从生活经历中获得解决当前问题的方法和可供借鉴的经验。青少年可以通过旅行、阅读来丰富自己的阅历,拓展自己的视野。丰富的阅历和生活经验可以让一个人从多个角度看问题,更容易促成消极认识向积极认识转变。

丰富的阅历和生活经验可以帮助我们获得解决当前问题的方法。虽然经历不可能重复,却可以从中找到可供借鉴的经验。以考试的得失为例,当知道自己没有考到预期的分数时,我们会感到紧张、无助,不知道如何去面对,但是当我们的视野变得更宽广,拥有更丰富的考试经历时,可能就会意识到一时的得失并不算什么,只是生命中的一段经历而已。我们之前通过考试获得的各种证书,哪一张不是用心付出和认真对待的结果,但是到了现在,我们怕是已经遗忘了这些证书。考试如此,与同学发生矛盾、失恋也是如此。

丰富的阅历和生活经验可以让我们找到更多解决问题的方法。经历的事情越多,我们越容易从中获得新的认识,或者从另外一个角度认识问题。每一段经历、每一份阅历都是我们人生的一笔宝贵财富。正因为经历过考试失利,我们才能理解"学渣"的内心痛苦,正因为经历过失恋,我们才能了解到失恋的心路历程,所以,当再次经历考试失利、失恋时,我们就知道应该如何处理内心的感受,如何面对当前的失利、失恋。

第二节 中国人的思维模式与积极认知

思维模式是人们用来处理信息和感知周围世界的一种思维习惯,是一个民族在长期的历史发展中形成的一种较为固定的元认知模式(侯玉波,2007)。跨文化研究结果显示,文化对生活在其中的人们的心理与行为有着重要的影响。大量的研究结果表明,中西方民众的思维模式是不一样的。中国人的思维特性决定了中国人看待问题的独特方式,了解中国人的思维模式,有助于帮助个体对问题的认识。

一、中国人的思维模式

很多跨文化研究发现,中国人的思维表现出辩证性、整体性的特点。本土化研究显示,中庸思维是中国人典型的思维模式。由此可见,中国人典型的思维模式包括辩证思维(diatectical thinking)、整体思维(systematic thinking)、中庸思维(zhongyong thinking)。

(一)辩证思维

中国人的辩证思维主要体现在处理矛盾的时候,我们倾向于辩证地看待当事人双方的责任,针对一个问题从"好的"和"不好的"两个方面来看。所以,在划分对与错的时候,无论是谁,都需要找到自己的缺失和不足,也要证明自己行为的合理性。没有完全正确或者完全错误的人和事。

有研究发现,中国人思维的辩证性主要体现在三个方面:一是变化论,认为世界处于永恒的变化、运动之中,世间没有永远的对与错,两者都是相对的;二是矛盾论,将万事万物都视为矛盾统一体,并且矛盾双方可以相互转换;三是中和论,即任何事物都存在着适度的合理性,不走极端。道家的祸福观("祸兮福所倚,福兮祸所伏")和阴阳观就充分地体现了中国人的辩证思维。

(二)整体思维

中国人的整体思维是指我们倾向于用普遍联系、相互制约的观点,从整体分析问题,这与中国的文化背景密不可分。彭凯平等人(1999)研究发现,东方文化背景下的人在看待问题时倾向于采取整体性的认知倾向,强调事物之间的普遍联系;相反,西方文化背景下的人则习惯采用分析的方式处理问题,强调事物自身的特性。中国人总是从整体、全局的角度分析问题,分析问题时不局限于问题本身,还考虑到问题发生时的环境。他们对媒体对杀人事件的报道进行分析,证实了中国人具有整体思维倾向。在研究中,他们发现中文报纸更多地强调外在环境对杀人者行为的影响,而英文报纸更多地强调个人内在特征的作用。在现实生活中,我们在评价某一个人的社会行为时,往往会把这个人的生活背景、家庭出身与他的成长经历、生活环境联系起来,全面地评价和解释这个人的社会行为。

(三)中庸思维

中庸思维是中国人典型的思维模式。什么是中庸思维?简单来说就是"执两端而允中",也就是说,要一分为二地看待事物,要看到事物同时包含对立与统一两个方面。中庸思维是一种"以中为美"的价值观。中庸强调维持自身与周围环境的动态平衡,也就是说要灵活变通,恰到好处地拿捏"度",达到自身与环境的和谐,最终达到自我和谐。

为何"中庸"被视为中国人典型的思维模式呢?杨中芳(2013)认为,这是因为:①"中庸"的"中"融合了中国古代各学派的思想精髓;②深刻影响中国文化的儒、释、道三家都以"中"为至道,主张"居中致和",只不过对"中"的理解各有不同;③中庸已经成为人们为人处世以及解决问题的基本原则;④中庸在日常社会生活中形成了一套思维体系。

中庸思维实际上是整体思维和辩证思维的最终表现形式。因为只有在全局视野下从整体上把握事物的各个方面,并辩证地看待各个部分及其相互转化的关系,才能做到居中守正,不偏不倚。儒家思想中的"中庸"观念和道家思想中的"阴阳观"是中国人思维模式最直接的体现（侯玉波，2007）。

在日常生活中，我们的"中庸思维"具体表现在三个方面：一是为人处事的原则，二是具体事件的处理原则，三是事后的反思倾向。

第一，为人处事的原则。首先，中庸思维体现在对世事的认识和理解上。一是整体视角，全局思维，全面地认识问题，看到问题的方方面面；二是阴阳转换，在全局思维的基础上一分为二地看问题（阴与阳、对与错、好与坏等），看到事物同时包含对立与统一两个方面，这两个方面相互依存、相互转化。其次，中庸思维体现在对理想生活的追求上，主要是对"中"的追求，强调我们的内心在人际环境中保持和谐、安宁、相对稳定的状态。最后，中庸思维体现在处世原则上，符合"顾全大局""以和为贵""不走极端""合情合理"等价值观。

第二，具体事件的处理原则。中庸思维强调凡事都要先想清楚，然后再去做，审时度势，把握事情的两个方面，寻找恰到好处的行动方案。具体体现在三个方面：一是择前慎思。在全局观念的前提下，中庸思维会让我们趋向与环境的协调、匹配，从而找到妥善处理事情的关键点。二是策略抉择，把握好"度"。中庸强调要恰当地把握"度"，要恰到好处、不偏不倚、无过无不及地处理各方诉求，以求达到自我和谐以及自身与环境的协调。三是执行方式以退为进。我们在解决问题的时候，必要时需要"克己"，采取退、让、忍等方式，以退为进，妥善地解决问题。

第三，事后的反思倾向。中庸思维体现在凡事力求"无过无不及"，强调恰到好处，所以在日常生活中，人们都以这一要求作为标准进行反思。如果事情达到这样的结果，那么就认为自己的处置方法是恰当的；如果没有达到这样的结果，那么就会抑制自我、追求完善。

二、中国人的积极认知

西方人眼中的积极认知，就是对消极事件或困境进行正面、积极的评价。所谓的积极再评价（positive reappraisal），就是从正面重构事件的意义或价值。可以通过转换当事人的视角、选择问题的应对策略、改变语言结构等方法重构事件，获得对消极事件的正面解释。

在心理学研究中，对消极事件的积极再评价过程有助于选择恰当的应对方法，促进自我成长，获得积极的结果。比如，西尔斯等人（2003）研究发现，早期乳腺癌患者如果在治疗后3个月内能够对癌症进行积极再评价，那么这些人内心的自我成长就显著高于其他人。因此，积极再评价对我们内心的成长非常重要。

中国人如何进行积极再评价呢？受思维模式的影响，中国人的积极再评价过程明显不同于西方人，由此而形成的积极认知也不同于西方人。中国人的积极认知具体表现为"积极"与"消极"的转换，对事件的认识保持在一个适度水平，放弃对"积极"的过度执着，同时主动接纳事件的消极方面。

首先，中国人的积极认知建立在对事件"积极性"与"消极性"的辩证转换之中。中国人的积极认知并不是生硬地从事件本身找出正面、积极的因素，而是辩证地看待事件的"积极性"与"消极性"，相信事件可以从消极的一面转化为积极的一面。道家倡导的"祸福观"、俗语说的"塞翁失马，焉知非福"都充分体现了这一点。我们在日常生活中遭遇不利的境遇时都会从祸福的辩证关系中获得积极认识，比如，遗失一笔钱财后，我们不少人会想：我已经丢了这么多钱，也该苦尽甘来了，买彩票肯定会中奖。

其次，中国人的积极认知建立在对事件的"积极性"与"消极性"平衡的基础上，执"中"而放弃对"积极"的过度执着。当遭遇消极事件的时候,中国人不会只从消极事件中寻找出"消极"的观念或想法,而是持"中",在"积极性"和"消极性"之间寻找到一个适度水平,以匹配外部环境。因此,中国人所追求的积极认知就是对事情持中等态度,掌握适度原则。

最后,中国人的积极认知还表现为对消极事件的主动接纳。接纳(acceptant)就是当遇到不能改变或不可控的事情时,接受已发生的事件。中国人能否实现"积极"与"消极"的转换,对事件的认识能否保持在适度水平,关键在于能否接纳消极事件。只有接纳现实,才能平复心态,从中找到正面、积极的因素,获得内心的安宁与平静。就像太极拳一样,先接收全部的外部力量,再顺势将所有外力推送回去,这样比光靠自身的力量来战胜别人要容易得多。

中国人正是依靠以上三个方面,才能对事件进行正面的认识、积极的解释和合理的归因,从正面建构事件的意义或价值。只要人们对事件的认知能够使个人获得内心的安宁与平静,那么这些认知就是中国人所追求的积极认知。

知识拓展

中庸思维与忍

隐忍在日常生活中被视为懦弱的表现,实际上,在中国社会文化背景下,"忍"是中国人典型的行为模式,有助于我们与环境之间达成平衡。"忍"不仅是一种修为,也是一种自我调节的能力。中国人的"忍"一般表现在以下三个方面。

一是在处理事情的时候学会"戒急用忍"。在消极事件发生时,不能意气用事,要静观事态的发展,抓住最佳时机。

二是在追求事情的结果时要"收放自如"。在中国社会文化背景下,结果的好坏并不取决于结果本身,而是要看其与外部环境的匹配程度,以"恰不恰当"作为判断的依据,因此凡事不可过头。

三是在处理矛盾冲突的时候"牺牲自我"。面对矛盾和冲突,有时候需要"牺牲小我,成就大我",不必拘泥于一时,应该把眼光放长远。暂时的利益损失,往往会带来更多的利益。

不少本土化研究证实,"忍"在帮助我们避免内心冲突以及维持自我和谐方面具有积极的作用。中国人强调谨言慎行,凡事都要想清楚后再做,要审时度势,把握事情的两端,再去找恰到好处的行动方案。唯有如此,才能获得内心的平静,达到自我和谐。

名词解释

积极认知:对事件进行正面的认识、积极的解释和合理的归因,从正面建构事件的意义或价值。

应对效能感:我们处于应激状态下对自己能否成功应对所具有的信心,是对自己应对能力的认识。

归因:对自己或他人行为原因的推论或解释。

社会比较:我们将自己的态度、遭遇、意见等与他人进行对比的行为。

自我暗示:我们在特定的情境中有意无意地重复想象、谈论,使自己不自觉地接受某种观点、信念、态度或行为模式,从而在心理状态或行为上发生相应变化的过程。

正面思维:在遇到挑战或挫折时,我们产生解决问题的动机,并主动寻找解决问题的方法和策略,促使事情朝着好的方向发展。

思维方式:人们用来处理信息和感知周围世界的一种思维习惯,是一个民族在长期的历史发展中形成的一种较为固定的元认知模式。

辩证思维:体现在处理矛盾的时候,我们倾向于从当事人之间辩证地看待双方的责任,针对一个问题从"好的"和"不好的"两个方面来看。

整体思维:我们倾向于用联系、相互制约的观点,从整体分析问题。

中庸思维:简单来说就是"执两端而允中",也就是说,要一分为二地看待事物,要看到事物同时包含对立与统一两个方面。

积极再评价:从正面对当前的困境重构事件的意义或价值。

思考与练习

1. 有哪些认知因素会影响我们正面认识一件事情?
2. 中国人的中庸思维在现实生活中有哪些具体的表现?
3. 请结合生活中的实例,谈谈你对中国人积极认知的认识和看法。

第六章 积极认识:满意、乐观与希望

每一个人的经验世界中都存在"昨天"、"今天"和"明天"。我们对"昨天"、"今天"和"明天"的认识和解释,影响着我们的幸福感受。满意、乐观和希望正是我们对过去、现在和将来生活的积极认识的结果。只有对生活满意,充满乐观和希望,才谈得上自己对过去、现在和将来产生了积极的认识。

第一节 满意:对过去生活质量的积极评价

满意是我们在获得缺乏的事物后或在动机性活动中达到目的时的积极心理状态,并伴随着积极情绪。满意既可能是因为某一个具体需求的满足,也可能是因为当前的生活状态给我们带来了实实在在的获得感。对生活质量的重视体现了经济的发展和社会的进步。对生活的满意程度反映了我们的生活状态和生活品质。

一、生活满意度

对幸福体验影响最大的是个体对自己生活状态的满意程度(life satisfaction)。生活满意度被视为幸福体验的认知成分,是我们依据自己的标准对生活质量和状态的主观评价。就时间而言,生活满意度涉及对过去和当前生活状况的评价,但主要是基于过去一段时间内的生活质量进行评价。

一般来说,生活满意度分为一般生活满意度和特殊生活满意度。前者是我们对生活质量的整体性评价;后者是我们对不同领域中生活质量的评价,如学校生活满意度、家庭生活满意度、工作满意度、学习满意度等。

学习是学生成长过程中的重要任务,学生的日常活动范围以学校为主。对于学生群体而言,学校生活满意度体现了学生对自己生活的满意程度。国内学者王嘉毅等人(2007)通过调查发现,学生对学校生活是否满意大致取决于课堂教学、校园环境、班级氛围、寝室、饮食服务、行政管理、日常生活七个因素。其他学者通过调查还发现,大学生的学校生活满意度包括对环境的满意程度和对自我的满意程度两个方面。环境满意程度主要取决于大学生对学校环境和教学生活设施的评价,而自我满意程度则取决于他们对学业、闲暇、人际、健康、家人关系等方面的主观评价(刘裕,贾志永,2008)。

二、影响生活满意度的因素

(一)社会环境因素

现有的研究发现,大学生的生活满意度与家庭住址、所在年级、家庭经济状况、生活支出有密切的关系。综合现有的调查结果，农村大学生对环境的满意度比城市大学生低，高年级大学生的学习满意度比低年级大学生低；家庭经济状况直接影响到大学生的生活满意度，家庭经济状况好的大学生生活满意度显著高于家庭经济状况一般的和较差的；大学生在生活上的支出越多，其生活满意度越高。

（二）个体内部因素

大量的调查发现，自尊、应对方式、社会支持等因素影响着我们的生活满意度和获得感。

首先，自尊是生活满意度的重要影响因素。有研究表明，自尊是大学生生活满意度最有力的预测指标。大学生的自尊程度越高，他们的生活满意度也越高。自我和谐程度也能够影响大学生的生活满意度，一个难以达到自我和谐状态的人，是很难积极地评价自己的生活状态的。

其次，应对方式影响着大学生的生活满意度。问题指向应对方式能够提高大学生的生活满意度。有学者发现，使用解决问题、求助等积极应对方式的学生，他们对自身生活状态的满意程度比较高，相反，使用退避、发泄等消极应对方式的大学生，他们的生活满意度水平就比较低。

最后，有研究发现，感受到社会支持的大学生，对生活状态的满意程度就比较高。

三、提升生活满意度的方法

生活满意度直接体现了经济和社会的发展水平以及社会政策的实施效果，反映了我们的生活境遇和福利水平。我们可以从以下几个方面提升我们的生活满意度，增强我们的获得感。

（一）把握发展阶段的需求重点

有研究表明，青少年的生活满意度整体呈稳步下降的态势，这主要与青少年心理发展的阶段性特点有关。在小学阶段，学生的活动中心主要是家庭和学校，社会交往和情感依赖的对象主要是家长和老师。但是随着年龄的增长，学生的认知水平也在提高，自我意识逐渐增强，需要建立同一性，实现角色认同。同时，社会期望逐渐增大等对学生的适应提出了巨大的挑战，并且身心发展的不平衡性使得学生出现心理问题的风险加大。在初中阶段，应该加强学生对学校的归属感和认同感以及自我的同一性认同；在高中阶段，应该加大对学生学业的指导力度；在大学阶段，应该加强对学生人际关系的引导，促进其建立良好的人际关系。

（二）注重影响生活满意度的主要方面

对青少年生活满意度的影响因素主要包括家庭、学业、健康、友谊、闲暇、学校和生活环境。学业目标是学生成长过程中基本的，甚至是唯一的目标，为了达成这一目标，闲暇时间会相应减少，生活乐趣也随之缩减，同时，学业目标在某种程度上会影响亲子关系（作业辅导、考试与升学等）、同学之间的友谊（学业的竞争、奖学金与荣誉的评选）、身心健康（视力下降、体重增加）等。此外，学校和社会提供的生活配套设施也会影响学生的生活满意度。教室、操场、机房等硬件环境，食堂和宿舍的条件，校风班风，师生关系等都能够影响学生的学习投入水平；交通的便利性、政府部门制定的政策、社会对学生群体的重视程度、民众对教育的重视程度等都会影响学生学习的热情。

（三）增强获得感

生活满意度是对客观生活状态和质量的主观反映，获得感是我们的自身需求在物质或精神层面得到满足而产生的心理感受。有研究发现,获得感包括获得体验、获得环境、获得内容、获得途径和获得分享五个方面(董洪杰,谭旭运,豆雪姣,王俊秀,2019)。

第二节　乐观:对当前困境的积极解释

如果我们深陷困境之中,如何面对困境、走出困境?很多人会因为自己不是一个乐观的人而担心自己走不出困境。但是,就算自认为不是一个天生的乐天派,也可以通过训练我们的归因方式,让自己成为一个乐观的人,对当前的困境做出积极的解释。

一、乐观的含义及类型

乐观(optimism)既可以被视为一种人格,也可以被视为一种积极的心态。大多数心理学者把乐观分为气质性乐观和乐观解释风格两种类型。气质性乐观将乐观视为一种天生就具有的人格特质,乐观解释风格则将乐观视为一种解释风格或倾向。

(一)气质性乐观

气质性乐观是一种人格特质。拥有这种人格特质的个体对未来持积极预期,认为好事情比坏事情更有可能发生。心理学认为,我们当中不少人属于先天"乐观派"。

现有的研究表明,一个气质性乐观的人在遭遇压力事件的时候,会表现出一些积极的反应:首先,在面对困难时,一个气质性乐观的人往往会主动应对,不断调整自我状态,保持良好的心态,展现出"乐观面对困境"的行为;其次,一个气质性乐观的人会处于积极心理健康状态,展现出"阳光"的精神面貌,他们往往具有很强的亲和力,是人群里面的"开心果",会使周围的人想要接近。

(二)乐观解释风格

乐观也可以经过后天训练而习得。通过训练我们的归因方式,可以改变我们对当前事情的解释倾向,逐渐形成一种较为稳定的乐观倾向的解释风格。也就是通过归因对已发生的结果倾向于做出积极的解释或推论。一般来说,可以根据海德的控制点理论和韦纳的归因理论有意识地进行训练,形成稳定的乐观解释风格。

1. 将成功归结于内因,将失败归结于外因

海德的控制点理论认为,引发事件的原因无外乎内部(如情绪、态度、人格、能力等)和外部(如外部压力、天气、情境等)两类因素。他认为,我们可以从归因的类型把人分为两类:内控者和外控者。内控者倾向于认为自己是事件发生的原因,无论成功还是失败,都应该在自己身上找原因;外控者则会认为事件与自己无关,是由外部因素造成的,应该在外部因素中寻找原因。

在现实生活中,我们将事情失利的原因归结于内部因素或外部因素,体验到的情绪是不一样的。比如,我们举办的一场社团活动没有达到预期目的,如果将失利的原因归结于我们自己缺乏组织经验、对节目的吸引力把握不准等内部因素,那么我们体验到的就是强烈的挫败感;如果将失利的原因归结于下大雨、参与同学被临时通知上课等外部因素,那么我们可能就比较容易接受当前的结果。同样,当剖析一件事情成功的原因时,如果我们将此事归结于自身因素,那么我们会体验到强烈的成就感;如果归结于外部因素,那么我们体验到的就是失落感。因此,要想成为一个"乐天派",就要学会将成功归结于内因,将失败归结于外因。

2. 将成功归结于能力,将失败归结于运气

韦纳的归因理论认为,事情发生的原因不外乎能力、努力、运气、任务难度四个因素,将事情的成功或者失败归结于不同的因素,我们的感受是不一样的。以考试成功为例,将优异的成绩归结于自身的能力,体验到的是自豪、自信;将优异的成绩归结于努力,体验到的是满意、轻松;将优异的成绩归结于任务难度,体验到的是惊喜;将优异的成绩归结于运气,体验到的是意外之喜。相反,以考试失利为例,将糟糕的成绩归结于自身的能力,体验到的是无能、无助;将糟糕的成绩归结于努力,体验到的是挫败感、内疚;将糟糕的成绩归结于任务难度,体验到的是坦然;将糟糕的成绩归结于运气,体验到的是惊讶。所以,如果一件事情成功了,就要尽量从能力方面寻找原因;如果一件事情失败了,就要尽量从运气方面寻找原因。

韦纳进一步分析发现,能力、努力、运气、任务难度四个因素刚好处于内部-外部、稳定-不稳定两个维度构成的四个象限之中,提出将一件成功的事情归因于内部、稳定因素带来的体验要优于归因于内部、不稳定因素带来的体验。同样,我们把一件失败的事情归因于外部、不稳定因素带来的体验要优于归因于外部、稳定因素带来的体验。

二、乐观偏差

乐观会让我们在任何情况下都保持良好的心境。但是乐观不是总会带来好心情,也不是总会带来好处。有一种"乐观"需要引起我们的注意,它不仅会损害我们的心理,甚至会带来不必要的麻烦,这种乐观就是乐观偏差(optimistic bias)。

乐观偏差指我们倾向于认为自己更可能经历积极事件而他人更可能遭遇消极事件的现象,或是我们倾向于认为在自己身上发生好事的概率大于发生坏事的概率。日常生活中我们也称之为盲目乐观。乐观偏差是在人类风险意识中常见的一种心理现象。尽管乐观偏向会让人们相信任何事情都是美好的,容易让人们倾向于认为自己不会受到伤害或是不幸只会降临到他人身上,但是容易给人带来意想不到的灾难性结果。所以在应对和防范风险的时候,乐观偏差容易让我们低估危险的严重性,减少预防性行为,降低对危险的警觉意识,淡化防范意识。比如,近年接连发生的驴友失踪事件,就是因为不少驴友高估了自己的能力与应对经验,冒险进行野外活动,导致了悲剧的发生。

我们如何评判自己是不是在某一件事情上存在乐观偏差呢?其实判断的方法非常简单,可以将一件事情发生的客观概率和我们认为的主观概率进行比较,只要主观概率大于客观概率,那么我们就存在乐观偏差。以彩票中奖为例,首先,我们可以根据每期彩票的中奖概率推算出本期彩票的中奖概率;接着,估计自己这次中奖的概率和其他人中奖的概率。如果我们估计的自己的中奖概率远高于彩票的平均中奖概率和他人的中奖概率,那么我们就存在夸大自己中奖概率的情形,存在乐观偏差。

三、防御性悲观

生活中还有一种情形,貌似悲观主义的表现,其实不然。比如,某一门重要课程考试的前一晚,尽管很多同学已经认真地复习了,但是到了晚上休息的时候仍不免忐忑不安,充满了紧张情绪。这时候大多数人会选择表达出来,说自己还没有复习完,估算一下自己将会考多少分。我们也会发现,寝室里面的学霸,尽管我们认为他已经复习得非常好了,但是他也会说自己没有复习好,也会担心自己的成绩。遇到这种情形时,很多同学都会说太"假"了,其实并不

"假",学霸所说的这些话并不是悲观情绪的流露,而是防御性悲观的表现。

防御性悲观(defensive pessimism)不是真的悲观,而是指我们虽然在过去的成就情境中取得过成功,但是在面临新的相似情境时仍然设置不现实的低期望水平,并反复思考事情的各种可能结果。防御性悲观首先具有自我保护的功能,能在可能失败的情形中保护自己,以免自尊受损。因此,一旦真的失败,学霸就可以说:"看,我早就说过成绩不会理想,我就知道这次要失败!"防御性悲观还具有激发动机的作用,驱使自己未来更加努力。所谓"知耻而后勇",就是以失败激励自己不断努力。因此,尽管已经复习得很好,但是学霸还是不肯放下课本、资料,而是继续复习。

四、成为一个"乐天派"的方法

成为一个乐观的人其实并不难,难就难在我们是否愿意放下自己对乐观的成见,如"乐观是天生的,后天无法培养""乐观是别人的天性,我是不会乐观的"等。其实,我们都可以成为"乐天派"。

(一)有意识地进行归因,乐观地解释事件

乐观的关键在于我们是否遵循积极归因的"黄金法则"(将成功归因于内因,将失败归因于外因;将成功归因于能力,将失败归因于运气),能否有意识地引导自己进行合理归因。特别是当我们面对困境时,合理的归因有助于我们转变对困境的认识和感受。是什么原因促成"马到成功",是什么原因导致事情功亏一篑?遵循积极归因的"黄金法则",有助于我们客观地看待当前的事情。当然,我们在归因过程中不可避免地会出现自我服务偏差,就是即便明知某些因素是事情成功或失败的主要原因,但是为了让自己舒适,我们宁愿相信一些次要的因素才是主因。这需要我们在情绪平复之后,重新进行归因。

(二)认识自身的思维局限,拓宽视野,寻找积极意义

幸福有时候就在转角处,"转角"就是转换角度重新认识、思考问题。这受到很多因素的影响。比如,我们有没有"换位思考""换角度思考"的意识和能力,我们有没有发现自身存在的非理性认知,我们愿不愿意换一个角度思考问题。因此,我们需要丰富自己的经历,通过阅读、旅行、社会实践等拓宽自己的视野,经历的事情多了,看问题的角度自然也会不同。

(三)通过积极幻想,提升我们的掌控感

积极幻想就是在身临困境的时候,以积极的方式看待现实和未来生活的消极方面,如望梅止渴、画饼充饥都是积极幻想的典型例子。积极心理学的研究发现,适当地采用一种积极歪曲事实的知觉方式,有助于我们的身心健康。事实上,大多数人会有主动偏向积极的倾向,如过度自信、夸大个人对现实的控制感和对未来的盲目乐观,这些积极幻想会让我们认为自己比别人更幸福,拥有更好的未来。有时候,积极幻想可以让我们在不确定中恢复对事情的掌控感和心理安全感。积极幻想激发我们采取一些平时不可能采取的行动,获得预期的结果;积极幻想让我们高估自己对事情的控制能力,缓解紧张和焦虑,对未来充满期望。

第三节 希望:对未来的积极期望

抑郁症是常见的一种心理障碍。抑郁症的核心症状之一就是"无望感",即患者看不到希

望,对未来没有期望,对未来的目标不感兴趣。积极心理学针对希望开展了一系列研究,结果显示,抑郁症患者并不是天生就对未来没有期望,而是在成长过程中因为种种原因而逐渐丧失希望。一个人拥有希望,才会有未来。

一、希望的含义及要素

希望(hope)是我们对未来生活充满积极、正面的预期,或者主动实现未来目标的动机趋向。只要我们对未来抱有希望,就会对自己的未来充满信心,并且想方设法实现预期目标,展现出蓬勃的活力。

积极心理学的研究发现,如果一个人对未来充满希望,就会在两个方面表现出来:一是对未来的生活充满积极、正面的预期。伴随着希望与期待,我们在情绪体验上会感受到强烈的愉悦情绪,在认知上倾向于预见好的结果。二是表现出主动实现未来目标的动机趋向。在行动上积极、主动地趋向未来目标的实现,在认知上表现出一种以未来目标为导向的动机状态。因此,要想让一个人处于充满希望的状态,三个关键性要素不可缺少:有意义的且可以达成的目标、达成目标的具体计划和方法(也被称为思维路径)、激励自己前进的动机(也被称为动机意愿),如图 6-1 所示。

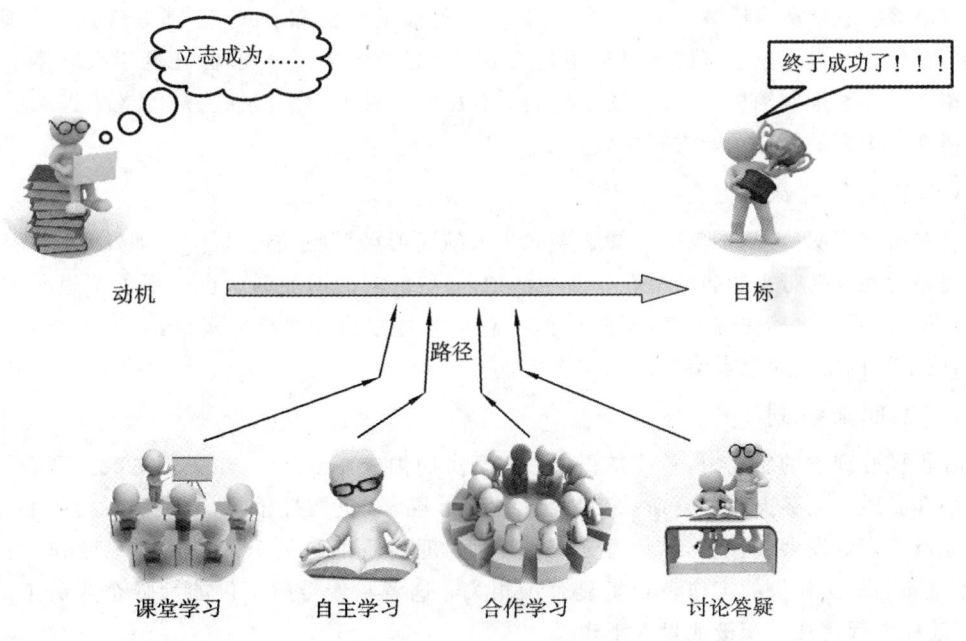

图 6-1　希望的三个成分及其关系

当我们遇到学习困境的时候,如果我们树立了清晰、明确、可实现的目标,并且这个目标是自己有信心达成以及期待达成的,如果我们能拿出切实可行的计划以及解决问题的清单,如果我们不断地激励自己,充满激情和毅力,那么我们依然是对未来充满希望的。也就是说,有意义的且可以达成的目标、解决问题的思维路径、激励自己前进的动机,是判断一个人对未来是否充满希望的重要参照指标。

二、希望的功能

国内外的研究表明,希望能够在学业成就、身心健康、事业成功、戒毒矫治等方面带来积极的结果(刘孟超,黄希庭,2013)。就学生群体而言,希望有助于他们发展学业,促进身心健康,对未来职业进行积极规划,助力他们的成长。

(一)学业成就

希望有助于学生达成良好的学业成就,让学生对自己的学习充满希望很重要。一项长达6年的追踪研究表明,学生对未来的期望程度能够影响他们的学习成绩,希望水平能够有效地预测学生6年以后的高中成绩(斯奈德,2002)。戴等人(2010)在大学生群体中开展的一项追踪研究发现,在排除了人格、推理思维、发散思维等因素的影响之后,希望仍然能够有效地预测大学生3年后的学业成就。近年来,不少学者在网络教学、合作式学习等教学情境中也发现,希望能够有效地预测学生在这些教学情境中的学业成就。

(二)心理健康

希望对青少年的生活满意度、心理健康产生了积极影响。马奎斯等人(2011)对367名儿童和青少年开展了一项长达2年的追踪研究,其间三次评估他们的希望状态、生活满意度以及心理健康等。三次测量结果显示,希望显著影响他们的生活满意度、心理健康,另外,研究发现,希望与敌意、自杀意念等因素呈负相关关系。昂恩等人(2006)发现,在老年人群体中,老人的希望水平能够抑制消极情感,有助于他们缓解压力。对于罹患慢性疾病的老年人来说,帮助他们树立对未来的希望是非常重要的。

(三)生理健康

已有研究表明,希望不仅能够缓解癌症病人的痛苦水平,还能够缓解高血压、呼吸道感染、肾衰竭等慢性疾病带来的痛苦。在日常生活中,一些朴素的治疗观念也体现了希望的重要性。比如,当我们看望生病住院的亲朋好友时,不忘提醒对方积极地看待病情,对未来的治疗充满信心,就是强调希望对患者治疗的积极作用。

(四)职业规划

在积极心理学的研究中,希望是积极心理资本的构成要素之一,也是促进我们职业发展的重要心理品质。尤赛夫和卢桑斯(2007)曾经考察了希望、气质性乐观、心理复原力等心理品质对企业员工职业发展的作用,结果显示,这三种心理品质都与员工的工作满意度和幸福感有关,希望还与员工积极的工作表现呈显著正相关。这意味着希望不仅能增强企业员工的幸福体验,还能够促使员工积极地投入工作。

三、让自己生活充满希望的方法

希望让我们对未来充满美好的期待,正是这种期待,激励我们持续行动,达成预期的目标。在生活中,要让我们对未来持有积极、正面的期待,可以围绕着希望的三个要素,从以下三个方面着手。

(一)做好目标管理,设定有意义且可以达成的目标

要让自己对未来充满希望,首先就要做好目标管理。目标要建立在现实生活的基础上,脱

离现实的希望只是幻想，甚至有时候对我们而言是一种潜在的威胁。想要获得希望，就先要寻找到一个自己感兴趣的目标，或是对自己而言特别重要的目标。自己都不愿意做、不感兴趣的事情，是不能投入其中的。

其次，目标的难度要适当。分步骤设定目标，让每一步都能够通过努力达到，"跳一跳，就能够摘到苹果"。如果设定的目标连自己付出很大的努力都不能实现，那么这个目标不会带来希望，只会带来失望，甚至挫败感。

最后，目标要明确而具体，实现目标的过程能增强我们的掌控感。为什么我们有时候看不到希望和未来，就是因为我们设定的目标过于模糊、笼统。很多大学生在谈到未来的时候会说："我希望自己能够获得保研的资格，我希望自己能够找到好工作。"但是这些目标都过于模糊。以"保研"为例，想要获得保送研究生资格其实有很多努力的方向，如果希望依靠专业成绩获得"保研"名额，那么就要明确哪些课程属于保研课程，哪些课程是自己的弱项等。在细化具体内容的过程中，将目标设定在自己能做、能改变的事情上，增强自己的掌控感和自信。

（二）指向问题解决，形成具体而可行的行动方案

大学生普遍对未来抱有美好的期望和梦想，希望自己能够在所学的专业上有所成就，没有学生会在入学报到的时候就立志成为学校最出名的"学渣"。尽管人人都有梦想，但不是所有人都能够实现自己的梦想，其中一个重要的原因就是有了目标后没有具体而可行的行动方案。比如，有的人想成为商界精英和领袖，积极参加创新创业培训，阅读一些商界精英成长史、创业案例，但现实却是终日忙忙碌碌而一事无成。相反，有的人不仅每天都在认真地参与培训，学习一些商业知识，还亲身参加了一些校园创新创业项目，结合自己的实践经历积极地策划创业项目。这种构筑在现实生活中的梦想必然能够实现。因此，确立目标之后，需要我们在实践活动中形成一种具体而可行的行动方案，并按照这个方案达成目标。这样会让我们体验到未来实实在在的落地过程，体验到希望逐渐变成现实。

（三）聚焦具体问题，强化持续性动机

希望的实现还需要有持续性动机。任何事情的实现过程都不会一帆风顺，总会遇到这样那样的障碍。让自己对未来充满希望，不仅要有克服困难的心理准备，还需要有持续的行动力、百折不回的毅力，需要同时具备精神上的执着和行动上的坚持。每个人遇到挫折都会有不良的心理反应，如情绪低落、心理沮丧、逃避性行为等，这些反应有可能让我们暂时灰心丧气，看不到希望。

首先，激发自身的积极情绪，激励自己持续地投入。具体方法包括提供正面的情绪刺激、运动锻炼等生理调节方式、改变认知、积极幻想等。

其次，聚焦遇到的具体问题，灵活地选择应对策略，具体问题具体分析。在解决问题的过程中可以适度向周围的人求助，有效地利用身边的各种资源和力量，找到解决问题的思维路径。

最后，面对当前的困难时，保持积极向上的精神状态。难点不在于解决问题本身，而在于我们能否保持达成目标的动机倾向和昂扬向上的精神面貌。尝试品味生活，享受过程很重要。

知识拓展 ▶▶▶

希 望 疗 法

根据对希望的理解,心理学家发展出了一套提高个体希望水平的干预模式。这种干预模式从认知视角出发,紧紧围绕希望的核心成分(目标导向、路径思维和动力思维)建立希望疗法。该疗法主要包括建立积极预期、明确目标、强化路径、加强动机四个步骤。希望疗法的基本流程与内容如图 6-2 所示。

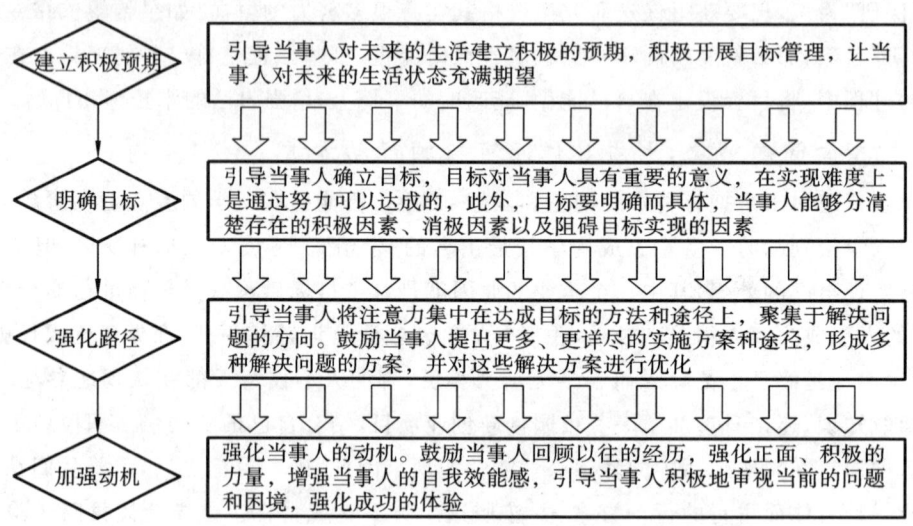

图 6-2　希望疗法的基本流程与内容

从实践效果来看,希望疗法的干预效果明显。克劳斯纳等人(2002)曾经使用希望疗法对罹患抑郁症的老人实施了干预训练。干预组的老人接受希望疗法,而控制组的老人只是回顾自己人生的不同阶段,结果显示,接受希望疗法的老人与家人的关系得到了很好的改善,能够更加积极地对待生活。欧文等人(2004)对社区精神健康中心的病人实施了希望疗法,经过 5 周的干预,接受希望疗法的病人表现出更多的积极情绪,更少的焦虑、抑郁情绪。另外,国内学者张青芳(2002)采用团体辅导的方式对大学生实施了希望疗法,结果显示,希望疗法有效地增强了他们对未来的期望。

名词解释 ▶▶▶

满意:我们在获得所缺乏的事物后或在动机性活动中达到目的时的积极心理状态,并伴随着积极情绪。

生活满意度：被视为产生幸福体验的认知成分，是我们依据自己的标准对生活质量和状态的主观评价。

气质性乐观：一种对未来持有积极预期，认为好事情比坏事情更有可能发生的人格特质。

乐观解释风格：通过归因对已发生的结果倾向于做出积极的解释或推论。

乐观偏差：我们倾向于认为自己更有可能经历积极事件而他人更可能遭遇消极事件的现象，或者，我们倾向于在自己身上发生好事的概率大于坏事的概率。

防御性悲观：我们虽然在过去的成就情境中取得过成功，但是在面临新的相似情境时仍然表达不现实的低期望水平，并反复思考事情的各种可能结果。

希望：我们对未来生活充满积极、正面预期，或者主动实现未来目标的动机趋向。

思考与练习

1. 采用问卷调查的方式调查一下周围的同学，了解校园中有哪些因素会提高学生们的生活满意度。

2. 尝试从正面、积极的视角解释大学生恋爱分手事件。

3. 针对现在生活中的压力事件，设计一个方案帮助自己或同学树立未来的希望。

第四编
积极的人格

　　俗语常说,性格决定命运。这里的性格是指我们对现实生活的稳定态度和习惯化的行为方式。比如,性格开朗的人无论是在学校,还是在家庭中都比较容易展现出积极情绪和外向行为。性格是人格的一部分,刻印着社会文化的烙印。人格作为适应环境的独特模式,是一个人的才智、情绪、愿望、价值观和习惯化的行为方式的有机整合。正因为如此,积极心理学从一开始就提出要培养和塑造个体的积极人格,并挖掘人类自身存在的积极人格,如自我决定、抗压能力、自我成长等。

第七章　积极人格特质与积极自我

在现代社会,每一个大学生都需要拥有三种资本:人力资本(human capital)、社会资本(social capital)、心理资本(psychological capital)。其中,人力资本是我们通过接受教育或积累经验而逐渐掌握的知识、技能等;社会资本是我们因关系、信任以及情感而形成的人际关系网;心理资本是以积极心理力量为核心的心理倾向或状态。这三种资本的功用各有不同:人力资本决定了我们发展的"高度"(事业的起点和发展前景),社会资本决定了我们发展的"宽度"(事业涉及的领域),心理资本则决定着我们发展的"深度"(事业发展的可持续性)。

第一节　积极心理学视域下的人格

心理学研究表明,人格是重要的压力应对资源,有助于我们更好地适应环境。正因为如此,积极心理学一直对人类自身存在的积极人格充满了兴趣,不断揭示积极人格在个人适应环境中的积极作用。

一、人格及其基本特征

人格也称个性,人格的英文 personality 来源于希腊语 persona,原指演员在舞台上戴的面具。舞台演出时表演者戴的面具代表这个角色典型的行为特征。下面几张京剧脸谱,你能猜出它们分别代表哪位历史人物吗(见图 7-1)? 熟悉《戏说脸谱》歌曲的人都知道,从左至右分别是窦尔敦、关羽、典韦、曹操、张飞,这些脸谱深刻地反映了每一位人物的性格特点。

图 7-1　京剧人物脸谱

在心理学上,人格是个体在社会化过程中形成的具有鲜明特征的,包含才智、情绪、愿望、价值观和习惯等在内的稳定的有机整合体。人格具有以下四个特征。

第一,独特性。这个世界上没有完全相同的两片叶子,我们可以用"横看成岭侧成峰,远近高低各不同"来说明一个人人格的独特性。当熟悉一个人之后,我们甚至可以通过背影以及肢体语言就认出他。有研究表明,即便是同卵双生子,长大之后,个体的性格也会表现出明显的不同。

第二,稳定性。当我们要求别人改变其性格的时候,往往会冒出"江山易改,本性难移"的想法,而这句话恰好说明了人格的稳定性。即便经历过人生的沧桑,迟暮之年的人们依然会保持其典型的人格特征。人格具有跨时间的持续性和跨情境的一致性,当然,这并不是否认人格的可塑性,只是说明青少年人格的可塑性要强于成年人。

第三,社会性。人格的养成离不开社会文化环境。在不同的历史时期,社会需求的人格是不同的。比如,古代社会倡导忠君思想,提倡君子人格,而在当前历史时期,人们需要养成健全的人格。同时,社会交往在人格的养成中起着重要作用。特别是亲子交往,对一个人的人格塑造起到非常重要的作用。

第四,整合性。多种行为和心理成分都被统合在人格之下,如果这些成分无法得到整合,我们就会"人格分裂",出现病理行为。人格最重要的一项功能就是让个体进行自我统合,保持连贯性,同时,人格还能影响个人的生活。"性格决定命运",尽管人格无好坏,但是人格是否与个体所处的环境相匹配是我们需要注意的问题。

人格是我们适应环境的独特模式,在我们的成长过程中扮演着重要的角色。首先,人格促使我们主动地适应环境。面对新环境或者挑战性任务,人格中的某些心理因素会发挥其社会功能,使我们更好地适应环境。比如,人格中的外向性就能够促进个体主动地适应新环境,融入集体。其次,人格作为稳定的行为方式促使我们应对环境的变化,比如,当我们拾到别人的财物时,正直、善良的人格特质决定了我们的价值选择,让我们主动将财物交给公安机关,以便遗失者寻回。

二、积极心理学视域中的积极人格

积极人格是积极心理学在人格研究领域提出的新概念。积极人格是指个体所具有的正面的、能促进个体积极适应社会的心理品质或特质。之前的积极心理学研究发现,积极人格至少包含两个特征:一是正性的利己特征;二是能与他人形成积极关系,促进个体积极适应社会。同时,积极人格是可以培养的。积极人格的形成主要是通过激发我们各种现实能力或潜在能力,并以相应的积极体验进行强化,使之内化为稳定的心理特征,当激发和强化使某种现实能力或潜在能力变成一种习惯时,积极人格特质也就形成了。

积极心理学对积极人格的研究集中在自我决定、乐观型解释风格以及积极的人格特质三个方面。

(一)自我决定

人类是一个积极的有机体,在充分认识到自己内在成长倾向和内在心理需求的基础上,我们可以针对自己的行为做出自由的选择和判断。自我决定能为我们带来幸福和健康。自我决定理论(self-determination theory,SDT)揭示了人类的积极动机,这种内在动机的实现主要基于自主性(autonomy)、能力感(competence)和关联感(relatedness)三种基本需求的满足。其中,自主性是指我们在某项活动中体验到对活动的控制感;能力感是指我们感觉到自己能胜任某项活动或任务;关联感是指我们感受到来自周围环境或他人的关爱、理解、支持,体验到归属感。

如果这三种基本需求得到满足,我们就会获得自我决定的力量,身心都会朝着积极健康的方向发展;如果这三种基本需求没有得到满足,我们自我决定的力量就会减弱,身心会朝着消极的方向发展，甚至会出现发展性障碍。

（二）乐观型解释风格

乐观型解释风格（optimismtic explanatoty style）是塞利格曼先生提出的，源自"习得性无助"的实验。他相信，无助是可以习得的，乐观也是可以习得的，乐观可以通过解释风格或者归因方式来塑造。充分体现乐观型解释风格的例子就是对"半杯水"的解释：悲观的解释是"只剩半杯水"，而乐观的解释是"还有半杯水"。

具备"乐观型解释风格"的人会认为，失败和挫折是暂时的特定情景事件，是由外部原因引起的，而且认为失败仅限此时此地，不会泛化，不会扩大。在归因的过程中，他们将成功归因于内因，将失败归因于外因；将成功归因于能力，将失败归因于运气。更重要的是，这类人总是愿意从积极、正向的角度解释当前经历的事情，更倾向于看到"得到的"，而不是"失去的"东西。

（三）积极的人格特质

彼得森和塞利格曼参照美国的《精神疾病诊断与统计手册》，建立了一套类似的积极人格诊断系统——人格优势的价值实践分类体系（VIA，values in action classification of strength），并在这个系统中梳理出人类的六大美德：智慧、勇气、仁慈、正义、节制和超越，具体包含 24 种优势人格，这些优势人格是我们幸福感的来源（见表 7-1）。

表 7-1　人格优势的价值实践分类体系

美　　德	优　势　人　格
智慧：认知层面的优势，知识的获得及应用	好奇心、创造力、热爱学习、开放、洞察力
勇气：情感层面的优势，面对困境敢于坚守、进取	真诚、勇敢、正直、热情
仁慈：人际层面的优势，建立亲密关系	友善、爱心、社交能力
公正：作为公民的优势，扮演社会角色	公平、领导力、团队协作
节制：自持处世的优势，做事不过分，骄奢有度	宽容、谦虚、谨慎、自律
超越：自我实现的优势，寻求生命的意义	审美、感恩、希望、幽默、虔诚

在上述工作的基础上，彼得森等人开发出供大家评估自己优势人格的测量工具——优势行动价值调查问卷（values in action inventory of strength，VIA-IS）。这份问卷一共包含 240 道题目，分别评定 24 种优势人格，得分最高的前五种优势人格被称为"显著优势人格"，代表着人们最为突出的积极人格。大家可以通过网络（http://www.authentichappiness.sas.upenn.edu/Default.aspx）进行在线测试。

第二节　构建积极心理资本，赢得未来

心理资本的概念最早出现在经济学中，比喻每个人身上蕴藏的应对外界压力的心理资源。心理资本更多指的是积极人格因素，对我们的身心健康、事业发展起着重要的作用。

一、心理资本的内涵及中西方差异

心理资本是由卢桑斯等人（2004）首先提出来的，是指个体的积极心理发展状态，主要包括自我效能感、希望、乐观和心理复原力四种人格因素。具体来说,自我效能感是指个体拥有表现和付出必要努力,成功完成具有挑战性的任务的自信;乐观是对当前和将来的成功进行积极归因;希望是指坚持目标,为了未来的成功,必要时能够重新选择实现目标的路径;心理复原力是指遇到问题和困境时,能够坚持、快速恢复并取得成功的能力。

在西方人群中证实,心理资本包含自我效能感、希望、乐观和心理复原力四种人格因素,但是在中国人群中,心理资本却分为事务型心理资本(自信勇敢、乐观希望、奋发进取、坚忍顽强)和人际型心理资本(谦虚沉稳、包容宽恕、尊敬礼让、感恩奉献)(柯江林,孙健敏,李永瑞,2009)。这与中国社会文化密不可分。人际型心理资本具有鲜明的中国特色,将孤立的个体事务转变为群体互动,这与中国人"关系取向"的人际交往模式是一致的。中西方心理资本的异同如表7-2所示。

表7-2　中西方心理资本的异同

西方人的心理资本	中国人的心理资本	
1.自我效能感; 2.希望; 3.乐观; 4.心理复原力	事务型 心理资本	1.自信勇敢; 2.乐观希望; 3.奋发进取; 4.坚忍顽强
	人际型 心理资本	1.谦虚沉稳; 2.包容宽恕; 3.尊敬礼让; 4.感恩奉献

一些调查结果显示,心理资本有助于提高职场员工的工作业绩、人际关系、工作满意度、继续从事当前职业的意愿以及工作的投入程度。同样,对大学生群体的研究表明:拥有积极心理资本的大学生在面对就业压力的时候,采用成熟、积极的应对方式(如解决问题、求助、合理化)来处理就业过程中的困难和挫折(李力,廖晓明,2012);拥有积极心理资本的大学生能够合理地使用认知策略、元认知策略、动机情感策略、资源管理策略来提高自己的学业的成绩(张阔,付立菲,王敬欣,2011);积极心理资本能够提升大学生的主观幸福感(唐家林,李祚山,张小艳,2012)。

二、本土心理学视域下的积极人格

人格是在具体的社会文化中塑造和培育出来的。在不同的社会文化背景下,积极人格因素是各不相同的。结合中国积极心理学的研究成果,我们探讨以下富有本土特色的积极人格:诚信、友善、自谦、自信、责任心、仁爱。

(一)诚信

中国人把诚信(integrity)作为立身处世之本。"与朋友交,言而有信。"(《论语·学而》)"人而无信,不知其可也。"(《论语·为政》)诚信就是诚实守信,在日常生活中,诚信包含两层意思:一是诚实,与人交往时要说真话,不掩饰或歪曲事实;二是讲信用,遵守诺言。在心理学中,诚信是指我们在人际关系中表现出来的以诚实、守信为核心的心理品质和行为倾向。

在现实生活中,诚信不仅是一种社会心理现象,也是一种重要的人格特质,还是一种重要的价值观念。诚信已经深入到社会生活的各个方面。我们判断一个人是否诚信,不是听这个人如何说的,而是看这个人如何做的。哪些社会行为属于诚信的典型行为表现呢?赵子真、吴继霞等人(2009)通过调查发现,诚信人格应该包括实干重义、诚实信用、公正无欺、忠实可靠四类正性取向行为和自私欺人、钻营世故、多谋寡言、虚伪不实四类负性取向行为。吴继霞、黄希庭(2012)通过质性研究发现,诚信是由诚实、信用、信任和责任心四个要素构成。因此,判断一个人诚信与否,就是看他能否做到以下几点:第一,诚实。有诚意、实在、直率,言行一致,传递真实信息。第二,讲信用,重承诺,有信誉。在与他人的合作中守信,不欺瞒。第三,信任。在人际交往中受到别人信任并信任别人。第四,有责任心。对工作、家庭、亲人、朋友有责任心,存在责任感,表现出负责任的行为。

(二)友善

友善(friendship)是处理人际关系的重要准则,也是社会主义核心价值观之一。孔子认为善就是仁,包括仁义礼智信、温良恭俭让等德行。孟子认为善的本质就是仁、义、礼、智四种德行。在现代社会,友善就是我们能够以尊重和宽容的心态对待他人,向对方表达善意和友好情感的积极品质。善待亲人可以使家庭关系变得和谐,善待朋友可以使人际关系变得和谐,善待同学可以使班级、寝室关系变得和谐,善待自然可以使生态关系变得和谐。能否以友善的态度为人处世,不仅是一个人的道德水平问题,也是一个典型的价值取向问题。在现代社会中,时常出现一些不善待他人和动物的现象,如虐猫、虐狗、肆意污染环境、侮辱他人的人格等行为。因此,需要我们大力提倡友善,营造友善的社会氛围。

要做到友善,首先要学会尊敬他人。在人与人之间人格平等的基础上,学会合作、共生。其次,要学会宽容,宽以待人。尊重别人的生活经历、价值观念乃至人生态度,接受、认同和包容日常生活中与自己不同的语言、行为习惯,价值取向和人生态度,保持一种开放的心态。最后,要学会关照他人,考虑他人的感受,能够对别人的成长和体验感同身受。

(三)自谦

与西方人相比,中国人在与他人相处的时候,更重视自谦的价值和作用。自谦(self-modesty)既是一种行事风格,也是一种处世哲学,最能展现中国文化中克制和控制自我的要求。因为中国的传统价值体系并不强调个人对环境的控制和凸显自我,而是强调人与环境的融合、自我克制和顾全大局(陆洛,2007)。中国传统文化非常推崇自谦,强调低调的态度和谨慎的行事风格。中国文化认为,自谦可以避免过分突出自己,从而促进个体更好地适应社会环境;自谦是以退为进的策略,以"隐"的方式展现个人的才智;自谦能防止自己言过其实,避免不必要的麻烦;自谦符合人与人交往时的礼貌原则,促进人际和谐;自谦展示了一个人的道德修养。"树大招风""过犹不及"等都是不自谦带来的后果。

胡金生和黄希庭(2009)认为,自谦是一种"以阳居阴,不自盈大"的行事风格,既反映出一个人的道德修养,又体现出一个人的自我展示策略。总的来说,自谦具有两个方面的功能:一是工具性价值,自谦可以带来各种福祉或利益;二是超越性价值,自谦能促使自己不断提升,进德修己。

在现实生活中,典型的自谦行为有两种:一是主动示弱,求教他人或主动揭短都属于这方面的策略;二是被动回避,用赞美对方、转移注意、事实反驳来回避自己的优势或成功。

(四)自信

自信(self-confidence)是个体对自己的积极肯定和确认,是对自身能力、价值等做出客观、正向认知与评价的一种稳定人格(车丽萍,黄希庭,2006)。简单来说,自信就是自己相信自己、自己信任自己。"相信自己"是自信的核心特征和表现,既表现为相信自己的能力,拥有对生活的掌控感的全面"相信自己",也表现为对自己的学业、人际关系、品德、身体、性格等方面的自我接纳、认可,从而"相信自己"。

自信对于中国人而言非常重要,是健全人格的重要组成部分。自信具有调节其他心理活动的功能,能够控制、调节和组织心理活动。自信能够促使人们下决心采取行动,坚持并取得最终的活动成果。自信还能够维持个体的心理平衡。自信既是解决问题的基础和动力,也是解决心理困扰的重要因素。自信心不足的人缺乏解决问题的动力,不敢面对问题,进而产生一系列的心理健康问题。

毕重增、黄希庭等人(2008)从自信的强度和清晰度分析了当前青年学生的自信。青年学生的自信类型大致可以分为滞后型、大众型、盲目型、游离型、成熟型五种,在这些类型中,只有成熟型自信的自我肯定程度较高,焦虑、抑郁程度较低,在心理健康水平上优于其他类型。成熟型自信的大学生表现出高自信水平,表达出清晰、明确的自信。

(五)责任心

责任心(responsibility)是一种重要的社会性品德,与个体的自尊、自信、自立等价值观密切相关。《汉语大词典》中对"责任"二字的解释:①使人担当起某种职务和职责;②所谓分内应做的事;③没有做好分内应做的事,因而应承担的过失。在心理学中,责任心是个体对现实生活中各种责任关系的反映,是社会和他人的客观要求在个人身上引起的主观认识和内心体验(谭小宏,秦启文,2005)。已有文献表明,责任心有助于提高学生的学习成绩,促进人们积极应对面临的压力。

责任心包括一般责任心和具体责任心。一般责任心是指一个人的责任认知、责任情感和责任行为;具体责任心则是指一个人在生活的各个领域所展现出来的责任心,具体包括自我责任心、家庭责任心、社会责任心和集体责任心,也是我们在社会化过程中应该承担的基本责任。

责任心具有如下特点:第一,多维的心理结构。责任心包括责任认知、责任情感和责任行为。第二,情境性。责任心是我们与社会情境交互作用的结果,不能脱离具体的情境,要具体问题具体分析。我们在不同的情境中扮演不同的角色,承担的责任也会相应发生变化。第三,动力性。责任心作为个体行为的内驱力,调节我们的需要、动机,驱使我们完成自己所应承担的责任和义务。第四,相对稳定性。责任心是在个体的信念、价值取向、道德观念等的基础上形成的具有一定稳定性的心理结构,与此同时,受当时的个人认识、任务难度、社会环境等因素影响,责任心又会表现出一定的波动性。第五,角色一致性。一个人的责任心与其社会角色是相对应的,不同的社会角色承担着不同的社会责任,例如,学生在学校里的主要责任是学习,教师在学校里的主要责任是教书育人等。第六,自觉性。个体会积极主动地做好分内事务和履行社会义务,其自觉性主要体现在主体的认知加工能够能动的选择角色的心理以及行为倾向上。

(六)仁爱

仁爱(benevolence)既可以被视为道德规范体系,又可以被视为一种人类的最高美德、人格品性。"仁爱"最先是由孔子提出来的,是中华文化的核心力量。其基本内涵包括"亲亲""仁民""爱物""泛爱众"。仁爱的核心就是"仁者,爱人。"(《论语·颜渊》)

作为中国人崇奉的道德规范体系,仁爱讲求和谐有序,先爱己(自尊、自知、自爱、自重),然后爱人("亲亲"和"泛爱众"),最后爱物(爱自然)。"仁者以天地万物为一体"(《大学问》),在世界和自我之间建立和谐的关系;在与人相处的时候,崇尚"己所不欲,勿施于人""己欲立而立人,己欲达而达人"的仁爱原则。

作为人格品行,仁爱是做人之根本,仁者应体现仁爱之心。仁爱之心体现在恭、宽、信、敏、惠。"能行五者于天下,为仁矣。""恭则不侮,宽则得众,信则人任焉,敏则有功,惠则足以使人。"(《论语·阳货》)简单来说,就是要为人庄重,待人宽厚,做人诚实,做事勤勉,善待他人。只有这样,"爱人者,人恒爱之;敬人者,人恒敬之。"(《孟子·离娄章句下》)孔子强调的五德强调了"恭"和"宽"的做人修养,"信"和"敏"的做事态度,"惠"的做人风范(王枬,2016)。

第三节　认识内心强大的自己：积极自我

塑造积极心理资本的关键是能否培育积极自我。积极自我是积极人格的核心。只有积极自我,才能涵养积极心理资本,培育健全人格。

一、积极自我

积极自我就是正面、积极的自我意识。要准确地理解积极自我,就需要了解什么是自我。在心理学中,自我就是自我意识,是指个体对自己各个方面的认识、体验和调控。心理学家詹姆士(James)提出自我可以分为主我(I)和宾我(me),这是人类自我的一个非常重要的特点。比如,"我觉得我发型有点乱"这句话中,就有主我和宾我,第一个"我"是主我,作为观察、思考的主体而存在,第二个"我"是宾我,是被观察、被审视的对象。

自我意识便是主我对宾我的认识以及由此产生的体验、调控,包含自我认识、自我体验和自我调控三个方面(见图7-2)。或许由于个人的主观期望、认知偏差、自我防御等因素的影响,主我与宾我之间并不总是一一对应的,由此可能会出现主我对宾我的认识不够全面、客观,从而导致消极的或者歪曲的自我意识。

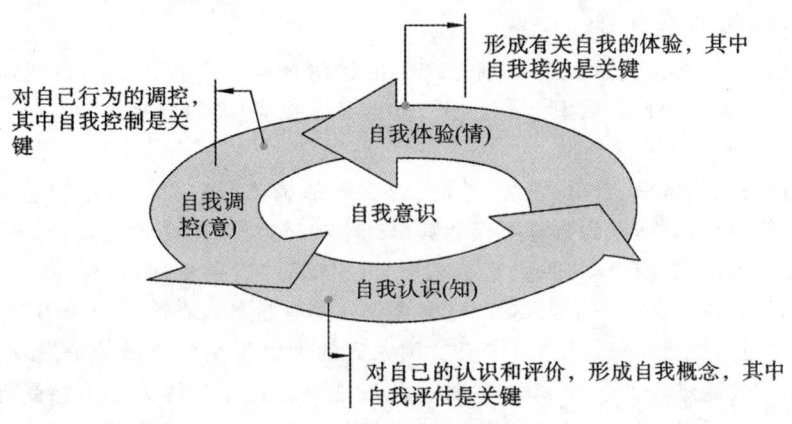

图 7-2　自我意识的结构

塑造积极自我就是帮助我们形成积极的自我意识,即帮助主我对宾我形成积极的认识、体验和调控。具体来说,在积极自我认识方面,不仅拥有正面、积极的自我认识,而且能够接纳消极的自我认识,让积极的自我认识与消极的自我认识和谐共生;在积极自我体验方面,体验到自尊、自信、自豪等积极情感;在积极自我调控方面,有强烈的自我掌控感,相信通过自己的努力会取得成功并能够以恰当的方式处理内心冲突。

(一)积极的自我认识

自我认识是指我们对自己的认识和看法,即自我概念(self-concept)。我们每一个人都有了解真实自我的倾向和动机，总是想获得客观、准确的信息，以降低面对自己的不确定性和混乱。当我们对自己某一方面的认识不够，或者出现自己不愿接受的消极认识的时候，我们就会通过反复地自我观察、自我分析，寻找客观的、准确的信息进行自我评估，以完善对自己的认识。这是一个反复进行的"自我验证"过程。

塑造积极的自我认识需要做到以下几点。首先，要形成积极的自我概念。积极的自我概念就是对自己持积极、正面的看法，这并不是要求对自己的看法全是积极、正面的，而是积极、正面的自我认识要多于消极、负面的自我认识。其次，能够包容自己的缺陷，正视自己的不完美。积极、正面的自我认识并不排斥消极、负面的自我认识，而是强调积极的与消极的、正面的与负面的自我认识并存。由此可见，积极的自我认识包含三个重要的方面：一是有积极、正面的自我概念；二是个体能够包容、正视自己表现不好的方面；三是积极、正面的自我认识在"量"上要多于消极、负面的自我认识。

自我评估是我们形成积极自我认识的关键。因为自我评估有助于个体形成稳定的自我概念。当我们对自己某方面的认识不清晰、不全面，或者对自己某方面的特征不够确定，或者与以往的自我认识相冲突，又或者难以接受自己某些消极方面的时候，就需要进行自我评估，通过寻找客观、准确的信息，帮助我们形成稳定的自我概念。比如，大一新生普遍对自己未来要做什么没有清晰的认识，所以不少同学就会主动进行自我评估。又比如，不少同学觉得自己的能力挺强，学习成绩也比较优秀，但在求职时却不知道自己为何迟迟不能和心仪的用人单位签约。再比如，大学生都觉得妒忌不好，却发现自己在成绩公布的时候，或多或少会对成绩比自己优异的好朋友产生妒忌的心理。在这些时候，个体都会不断地寻找信息，以获得一个稳定、明确的自我。所以，同学们会通过与闺蜜、哥们聊天、谈心，或选修心理学课程等方式来获得对自己的客观、准确的认识。

（二）积极的自我体验

自我体验是个体在自我认识的基础上产生的情绪体验。自我认识与自我体验是相互影响、相互促进的。积极的自我认识会产生积极的自我体验，积极的自我体验会反过来强化个体对自我的积极认识。

自尊、自信、自豪、自卑、自负、尴尬、羞耻、内疚等都是典型的关于自己的感受和体验。自我体验中最重要的是自尊，因为自尊不仅能够提升幸福感，增强生命价值，而且对身心健康、社会适应具有重要的影响。自尊是我们塑造积极自我体验的重要目标，自尊使个体感受和体会到自己存在的价值和意义。一个人要有尊严，首先就要有自尊。在心理学家看来，获得自尊有两条途径：一是通过社会比较。比如，来自贫困家庭的大学生在校园里了解发现，不少家庭条件不错的孩子并没能进入大学校园，这种社会比较能够让这个贫困大学生感受到自尊。二是通过自身的感悟和反思。比如，大学生扶助躺在大街上的老人，可能会让大学生感受到自身的价值。

获得积极自我体验的关键在于自我接纳与否。自我接纳（self-acceptance）是我们在情感、态度方面悦纳自我，是欣然接受自我的一种积极倾向。自我接纳并不是每一个人都能办到的。每一个人都对自己抱有期望，都对自己的未来有着美好的梦想，但是由于种种原因，现实生活中的"我"与理想中的"我"存在一定的差距。如果现实的"我"达到，甚至超过了理想中的"我"的标准，那么就会获得积极的自我体验，自尊、自豪、自信油然而生；如果现实的"我"没有达到理想的"我"的标准，甚至感觉到这种差距是没办法弥补的，那么就会产生消极的自我体验，自卑、内疚就会随之产生。当然，如果现实的"我"没有达到理想的"我"的标准，我们还可以通过夸大自己某一方面的能力来维持虚假的积极自我体验，也就是自负。由此可见，当理想自我和现实自我之间存在差距的时候，自我接纳与否决定着个体自我体验的性质。

（三）积极的自我调控

自我控制（self-control）是指个体克服冲动、习惯或自动化的反应，通过自我监控的反馈，有意识地掌控自己行为方向的能力，使自己的行为更符合社会或自我标准。一般来说，自我控制包含三个成分：一是标准。这个标准既可以来自社会规范或要求，也可以是我们自己设定的，又或者是两者的结合。比如，青年人经常谈到的减肥，"胖"与"瘦"的标准既与社会习俗有关，也与个人的认识有关。二是监控。人们会随时监控自己当前的行为是否符合标准。比如，一个打算减肥的人，一旦监控到自己有进食高热量的奶油蛋糕或者肉食的想法或行为，个体就会通过自我控制来纠正自己的行为，抵制诱惑。三是改变行为的意志，这是自我控制的关键性因素。很多减肥者节食计划失败的最主要原因就是他们没有改变自己行为的意志。

积极的自我调控就是依据自我认识和自我体验，依靠自己的内在力量进行自我调节，以修复对自我的消极认识和不良体验，产生积极的自我认识和体验。衡量一个人的自我调控是不是积极取向的，可以从以下四个方面进行判断：一是主动性。个体的自我调控不是被动地应对环境的要求，而是在自我提升动机的驱使下主动地进行调节，修复对自我的消极认识和不良体验。二是自主性。个体的自我调控不是由于外在环境、利益的驱使，而是依据预先的安排而自觉地进行，是源自个体的自我决定。三是自我调控的结果指向积极、正面的方向，形成积极的自我认识，产生积极的自我体验。四是自我调控的过程及结果能够增强个人的掌控感，提升个人的自我效能感，带来满足、惬意等积极的内心体验。因此，要做到积极的自我调控，关键要有良好的自我调节能力。

自我调节（self-regulation）是指我们围绕特定目标，引导并整合自己的思维、情感和行为，旨在改变当前身心状况，促进目标实现的能力、过程、行为。在现实生活很多场景中，我们都能感受到自我调节的重要作用。比如，如果与熟人见面的时候总是表现出害羞，加之我们自己想要改变这种状态的话，我们就会调整自己的行为，主动与熟人打招呼。自我调节还有一个关键因素，那就是灵活性，我们能够根据环境灵活地调整自己的认识、情感、态度、行为，使自己的认识、情感、态度、行为与环境相匹配。

积极自我的形成机制如图 7-3 所示。

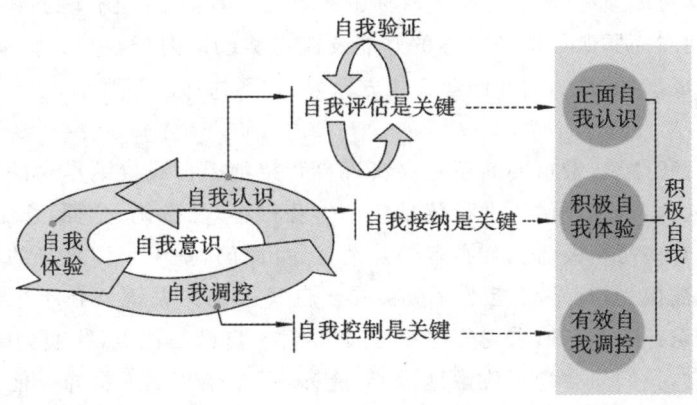

图 7-3　积极自我的形成机制

二、构建积极自我的力量

很多人都在思考应该如何构建积极自我,却忽视了自身业已存在的积极力量。我们需要调动这些积极的自我力量,培育积极自我。

(一)构建积极的自我认识

自恋(narcissism)是促进人们积极认识自我的力量之一。当然,这里的自恋并不是指病理性自恋。其实,每个人都有自恋的倾向,都会记得自己的"好",记得自己的优点或者长处,即便在回忆悲伤的事件时,我们也会记得其中美好的东西。这种自恋的倾向也会让我们容易记住自己对别人的"好",而容易忽视、忘记自己对别人的伤害。当别人指出自己的缺点时,无论自己是否接受这个缺点,内心都会不自觉地抵触。因此,在社会交往过程中,一旦有人说话触及了自己的不完美之处,自我防御机制就会被自动激活。

积极错觉(positive illusion)也能帮助我们提升积极自我认识。每个人都会将一些积极特征归于自己身上,甚至"自欺欺人"。比如,看到别人因拾金不昧的行为被表扬,我们会觉得自己也具有诚信的品质,也会在相同的情境中做出类似的行为。又比如,当看到要好的朋友人缘很好时,我们也会认为自己的人缘挺好,而忽视了自己和朋友的性格差异,以及自己在人际交往中存在的不足。

前面已提到,积极自我认识形成的关键在于个体是否存在积极的自我评估,而积极的自我评估还源自自我验证的动机。自我验证是人们为了获得对自己的稳定认识,不断地寻求或引发与其自我概念相一致的反馈。正因为如此,当我们困扰于他人对自己某一方面的看法时,常常会不断地反思自己的行为,甚至会询问别人的意见,通过他人的反馈,我们确认自己在这一方面的认识。比如,没有哪一位同学在刚开始学习英语的时候就能确定自己不是"这块料",都是在有了努力却失败的体验后,在老师和同学的反馈中逐渐明晰自己的英语学习能力,进而形成自己"英语成绩不好"的认识。

(二)构建积极的自我体验

构建积极的自我体验,我们首先需要依靠内隐自尊(implicit self-esteem)的力量。每个人内心都认为自己比别人强,尤其是在遭遇挫折、失败的时候,这种认知会表现得更加明显。尽管你和好朋友的学习成绩有很大差距,平时你也接受这一事实,甚至有时候还会为身边有这样一位成绩优秀的朋友而骄傲。但是当你的好朋友获得奖励的时候,你的内心还是会有一点不舒服,觉得他只是成绩好而已,而在同学交往方面,他并不如你。不服输、心有不甘就是内隐自尊的典型表现。

构建积极的自我体验,最重要的还是要实现自我接纳。自我接纳作用的直接对象是自我认识。前面已经谈到,自我评估的过程就是让个体获得客观、准确、全面、稳定的自我认识,在这些自我认识中,有些是积极、正面的,有些是消极、负面的,基于个体自身的经历或者社会的要求,有些可能会被接受,有些可能不会被接受。自我接纳的关键就在于个体能不能包容消极、负面的自我认识。人都有追求完美主义的倾向,对于自己的优点,我们会毫无保留地接受,而对于自身的缺点,我们却会毫不犹豫地回避、掩饰,不希望被别人揭短。能否接纳自我的不完美就成了能否产生积极自我体验的关键。现实生活中,为什么很多内心存在困扰的人感受不到积极情绪体验呢?其实原因很简单,因为他们不愿意接纳自己的不完美,不愿意正视问题。比如,有的学生认识到自己在执行学习计划的过程中有拖延行为,没有毅力,于是无法容忍和接受自己,觉得自己不应该这样,由此反感自己,产生消极的自我体验。

当然,让自己在短时间内接受一些不愿意面对的缺点,这是非常困难的事情。社会比较能够帮助个人在较短时间内增强正面体验,获得积极、正面的自我体验。比如,当你不小心遗失了100元时,可能会非常痛心,如果这件事情发生在月底,痛苦情绪就会加重。但是当你听说身边有人丢了1000元时,你就会觉得舒服很多,感觉这件事情没有那么重要,用不着多久,因损失而带来的痛苦便会消失。又比如,你对自己考上的大学并不满意,但是和那些没有考上大学,或是考得不如自己的同学进行比较后,你的心情就会顺畅许多。多和不如自己的人比较,多和自己的过去比较,也许就会收获积极的自我体验。

(三)构建积极的自我调控

构建积极的自我调控,关键在于增强自我调节的能力,尤其是基于"自我"的自我调节能力,即个体自主选择并有效地运用已有的技能、工具和资源进行调控的能力。实际上,自我调节深受社会文化的影响。西方文化中的自我调节将"自我"与"情境"对立起来,强调个体对情境的掌控以及自我潜能的实现,没有考虑到社会情境对个体的意义,以及现实生活中个体对情境的控制是有限度的,大力倡导自我调节就是要求个体对情境的无限控制。但是在中国文化背景下,自我调节强调自我与社会环境之间的匹配性和协调性,这是我们自我控制的目标。因此,积极的自我调控体现在三个方面。

第一,对得与失的"度"的把握。过分地强调自我调控往往会出现两个极端:一是控制不足。有这种表现的人不能有意识地克制自己,做不到延迟满足,无法获得更大的好处。二是控制过度。有这种表现的人会过分地对自我进行压制,抑制自己的情绪、行为。实际上,积极的自我调控强调准确地把握"度",控制的度要与环境相匹配。衡量个体自我调控是否恰当的标准就是自我复原力(也有学者称之为自我灵活性)。具有自我复原力的个体能够按照情境的要求来调节自我控制的程度。有研究表明,高自我复原力的个体能够在不同的情境中采取相应的行动策略,表现出极佳的适应性(布洛克,丰德 等,2005)。

第二,明得失,懂取舍。中国文化强调"舍"与"得"的关系,有"得"须先"舍"。但是在现实生活中,很多大学生虽然知道这一点,却并没有真正懂得其中的含义,不知道如何取舍。没有哪一位大学生不想成为更优秀的自己,这是所有大学生都想得到的,但是不少大学生可能还没有明白,在"得"之前需要学会"舍"。因为要成为更优秀的自己需要时间,需要自己关注于某一个方面。想要在任何方面都优秀,做任何事情时都想全情投入,其结果就是任何方面都不突出,任何方面都不优秀,最后什么都得不到。在大学生处理学业与学生干部工作的关系,以及学习与娱乐的关系时,这种例子比比皆是。

第三,知进退,懂节制。中国文化强调自我抑制、自我牺牲,强调"隐忍""忍耐",推崇"忍人所不能忍,容人所不能容,处人所不能处"。在中国文化背景下,以"忍"为代表的自我抑制并不是消极的自我调控,而是积极自我调控的表现,体现了"自我"与"情境"的融合,强调自我克制、顾全大局。"忍"就是自我把持的自抑、忍让与谦和。无论是在古代社会,还是在现代社会,"忍"都是一个颇受褒扬的概念,被认为是一种积极的心态。李敏龙提出,心理学视野中的"忍"就是一种策略性的自抑机制或历程,在此机制或历程中,当事人为了避免对自己、他人或公众显然不利的后果的发生,或为了预期对自己、他人或公众显然有利的后果的出现,不得不做己所不欲的事情或承受已所不欲的身心痛苦。

知识拓展 ▶▶▶

忍与自我克制

为什么中国人提倡"忍"？从中国文化来看,首先,"忍"是一种人格修养,是一种积极、主动的修身的过程。"忍"不是一种单纯的自我抑制,不是个体不得已而为之的被动状态,也不是一种伴随着痛苦的情绪体验。在儒家文化影响下,中国人认为"忍"是一种人格境界,是"牺牲小我,成就大我"的价值追求,是"成仁""成佛""成道"的必然途径。其次,"忍"是一种为人处世的方式。"尚忍"成为中国人处理生活中各种事情的重要手段,受到他人的侮辱时要"容忍"或"忍气吞声",为了达到目的要"忍辱负重""坚忍不拔",与人发生冲突时要"忍让"。再次,"忍"是一种追求幸福和自我和谐的重要方式。要想达到自我和谐、人际和谐,就需要克制自己的欲望。人际关系对于中国人的幸福体验而言非常重要,人际关系的好坏直接影响到个体的幸福感。在中国文化中,个体是一个什么样的人,不是由他自己决定的,而是由他人来评价和定义的。为了人际关系的和谐,为了增强幸福的体验,需要"忍我",自我克制(胡发贵,2003)。

有调查发现,中国人认为"忍"的表现形式包括克制(19.81％)、容受(12.04％)、坚心(9.51％)和退让(9.35％)。"忍"主要有以下目的:维护人际和谐(8.09％)、道德修养或人生智慧(5.55％)、完成事情或避免坏事情(4.12％)、生存或适应环境(3.80％)、团体的目的或社会秩序(2.06％)、获得财富或利益(0.48％)、个人成就或前途(0.48％)。中国人常见的"吃亏"心理也是"忍"的体现和延伸。

三、从可能自我中探寻积极自我

自我会随着个人的成长而不断丰富、完善,趋于复杂化。每一段人生经历都会在自我上留下足迹。根据乔韩窗口理论(Johari Window),依据自己知道-不知道和他人知道-不知道两个维度,自我被划分为自己知道且他人也知道的"公开自我"、自己知道但他人不知道的"秘密自我"、自己不知道但他人知道的"盲目自我"、自己不知道且他人不知道的"未知自我"(见图7-4)。

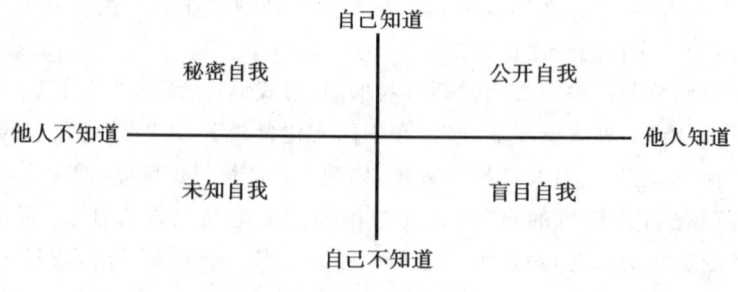

图7-4　乔韩窗口理论

前面谈及的培育积极自我,主要探讨的是我们在现实生活中如何构建积极自我。也就是说,大多数情况下,我们培育积极自我是通过修正因过去经历而形成的消极自我来实现的,并没有考虑如何在未来塑造积极自我。因此,塑造积极自我还需要在"未知自我"中挖掘积极因素。因为指向未来的"未知自我"能够帮助个体更积极有效地面对现状和困难。

每个人都有梦想,每个梦想里面都有自我。在"未知自我"中,我们都有关于未来的自我概念,心理学家马库斯和纽瑞尔斯称之为"可能自我"。可能自我就是指我们有关自己的潜力和未来形象的自我概念以及有关未来定位的自我描述。从已有的研究来看,可能自我分为希望自我、预期自我和恐惧自我三类。希望自我是指我们希望成为并努力追求的自我,比如,不少大学生希望自己毕业以后能够独立(独立的自我)。预期自我是指我们认为自己将来可以实现的自我,比如,有的大学生希望自己毕业后能考上研究生进一步深造(研究生自我)。恐惧自我则是指我们不想要并试图避免出现的自我,比如,不少大学生都不希望自己一毕业就失业(失业的自我)。

指向未来的可能自我大多都是我们自己主观推测的结果预期而非事实,加之未来生活的不确定性,可能自我最终能否实现是值得商榷的。不过,这种指向未来的可能自我在现实生活中有着重要的作用。首先,可能自我可以激发我们的动机,激励个体通过努力实现预想的结果,促进积极自我的形成。其次,可能自我能够引导并调整自己的行为,比如,一个立志考研的大学生会将自己所有的一切活动围绕着考研而展开。最后,可能自我有助于决策,比如,不少大三的学生在就业和继续深造之间做选择的时候,可能自我就会起到非常重要的作用。

四、从积极自我走向积极的自我同一性

在经历了表达"自我"和回答了"我是谁"的问题之后,青年学生需要将生活经历中一系列关于自我的片段串联起来,就像珍珠项链一样,对"我"形成一个连贯且一致的看法。这就是青年学生需要解决的又一个重要的发展任务:建立自我同一性(self-identity),即对过去、现在、未来的"我"形成连贯而一致的认识。

能否在大学阶段解决自我同一性问题,决定着大学生能否获得终生幸福。每一位大学生在第一学年都需要进行心理调整,重新认识自己、定位自己。有的大学生在高中时期非常优秀,却因为高考失利而陷入自责、内疚,不愿意从自己的内心走出来,言必称"想当年……",脑海里想的都是自己高中时期的辉煌;有的学生虽然考上了大学,但是对现在所读的大学不满意,心里想的是今后如何考到更好的学校读研究生,满脑子憧憬着考上研究生之后的情景;有的大学生抱着美好的希望来到学校,却因为理想与现实的反差较大,逐渐陷入无聊的状态,成天哀叹现实的空虚,感觉无事可做,浑浑噩噩地混日子。这三类典型现象都是没有建立自我同一性造成的,他们要么沉醉于过去,要么活在未来,要么蹉跎在现实中,都没有在过去、现在和未来的整合中形成对自己连贯而一致的看法,实现真实自我与现实自我、理想自我的统一。

一个建立了自我同一性的大学生,能够清醒地认识到自己在过去的经历中所展现出来的优点和不足,清除自己现在的表现,并期望在未来发展和完善自己。简而言之,就是接纳过去的得失,正视当前的需求和不足,期望在未来获得相应的发展和完善。沉醉于过去的大学生无法接受现在的"我",容易让自己陷入过去的回忆中,忘记了自我的发展性、可塑性,在纠结之中失去了自我完善和发展的机会。活在未来的大学生憧憬未来的情境,看不到现实中的真实自我,无法在现实自我和理想自我之间建立联系,最终梦想变成幻想。蹉跎于现实生活的大学生

可能知道自己过去如何,却看不清现在的自我,不知道现在能做什么,更谈不上规划未来的自我。自我同一性整合人格的各种成分,统合自我与环境、现实与未来,实现现实自我、真实自我和理想自我的统一。自我同一性的建立是我们人格完善的标志,也是我们心理成熟的表现。

需要注意的是,要建立自我同一性,光有积极的自我意识(积极自我)是不行的,还需要实现自我和谐。一个人只有积极的自我认识、积极的自我体验、积极的自我调控是无法建立积极的自我同一性的,还需要自我的各个成分协调一致以及自我与经验之间的协调(即自我和谐)。自我和谐是积极自我向积极的自我同一性转化的关键。人本主义心理学认为,人之所以罹患心理障碍,就是因为其自我的各个成分之间以及自我与经验之间不协调,没有实现自我和谐。在现实生活中,自我不和谐虽不至于罹患心理障碍,但也会让一个人出现不少心理困扰。大家试想一下:如果一个人虽然对自己有积极的认识,也能接纳自身存在的不足,但是自我价值感低,自我调节能力差,老是改正不了自己认识到的不足,那么这个人的身心健康状况是可以预见的。自我和谐不仅是个人保持健康、获得幸福的关键,也是大学生建立自我同一性的关键性因素。

名词解释 ▶▶▶

人格:也称为个性,是我们在社会化过程中形成的具有鲜明特征的,包含才智、情绪、愿望、价值观和习惯等在内的稳定的有机整合体。

心理资本:个体的积极心理发展状态,主要包括自我效能感、希望、乐观和心理复原力四种人格因素。

诚信:我们在人际关系中所表现出来的以诚实、守信为核心的心理品质和行为倾向。

友善:我们能够以尊重和宽容的心态对待他人,向对方表达一种交互善意和友好情感的积极品质。

自谦:一种"以阳居阴,不自盈大"的行事风格,既反映出一个人的道德修养,又体现出一个人的自我展示策略。

自信:个体对自己的积极肯定和确认,是对自身能力、价值等做出客观、正向认知与评价的一种稳定人格。

责任心:个体对现实生活中各种责任关系的反映,是社会和他人的客观要求在个人身上引起的主观认识和内心体验。

仁爱:即爱人,包括"亲亲""仁民""爱物""泛爱众"。

自我意识:主我对宾我的认识以及由此产生的体验、调控,包含自我认识、自我体验和自我调控三个方面。

积极自我:主我对宾我形成积极的认识(不仅拥有正面、积极的自我认识,而且能够接纳消极的自我认识,积极与消极的自我认识和谐共生)、体验(体验到自尊、自信、自豪等积极体验)和调控(有强烈的自我掌控感,相信通过自己的努力会成功,并能够以恰当的方式处理内心冲突)。

自我认识:我们对自己的认识和看法,即自我概念。

自我体验：个体在自我认识的基础上而产生的对自己的情绪体验。

自我控制：个体克服冲动、习惯或自动化反应，通过自我监控的反馈，有意识地掌控自己行为方向的能力，使自己的行为更符合社会或自我标准。

自我调节：围绕着特定目标，引导并整合自己的思维、情感和行为，旨在改变当前身心现状，促进目标实现的能力、过程、行为。

思考与练习

1. 请选读一本名人传记，读完之后思考，这位名人身上具有哪些积极的人格品质。

2. 中国传统文化中，有很多倡导积极人格品质的思想。你最欣赏哪一种人格品质？说一说你对这种人格品质的认识。

3. 生活中具有积极自我的同学经常表现出哪些行为？

第八章　压力应对人格与健全人格

众所周知,压力对个体的身心都会产生影响。大量的研究表明,压力会和一些心理因素发生作用,其中,人格变量是人们应对压力的有效心理资源,而其他的诸如应对策略、社会支持、人际关系等因素都需要通过人格变量来缓冲压力的影响。当然,也不是任何压力都会损害身心健康。人格心理学家的研究发现,人类存在许多有助于压力应对的人格变量,比如坚韧性(hardiness)、心理复原力(resilience)、心理一致感(sense of coherence)、乐观(optimism)、正情绪性(positive emotionality)等。

第一节　压力应对人格

压力应对人格是对一些能缓冲压力消极影响的人格因素的统称。心理学研究早就发现了人格因素在压力应对过程中的积极作用,伴随着积极心理学的深入研究,越来越多的能够缓冲压力的人格因素被挖掘出来。

一、压力应对人格的内涵

心理学研究很早就发现了人格在压力应对过程中的作用,如心理一致感、坚韧性人格等。中国的普通民众也开始关注一个人的抗压能力,称之为"心理承受力""挫折承受力"等。无论是西方的人格概念,还是中国的抗压能力,都是在描述那些能抵抗压力影响,促进个体获得积极发展的人格因素,这一类人格被称为压力应对人格。

压力应对人格(stress coping personality)是指有助于我们应对压力,维护或促进身心健康的人格因素(陈建文,王滔,2008)。这类人格因素具有三个重要的特征。

一是压力应对人格需要压力刺激的激发才能发挥作用。在压力的刺激下其应对功能不断增强。我们平常体验不到压力应对人格的促进作用,但是一旦遭遇压力或重大创伤性事件,我们就能直观地感受到具备这类人格因素的个体对压力免疫,而且在压力的影响下,这类人格因素的功能被不断增强。

二是压力应对人格并不能缓冲所有的压力,过强的压力刺激会摧毁人格的缓冲功能。拥有压力应对人格并不意味着个体能够对压力终生免疫,超强的压力会使得人格结构解体,丧失缓冲压力的功能,严重时会永久性地丧失人格应对功能,造成人格分裂。因此,人格只是压力应对资源的其中一部分,在面对过强的压力时,我们需要调动更多的心理资源才能成功应对。

三是压力应对人格能够保持和促进我们的身心健康。压力应对人格能够很好地缓解压力带来的负面情绪,有效地保障我们的身心健康。

二、压力应对人格的类型

（一）坚韧性

坚韧性是指抵制压力负面影响的人格素质,包含承诺(commitment)、控制(control)和挑战(challenge)三个成分。面对压力性事件,坚韧性高的个体会表现出积极应对的态度、信念和行为倾向。综合以往的研究结果可知,坚韧性在压力的主观体验与身心疾病之间起着缓冲作用,不仅能有效地缓解个体在应激后出现的焦虑、抑郁、躯体化、精神病等症状,而且能够预防高血压、冠状动脉疾病、糖尿病等慢性疾病。

（二）心理一致感

心理一致感反映了我们在压力情境中对自身应对能力的自信程度,体现了个体对压力的应对、自己应付压力所具有的资源以及对生活意义的感知。心理一致感包含三个方面:可理解感(comprehensibility)、可控制感(manageability)、有意义感(meaningfulness)。以往的研究表明,心理一致感是维持心理健康,防止抑郁、焦虑情绪以及减轻生理疾病的决定性因素。

（三）乐观

乐观是一种人格特质,既表现为个人对未来事件持积极的期望(positive expectation),也表现为对已发生的结果倾向于做出积极的解释(positive interpretation)。在面对压力事件和情境时,乐观是调节身心状态的重要心理资源,尤其是乐观型解释风格,是塑造积极心态的重要方式。

（四）心理复原力

心理复原力是指我们在经历困境或创伤后仍然能回复到良好适应状况的能力。心理复原力的促发是以重大应激事件或困境的发生为前提,在应激响应之后出现的"积极适应"。心理复原状态意味着个体不仅能有效地应对和适应困境,而且能恢复到原来的状态,甚至能达到更好的状态。现有的研究表明,在经历重大突发事件(如 2008 年汶川大地震、新型冠状病毒肺炎疫情)后,心理复原力能够很好地缓冲事件亲历者的心理创伤。

第二节　应对压力的积极人格：心理复原力

心理复原力是非常重要的人格因素,尤其是在个体经历重大突发事件之后,其重要性更加凸显。从进化心理学和积极心理学的观点来看,心理复原力似乎正是人类机体中存在的一种自我保护和适应环境的本能(理查森,2002),并在人类进化过程中成为自动化的机制,形成一种积极模式。从临床的结果来看,心理复原是人类社会普遍存在的现象。

一、心理复原力的内涵与研究视角

Resilience(或 resiliency)最初被加梅齐等人用于指代在父母罹患精神分裂症的高危儿童中发展出健康适应方式的"非典型"儿童,即这些儿童并没有受到父母病理症状的负面影响而处于积极的适应状态。从现象学的角度来看,心理复原力(resilience)是指个体在经历困境或创伤后仍然能回复到良好适应状况的现象(雷鸣,戴艳,肖宵,曾灿,张庆林,2011)。

就现象学特征而言,心理复原现象具有以下几个特点:

(1) 从复原的前提来看,个体之前经历了危机、困境、丧失等负性事件,同时,个体自身具备积极的心理品质(如乐观、希望);

(2) 从复原的促进条件来看,个体具有一些可以依托和利用的内在、外在保护因子(如积极情感、社会支持);

(3) 从复原的过程来看,通过内外保护因子与危险因子的交互作用,保护因子能有效地缓解困境或危险因子带来的不利影响;

(4) 从复原的结果来看,个体在困境或创伤后能恢复到原有状态,甚至更好的发展状态。

心理复原现象的多维性为我们探讨心理复原力提供了多个研究视角。就其核心特征而言,心理复原力包含了两个核心特征:重大困境(significant adversity)和积极适应(positive adaptation)。这既是判断个体在经历困境后是否达到心理复原的标准,也是揭示心理复原力本质的关键性因素。

二、促进个体实现心理复原的机制

在经历创伤事件后,个体身心会表现出不同的功能状态。博南诺(2004)开展的一项追踪研究表明,在经历创伤、丧失(loss)一年或两年后,亲历者会表现出心理复原、恢复(recovery)、延迟性的功能受损(delayed disruption)、慢性功能受损(chronic disruption)四种状态,这都是正常的身心应激响应。在经历创伤事件后,个体的身心平衡状态被打破,甚至表现出一些短暂的、非常态的应激反应(没有达到 PTSD 症状的临床诊断标准),经过一段时间的自我调整和内外保护因子的促进之后,身心状态从非稳态(allostasis)向稳态(homeostasis)转变,并保持良好的身心健康状态,这种状态就被称为"心理复原"。

如何达到"心理复原"的状态?从已有的研究来看,可以通过增强内外保护因子、情绪灵活性来促发心理复原力的作用。心理复原力的过程模型如图 8-1 所示。

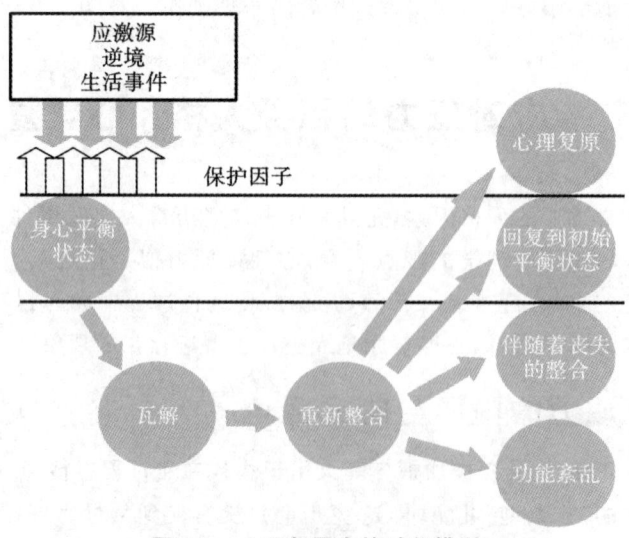

图 8-1 心理复原力的过程模型

（一）增强内外保护因子

这类机制强调心理复原力是由保护因子促发的，内外保护因子相互作用，促进个体在困境中实现心理复原（见图8-2）。在经历重大不幸后，个体之所以能够迅速地实现心理复原，其中一个重要原因就是内在保护因子和外在保护因子相互作用。其中，外在保护因子包括家庭、文化、社区、伙伴等，内在保护因子包括正面认知、积极情绪、有效的行为等。

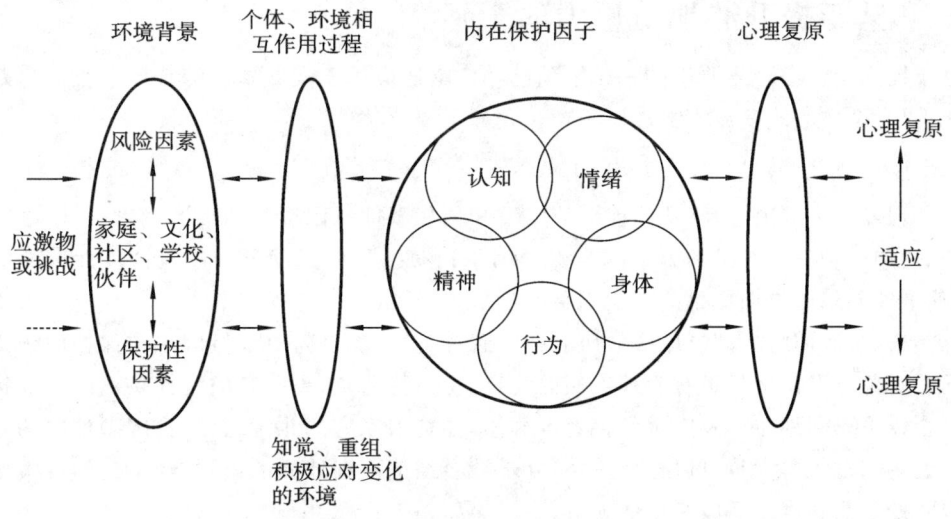

图8-2　内外保护因子的相互作用模式（孔普弗，1999）

（二）激发积极情绪，增强情绪灵活性

心理复原力的双重加工理论（the dual-process model of resilience）和情绪灵活性理论（emotional flexibility of resilience）都聚焦于积极情绪、情绪调节，并认为积极情绪、情绪调节是实现心理复原的重要途径。

双重加工理论认为，心理复原涉及两类加工过程：积极情绪与消极情绪的加工过程，自动与控制的加工过程（the automatic and controlled processes）。其中，积极情绪与消极情绪的加工过程侧重于说明高特质性复原力个体具有积极情绪性，能从困境中体验到积极情绪，并以此作为应对压力的心理资源；自动与控制的加工过程则揭示出高特质性复原力个体能够根据应激事件的性质（长期的或短暂的），灵活地采用自动或有意的积极情绪调节策略从负性情绪中恢复。从双重加工理论可以看出：①积极情绪是复原力的重要成分，高特质性复原力人群具有积极情绪性，在困境中更多地体验到积极情绪，并以此作为应对资源从中获益；②高特质性复原力个体具有较高的积极情绪间隔尺度，他们能够清晰地区分各种积极情绪之间的差别，正因为如此，他们能根据应激事件的性质灵活地选择应对策略；③从负性情绪中恢复的能力也是复原力的重要成分，这种能力主要表现在自动或有意的情绪调节上，这是高特质性复原力人群在困境中获得积极情绪体验的主要方式。

应激后的调节过程并不能决定个体的复原状况，根据环境要求而灵活调节情绪的能力才是决定个体能否适应困境并复原的关键性因素。情绪灵活性理论认为，心理灵活性（psychological flexibility）对于幸福感和持久的心理健康而言，是非常重要的因素。情绪灵活性理论认为，高、低特质性复原力人群之间的反应差异不在于对情绪刺激的感受性，而在于主观预期、现实需要和情绪响应的整合上,高特质性复原力个体能够根据环境需要灵活地表达与抑制情绪,并做出恰当的情绪反应,不会将对某一类刺激的情绪反应泛化到对另一类刺激的反应上。情绪灵活性使得高特质性复原力个体在消耗较少生理反应资源的情况下能够忍受、应对慢性或重复不可控的应激。情绪表达的灵活性是应激后个体能否实现心理复原的决定性因素。

三、基于提升心理复原力的干预

基于提升个体心理复原力的临床干预已经广泛地应用于实践中。综合已有纵向追踪研究的结果,提升个体心理复原力的临床干预包含如下要点。

(一)关注有助于心理复原的内外保护因子

在心理复原力研究中,将那些能调节或缓和创伤事件或困境的消极影响、减低问题行为的发生率、增加成功适应结果的因素称为保护因子;相反,那些无助于个体抵抗负性事件的消极影响,使事件向消极方向变化的因素则称为危机因子。

近年来,学者们将心理复原力的研究拓展到各类高危人群,对危机因子与保护因子进行探讨。研究对象已经由父母患有心理疾病的儿童、受虐待儿童、患有各类慢性疾病的人群扩展到处于社会经济不利地位以及灾害幸存者等群体,如贫困家庭的儿童、自然灾害事件中的受灾群体等。这些高危人群大致可以分为三类:处于社会经济不利地位的人群、经历自然灾害事件的人群以及处于高强度生活应激中的人群。

大量的研究结果表明,在个体的认知、情绪与人格因素以及家庭和社会环境因素中,有很多因素起到了增强、促进和提升心理复原力的作用,这些因素被视为心理复原力的保护因子。也就是说,保护因子是能调节或缓解个体因压力或困境而受到的影响,降低个体出现不良心理或行为的可能,增加成功适应可能性的因素。具体如表 8-1 所示。

表 8-1 心理复原力的部分保护因子

维 度		保护因子
内在保护因子	认知、情绪与人格因素	积极情感性、乐观、寻求新奇性、独立、积极的认知重评、意志坚强、进取、积极自我、内控人格、成熟的自我保护机制、高智商、创造力、幽默、挫折坚忍力、延迟满足、共情、同情心、希望、自信、适应性、积极自我概念、自尊、内控归因、控制感等
	行为方式	助人行为、积极问题解决、成熟的人际关系等
外在保护因子	家庭环境	父母角色、和谐的家庭气氛、分享、共度休闲、和谐的亲子关系、家庭支持、良好的家庭关系、社会关系、家庭凝聚力和坚毅力等
	学校与社会环境	良好的学校氛围、良好的师生关系、和谐的同学关系、老师提供关心和支持、信任、学习自主性、成就感、学习自我效能感等

(二)挖掘促进心理复原力的关键性因素

促进心理复原力的关键性因素可以从学者们编制的测评工具中提取出来。一般来说,标准化的测评工具主要通过衡量与心理复原力相关的典型行为来量化相关人群的心理复原力水平。从现有的研究文献来看,心理复原力的心理结构中既包括人格因素,又包括情感、价值等因素;既包括个体自身、内在的稳定因素,又涉及外在的保护因子。不同学者由于进行理论分析的视角不同,对心理复原力的构成成分有着不同的理解,但大体上都包括了内部因素和外部因素两个方面。其中,内部因素包括自尊、自我效能感、重构事件的意义、积极情绪、乐观、希望、社会支持、解决问题的技能或行为等;外部因素包括家庭氛围、父母教养方式、学校氛围、同伴关系等。这需要视个体的具体情况进行具体分析。

(三)注重干预的时间和转折性事件

大量的追踪研究表明,经历创伤事件后,个体的身心平衡状态被打破,甚至表现出一些短暂的非常态的应激反应(没有达到 PTSD 症状的临床诊断标准),这是正常的应激响应过程。之后,经过一段时间的自我调整和内外保护因子的促进作用之后,身心状态从非稳态(allostasis)向稳态(homeostasis)转变,达到积极适应的结果。因此,在干预的时间节点以及干预的重点上应该各有侧重。个体在经历创伤事件之后,身心平衡状态被打破,这一阶段的干预以降低个体的应激响应程度为重点;当个体表现出一些短暂的、非常态的应激反应(没有达到PTSD 症状的临床诊断标准)时,干预的重点在于寻找内外保护因子,挖掘自身内在的积极力量(正面的认知、积极人格等),帮助个体调整或提升正面力量;当个体开始出现正面变化和发展的时候,应该强化支撑其积极适应的积极因素,巩固心理复原的结果,同时探讨创伤事件对个体成长的意义和价值,提高个体的抗挫折能力。

还需要关注和捕捉心理复原每一个阶段的转折性事件,即能够促使个体出现转折性正面变化的事件。比如,在汶川地震发生很长一段时间后,有的受灾者仍然处于失去家园和亲人的悲痛之中,但是当他看到有着类似经历的身体残缺的人正在努力地重新生活时,他可能会突然觉得自己不应该再这样颓废下去,应该学会振作。就这个例子而言,鼓励这位受灾者振作起来,提升他心理复原力水平的情境就是一个转折性事件。

第三节 创伤后的自我变化:创伤后自我成长

"故天将降大任于斯人也,必先苦其心志,劳其筋骨,饿其体肤,空乏其身,行拂乱其所为,所以动心忍性,增益其所不能。"(《孟子·告子上》)当自己正在经历困难或了解到别人正在经受苦难时,我们常常都会引用这句话。其实就是想告诉自己或他人,困难和挫折暗含着成长。困境或不幸在带给我们伤痛的同时,也会促进我们成长,让我们体验到自我的正面、积极变化。这种由创伤引起的正向的自我体验被称为创伤后自我成长,创伤后自我成长是一种典型的自我积极力量。

一、创伤后成长的内涵

创伤后成长(post traumatic growth,PTG)是由泰特琪和柯洪在 1996 年提出的概念,是指个体在与具有创伤性质的事件或情境进行抗争之后体验到的心理方面的正性变化。之后,这一概念逐渐发展,与其相关的概念有压力相关的成长(stress related growth)、成长的获益(benefit-finding)、感知到的意义(perceived benefit)、观念的变化(changes in outlook)、逆境中的成长（growth following adversity）等。与心理复原力一样，创伤后成长也是人类社会中常见的一种现象。比如，汶川地震发生后，面对家园被毁、亲人离去的现实，不少受灾者在经历痛苦之后坚定地说："既然我活了下来，就要活得好好的！"这句话就反映了灾区民众在经历地震灾难之后的自我成长。

创伤后成长具有以下几点特征：第一，创伤后成长是针对事件可能造成的心理创伤而言的，经历创伤性事件并不意味着一定会出现病理性症状，还可能在这些事件中成长。第二，创伤后成长可能与内心的痛苦并存。第三，创伤后成长与自我有关，也就是说主要表现为个体内在的正向体验和感受。第四，创伤后成长指向正向变化，但人格不一定会出现变化。

知识拓展

创伤后成长与心理复原力

尽管创伤后成长与心理复原力都是个体经历创伤性事件后出现的积极、正向变化，但是两者是不同的心理变量。心理复原力是指个体在经历困境或创伤后仍然能回复到良好适应状况的心理发展现象，创伤后成长则侧重于强调创伤暴露后个体体验到的自我的积极变化和成长。有研究发现，创伤后成长与心理复原力虽然都是重大事件发生后出现的积极适应表现，但是两者呈负相关（莱文，劳弗，斯坦，所罗门，等，2009）。也就是说，在应激之后，心理复原的个体并不一定会出现创伤后成长。这可能与两个因素有关：一是心理复原力涉及一类积极的人格特征，心理复原的个体不一定会对应激事件做出正面的解释，而创伤后成长涉及个体对创伤事件的积极诠释。二是创伤后成长有可能是一种"充满希望"的积极错觉，包含不真实的积极情感状态，而心理复原力则强调应激后身心保持内稳态，不会因主观感受的变化而改变，并且心理复原的个体能够根据环境灵活地选择应对策略。

二、创伤后成长的影响因素

大量的实证研究结果显示，创伤后成长还与很多内外因素有关。下列因素对个体在重大创伤事件后自我成长有着重要的影响（涂阳军，郭永玉，2010）。

（一）人口统计学变量

在人口统计学变量中，性别、年龄、民族、婚姻状况、受教育水平、宗教信仰、精神状态等因素都对创伤后成长有着重要的影响。具体来说，女性比男性更容易体验到自我成长；年龄越小，越容易体验到自我成长；少数民族更容易体验到自我成长；有色人种比白种人更容易从创伤事件中获得意义和价值；宗教信徒比没有宗教信仰的人更容易体验到自我成长等。

（二）创伤事件的特征

1. 创伤事件的严重程度

已有的研究报告显示，创伤事件越严重，人们越有可能从这些事件中获得自我成长，但是创伤事件的严重程度与创伤后成长并不呈线性关系。与处于不太严重或非常严重程度的癌症患者相比,处于中等严重程度的癌症患者报告了更多的成长获益(莱希纳,扎科夫斯基,安东尼,格林霍特,等,2003)。之所以如此,可能是因为疾病过于严重会耗尽创伤后成长所依赖的心理资源,而太轻的疾病却不足以对患者的认知图式等产生震撼性的影响,自我成长的获益不容易发生。另外,无论创伤事件的严重程度如何,事件的可控性程度及个体的应对方法也会影响到个体在自我成长方面的体验。一般来说,可控性事件采取问题解决应对方法,不可控事件采取情绪应对方法,这样比较容易让个体体验到自我成长。

2. 创伤事件的类型

已有的研究发现,在不同类型的事件中,个体感知到的自我成长是有差异的。比如,与飞机失事的幸存者相比,经历龙卷风灾难的人在亲密感和个人力量方面有很大的自我成长(麦克米伦,斯密斯,费希尔,1997)。之所以出现这样的结果,可能与事件类型没有直接的关系,亲历者对事件的认识才是关键因素。

3. 创伤事件发生的时间跨度

从现有研究来看,创伤事件发生的时间跨度与自我成长和获益等的关系至今没有明确的结果,但是有一点是可以确定的——创伤后自我成长是需要时间的。从现实来看,创伤后成长都是在经历创伤事件一段时间之后展现出来的。

(三)人格因素

已有研究表明,乐观、归因方式、自尊、自我效能感等人格因素与创伤后成长有密切的关系。虽然这个结论和一些具体的实证研究结果并不一致,其原因可能与调查对象以及研究的具体问题有关,但是多数研究仍然支持这些因素会影响到个体的创伤后成长。比如,与那些做出外在、特定和不稳定归因的个体相比,对正性事件做稳定、广泛和内在归因的被试报告了更多的成长(赛缪尔,杰西,2008);高自我效能感、高自尊、乐观的个体更容易在创伤事件发生后感受到自我成长。

(四)社会支持与应对方式

现有的研究结果显示,实际获得的社会支持对创伤后成长具有积极的作用。社会支持不仅能够满足我们的情感、认知需求,还能让我们获得一个可以交流观点、获得新的思想和信念以及共享创伤体验的平台,而这些都有利于当事人认知图式的重构和适应(莱希纳,安东尼,2004)。同时,应对方式也会影响到对自我成长的体验。研究表明,具有积极性质的应对方式也与创伤后成长的多个维度有高的正相关并能显著预测自我的成长(贝利奇,布兰克,2006)。但是也有研究发现,以情绪为中心的应对策略能导致更高水平的与压力相关的成长(戈拉尔等,2006)。

三、创伤后成长的心理机制

经历创伤事件后,人们如何实现自我成长,对事件做出正面的解释,感知到自我的正向变化呢?国外研究者在实证结果的基础上提出了一些理论模型。从积极认知的角度看,较为合理地解释了创伤后成长现象的理论模型包括情感认知模型、整合模型和认知适应模型。

(一)情感认知模型

约瑟夫等人(2012)提出的情感认知模型的观点是核心信念被挑战导致了自我成长。创伤事件会对我们的认知、情绪、行为造成巨大的冲击,其中,与自我成长相关的就是个体的核心信念受到挑战。比如,很多来自外省的大一新生在报到之前估计自己需要一段时间来适应新的环境和生活,在不断解决问题的过程中逐渐发现自己遇到问题后能主动地寻找办法解决,而不是回避或随大流。一般来说,个体创伤前的假定信念和创伤后的体验之间越是存在巨大的反差,那么创伤后自我成长的可能性就越高。我们在面对问题、解决问题的过程中的情绪状态(积极情感)和应对方式(问题解决),以及对创伤事件的认知与评价都能促进创伤后自我成长。

(二)整合模型

帕克(2010)强调在压力情境下对事件意义的重构能够有效促进自我成长。我们在创伤事件发生后会对事件的意义进行重构,一般来说,重新建构的事件意义分为普遍意义(global meaning)和情境意义(situational meaning)两种。普遍意义是指个体对压力或创伤事件的价值、效用的认识,情境意义则是指个体在具体情境下对创伤事件的认知。当普遍意义和情境意义不一致的时候,就会促进个体对事件意义进行重新建构,协调这两种意义对具体创伤事件的认识,推动个体自我成长和积极改变生活。

(三)认知适应模型

重构创伤事件的意义、增强控制感、提升自我都能促进个体的自我成长,但是创伤性事件后的积极心理改变或许只是一种暂时性的现象,而幻想有助于个体体验到自我成长。认知适应模型认为,在遭遇不幸、面临困境的时候,个体会激活自我保护机制。个体能否成功地适应环境,很大程度上依赖于其保持和修饰幻想的能力,因为幻想就是一种自我保护机制。幻想的能力不仅可以帮助我们缓解当下的创伤,还有可能帮助我们应对潜在的挫折。

四、促进创伤后成长的干预

在日常生活中,我们需要在压力、困扰中获得自我成长。促进个体自我成长一般可以从以下几个方面着手。首先,从个体创伤后自我成长的影响因素和心理机制角度两个方面进行干预。其次,创伤后成长与个体对事件的认识密切相关。左尔纳和梅尔克尔(2006)提出可以在心理干预中通过调整认知、增强对未知事件的控制感和增强社会联系来促进个体自我成长。所以,提升个体的自我成长水平主要从认知角度入手。

根据创伤后成长的影响因素、心理机制,并结合干预汶川地震灾区民众的成功经验可知,提升个体的创伤后成长能力可以通过以下途径。

(一)调整视角,重塑希望

此途径的重点在于调整个体对认识事件的视角。首先,引导个体使用辩证思维看待问题。这有助于个体辩证地看待得与失,接受事情的积极与消极方面,接受不可控的影响因素。其次,帮助个体转换视角。鼓励个体用积极的视角、乐观的态度来面对和陈述创伤事件,并看到事件的积极方面和希望,同时在感知和体验到社会支持的基础上,引导个体看到自身存在的正性力量。

(二)重构事件的意义

首先,个体能够理解并接受当前的反应,避免形成灾难化思维、泛化反应,夸大问题与自身的联系(即认为只有自己才会遇到问题,其他人都不会遇到)。其次,在正面的视角下审视事件的积极意义和价值,即认知重构。改变对事件的消极认识,在积极的认识中提升对事件意义的感悟。再次,个体感受到因事件而出现的认知、情绪和行为变化,并从中看到自己的积极品质,接受这些变化都是本能的反应,是正性力量的推动使然。比如,在汶川地震发生后,有的亲历者意识到悲伤情绪实际上意味着自己是需要他人关爱的,是有情感需求的。最后,重构事件的意义,既包括普遍意义,也包含情境意义。

（三）聚焦问题,确定有效的应对方式

成功应对创伤事件有助于促进个体自我成长,因此,要确定有效的应对方式,帮助自己成功应对创伤事件。因此,首先要引导个体选择有效的应对策略。从目前的研究文献来看,聚焦于问题的应对策略能够明显提升个体的自我成长能力。其次,增强个体的应对效能感。当个体意识到自己有过成功应对事件的经历时,就能重新认识自己的能力,增加在创伤中获益的可能性。最后,将所有的想象力转化为执行力,选择有效的应对方式,在实践中实现自己的建设性设想,获得现实成就感。

（四）寻求社会支持

来自家庭成员、朋友的社会支持能够促进创伤后成长。良好的人际关系不仅可以提供情感支持,还能在认知改变上发挥积极的作用。泰特琪等人提出的"良好同伴关系"模型很好地解释了社会支持在促进个体自我成长方面的积极作用。他们认为,他人的支持通过交流想法、提供新的观念、交流彼此的经验等方式,帮助个体形成新的认知图式或看待创伤的新视角来促进自我成长。在汶川地震发生之后,亲历者分享、交流自己的感受和体会,在社会网络中对地震形成新的认识,形成新的认知图式,进而促进自我成长。

第四节　幸福的保证：健全人格

培养学生健全人格是教育（特别是心理健康教育）的重要目标。心理健康教育的首要目标就是立德树人,提升学生的心理健康素质。所有教育工作者在思考"要培养什么样的人"的问题时,其中最应该注重的就是学生人格的健全。重视健全人格的培养已经成为世界教育发展的重要趋势之一。

一、健全人格与健康人格

人格对个体身心的影响是持久、深远的。心理学从促进身心健康和提升生命意义两个角度出发,提出了"健康人格（healthy personality）"和"健全人格（perfect personality）"的概念。

健康人格与异常人格（人格障碍）相对应,是指个体的心理机能得到持续的正常发挥,其基本特点表现为和谐性、适应性、自主性和发展性（陈建文,2010）。健康人格的和谐性体现在人格系统内部各种成分的和谐、人格与环境的和谐、个体与实践的和谐;适应性体现在个体能够利用其人格优势和特色来适应不断发展变化的社会环境,同时个体能够发挥主观能动性来控制和改变环境;自主性体现在个体追求健康人格过程中的自我意识发展;发展性则体现在个体不仅能够主动建构理想人格,还能在适应环境的过程中不断调整和充实自己。健康人格也可以理解为健康的人格,而不是指健康人的人格或促进健康的人格。

健全人格则是从提升生命意义的角度，强调人格要素的完善、完备。葛明贵（2006）认为，健全人格就是各种人格特征的完备结合，是人格的正常、和谐的发展。当然，有学者将健全人格阐释为能够以正面的态度对待世界、他人和自己，过去、现在和将来，顺境和逆境，做一个自立、自信、自尊、自强的幸福的进取者（黄希庭，郑涌，李宏翰，2006）。简单来说，就是各种优秀人格特征（如自立、自信、自尊、自强等）的有机结合。也有学者将健全人格放在人性的最终追求上。蔡先金（2007）认为，健全人格就是人的全面、自由的发展，其标准就是人的生理、心理、社会、道德和审美各要素完美的统一、平衡与和谐。从这些学者的观点可以看出，对健全人格的追求绝不仅仅停留在心理健康层面上，而是高于心理健康这一层面，体现在人性的发展、完善上。由此可见，健全人格的概念包含三点要求：一是人格特征的完备结合，二是处于和谐、积极的功能状态，三是指向人性的最终追求。这就是塑造健全人格所要追求的方向。

当然，从健康人格和健全人格的内涵可以看出，当代大学生追求的不应该只是人格的健康，更应该追求人格的健全，让人格在自己人性的发展和完善中起到良好的促进作用。

二、健全人格的养成建议

当前教育教学改革的重心已经从知识、能力的传授转向健全人格的塑造和培养。我们要培养健全的人格，首先就要明白健全人格具体包含哪些特征和要素。有青年学生提出了比较具体的看法，认为健全人格的典型特征包括责任心、诚信、自信、自立、自强、人际关系良好、上进心、自尊、自爱等（李祚山，2005）。青年学生对健全人格的认识符合社会的要求和发展的需要，这些认识应该成为我们培养健全人格的目标。

就青年人而言，培养健全人格的关键就在现实生活之中，在点滴的生活细节之中。具体来说，应该注意以下五个方面。

（一）健全人格的前提：认识自己，悦纳自己

自我是人格的核心，培养健全人格也必须从完善自我开始。首先，要清晰地认识自己，知道自己的优点，也知道自己的不足之处。这样才能有的放矢地完善自己的人格特征，实现人格特征的完备结合。一个没能清晰了解自己人格特征的个体不可能具有完备的人格特征。其次，要悦纳自己。健全人格不仅要求具有完备的人格特征，还要求心理处于和谐、积极状态。这就要求我们悦纳自己，接受自己的不完美，包容自己的人格缺陷，促进自我内心和谐。

（二）健全人格的基础：重视心理健康

只有健康的心理才能促进人格的健全。要重视自身的身心健康，让身心功能处于完满的状态，人只有处于这种状态，才能发展出健康的人格，确保心理机能持续地正常发挥。只有身心健康、人格健康的人才愿意主动面对自身的缺陷，才会追求人格的完备，才能确保人格处于和谐状态，也才能达到反思人性的终极追求。

（三）健全人格的重要环节：重视日常生活

健全的人格需要历练，需要我们有意识地培养和塑造自己的人格素养。人格在一定程度上受到遗传基因的影响，但更大程度上还是受后天环境、人生阅历的制约。一方面，人格通过个体的行为和活动方式展现出来，另一方面，个体展现出来的行为和活动方式又不断地塑造或强化自身的人格。因此，我们需要有意识地塑造自己某些方面的人格素养，但"有意识"并不意味着刻意制造机会。比如，毅力的培养，很多大学生都能认识到毅力的重要性，却忽视了在当

下处理的事情和日常生活中培养自己的毅力,而把注意力放在特定环境和领域中,结果努力了一段时间后,还是无法培养出自己的毅力。当下处理的事情、日常生活中正包含着历练和塑造我们人格的好机会。

(四)健全人格的主渠道:重视知识和学习过程

培养健全的人格并非一朝一夕就可以完成的,而应该是一生的追求。在学生时代,我们可以借助外在力量推动自己去培养或塑造健全人格。但是离开校园以后,又该如何呢?这就需要我们对人格这一概念有一定的理解,对健全的人格有一定的认识。我们应该重视有关人格的知识,当然,我们还应该重视学习知识的过程,因为学习过程本身就包含了很多锤炼人格品质、塑造健全人格的要素。比如,遇到学习的困难、个人遭受学习挫折、学习自控能力下降等都是发现自身人格缺陷,塑造健全人格的渠道。对于学生而言,重视知识和学习过程是健全人格的主渠道。

(五)健全人格的重要保障:重视特质性幸福感和幸福体验

幸福不仅是一种态度体验,还是具有生理基础、跨时间的一致性和与跨情境的稳定性、与一些最基本的人格维度密切相关的人格特质(万黎,夏凌翔,2004)。已有的研究显示,幸福感与心理健康、积极自我密切相关,而心理健康、积极自我分别是形成健全人格的基础和前提。因此,应该重视幸福感的两种属性(即特质和主观体验)在健全人格形成过程中的保障。

名词解释

压力应对人格:有助于我们应对压力,维护或促进身心健康的人格素质。

坚韧性:抵制压力负面影响的人格素质,包含承诺、控制和挑战三个成分。

心理一致感:反映了我们在压力情境中对自身应对能力的自信程度,体现在个体对压力、自己应付压力所具有的资源以及对生活意义的感知。

心理复原力:我们在经历困境或创伤后仍然能回复到良好适应状况的能力。

创伤后成长:个体在与具有创伤性质的事件或情境进行抗争之后体验到的心理方面的正性变化。

健康人格:个体的心理机能得到持续的正常发挥,其基本特点表现为和谐性、适应性、自主性和发展性。

健全人格:人格特征的完备结合,处于和谐、积极的功能状态,并指向人性的最终追求。

思考与练习

1. 与周围同学讨论一下,成功应对压力的个体具有哪些典型的人格特征。

2. 在现实生活中有很多面对挫折、灾难、困境却依然积极向上的人,请分享一则发生在你身边的真实故事。

3. 回想一下自己应对压力的经历,分享一下自己对应对过程的认识。

第五编

积极的人际关系

　　幸福人生与我们的人际关系状况和质量有着密切的关系。与西方文化相比,人际关系的和谐被认为是中国文化背景下的核心社会规范。积极的人际关系往往能够让我们顺利地在社会中发展,增强幸福体验。中国学者的研究表明,中国人的社会行为总是聚焦在家人、关系、权威和他人身上,以他人作为自己社会行为的参照。对于大学生而言,家人关系、同学关系、恋人关系和师生关系是非常重要的四种社会关系,如何处理好这四种关系,影响着他们的幸福感受。

　　积极的人际关系如此重要,那么该如何营造积极的人际关系呢?遗憾的是,到目前为止,没有一条"放之四海而皆准"的人际交往准则,因为这涉及文化的差异和个人经历的不同。人际交往的模式没有好或坏的说法,只有适合与不适合的区别。面对人生,我们每一个人都是新手,需要自己去摸索,别人的人生不可能复制,经验却可以借鉴。

第九章　积极的人际关系

中外学者一致认为，良好的人际关系是增强个体幸福感的一个重要因素。这既与人类自身的社会属性有关，又与中国的传统文化有关。人际关系之所以很重要，其中一个重要原因就是中国人决定自己成为一个什么样的人，并不完全是靠个体自己的想法，还需要依靠他人的评价作为参考。从这个意义上来说，中国人的人际关系状况直接影响到对自我的认识和对幸福的感受。因此，我们要重视人际关系，增进人与人之间的感情。

第一节　积极的人际关系与幸福

"有朋自远方来，不亦乐乎。"这是《论语·学而》中谈及友情的经典句子。朋友对我们所有人来说，是幸福的重要来源。无论是家庭关系、师生关系、亲子关系，还是同学关系、朋友关系、恋人关系，都会影响我们的幸福感受。在这一节中，将和大家交流中国人的人际交往方式及其基本看法。

一、幸福之源：积极的人际关系

（一）人际关系的重要性

人际关系的现状和质量对增强我们的幸福感、构建和谐的家庭生活、推动事业的发展都具有重要的意义。在中国文化背景下，人际关系的重要性体现在以下三个方面。

1. 人际关系反映了人的本质属性

人与动物的区别在于人的社会属性。人是社会的人，生活在一定社会关系之中，并在人际关系中展现其社会本质。

我们每个人在不同的群体中担当一定的社会角色，与其他人有着不同的人际关系。在家庭中，存在父子关系、母女关系、爷孙关系等；在工作中，存在同事关系、上下级关系；在社会中，又有朋友关系、同学关系、师生关系、战友关系等。对于一个人的发展而言，这些社会关系非常重要。正是这些社会关系网络中的各种社会角色，展现了我们的价值，体现了我们的生活质量。

2. 人际关系是中国人社会生活的重要部分

在中国社会中，人际关系是人与人在交往过程中需要考虑的重要因素，关系的亲疏远近体现了我们和其他人的互动状况。杨国枢等人（2004）明确提出，中国人在人际交往过程中表现出典型的关系取向。中国人的关系取向具体表现在以下五个方面。

第一，关系的角色化。中国人喜欢以社会关系来明确自己的身份，如"我是某某的儿子""我是某某的学生"等。通过这种表述方式，明确了自己的身份以及与交往对象的关系。比如，尽管自己与父亲的大学同学素未谋面，但可以通过"我是某某的儿子"来明确自己与父亲的大学同学之间是长辈与晚辈的关系。

第二，关系的互依性。每个社会角色都有相应的行为规范，如父子关系就要求在交往过程中"父慈子孝"。同时，社会角色之间具有互惠互依性。如果两个角色之间存在互惠互依的关系，彼此之间就可能出现报答行为；如果两个角色之间不存在互惠互依的关系，彼此之间就可能出现敌对情绪，甚至报复行为。比如，父母在孩子成长过程中尽到抚养的责任，陪伴孩子学习，在生活中照顾孩子，孩子成年之后就会自觉地尽到赡养父母的责任。

第三，关系的宿命观。在中国文化中，常用"命中注定""缘分"来解释彼此的特定关系。比如，我们与父母的亲子关系是从何而来？我们与其他同学为何能相聚在现在的学校？大多数人会用"缘分"二字来回答这些问题。当找不到特定人际关系建立的必要性和必然性时，我们更愿意用"命中注定""缘分"来解释。

第四，关系决定论。费孝通先生曾经指出，中国人的人际关系是一种差序格局，而不是西方社会中强调的渐进交往模式。我们和其他人交往的方式取决于彼此之间在血缘、情感上的"亲疏远近"，这就是我们对亲人、熟人、陌生人表现出不同交往行为的原因。

第五，关系的和谐性。中国人特别强调人与人之间"和而不同""以和为贵"。"和谐""宁人"是我们人际交往的最终目标，这就要求我们在交往中不惜牺牲自己的利益，以维持关系的和谐，哪怕是表面的和谐。因此，在处理人际矛盾和冲突的时候，我们喜欢"和稀泥"。如果自己陷入了人际冲突，那么我们会主动息事宁人，缓和矛盾；如果身边的朋友、同学遇到人际冲突，那么我们非常愿意做"和事佬"。

知识拓展 ▶▶▶

中国人的求和动机

求和动机是一种重要的社会动机。中国人的求和动机具体表现在以下六个方面：①以和为贵。中国人讲究"家和万事兴""夫妻同心，其利断金""天时不如地利，地利不如人和"。"和"既体现了中国人亲和的心态，也是我们在人际交往过程中的目标和追求。②企盼"和事佬"，自己也愿意做"和事佬"。当自己陷入人际冲突之中时，如果不能达到亲和心态，就企盼有"和事佬"出现，协调我们与他人的关系；而在需要的时候，我们也乐意担任"和事佬"的角色。③畏争，这是一种中国人担心丧失"和"的恐惧心态。中国人提倡避免人际冲突，"家不和，万事不兴""家有一心，有钱买金；家有二心，无钱买金"等话语都反映了中国人认为失和会带来消极的后果。④随大流，也就是我们常说的从众行为。日常与他人交往的过程中，一旦遇到来自群体的压力，不少中国人就采取随大流的做法，以使和谐的局面不被打破。⑤迁就，这主要是指自己与他人发生冲突时的处理方式。尽管心中不同意他人的意见或做法，但我们表面仍然曲意求和，甚至迁就、退让。中国文化鼓励大家这样处理人际冲突，因为"得饶人处且饶人""与人方便，与己方便"。⑥迎合，这是主动求"和"的方法。迎合是我们为了谋求人际关系的和谐而主动顺应他人或群体的心态与行为。大多数情况下，迎合是我们在猜度他人心意的基础上而投其所好的行为表现。

——王小章主编《中国社会心理学》

3. 人际关系的质量影响着我们的幸福感受

对青少年学生而言,同伴(朋友、同学)关系是其幸福体验的重要来源。

首先,一个人社会化的过程,就是从家庭走向社会、融入社会的过程。在这个过程中,同伴关系非常重要。有没有稳定的同伴、同伴关系的质量直接影响着一个人的幸福体验。学生年龄越小,这种影响就越明显。

其次,学习是青少年学生的重要发展任务。围绕着学习,师生关系、亲子关系、同学关系间接地影响学生们的幸福感受。学生的学习成绩往往承载着父母的期望和理想。在日常学习活动中,学生学业挫败、课程和作业辅导都会影响亲子关系。在学生的成长过程中,师生关系、同学关系也都受到学生学习活动的影响。无论在中小学,还是在大学,师生关系、同学关系都直接影响着我们的幸福感受,李育辉等人(2012)对131名中学生的追踪研究也证实了这一点。从高中到大学,人际关系给学生带来的压力感在明显增加,直接影响到学生的幸福体验。

(二)中西方人际交往的差异

人际关系的状况和质量离不开交往,而中西方的人际交往模式是不相同的。有研究表明,西方人的人际交往是通过"互动"来建立的,而且具有契约精神;中国人的人际交往则是以"情感"为纽带,通过亲密的举动保持情感的交流(杨宜音,1995)。杨国枢(2004)也指出,中国人和亲人、熟人、陌生人的交往方式取决于彼此之间的亲疏远近。

在西方社会的人际交往模式中,人际关系的增进主要取决于彼此的人际交往状况,接触的次数越多,就越容易增进人际关系(见图9-1)。在人际交往中,陌生的两个人成为一对好朋友,一般会经历零接触阶段、单向接触阶段、表面接触阶段、亲密关系阶段。随着交往次数的增多,人际交往的程度越深,就越容易增进人际关系和情感。

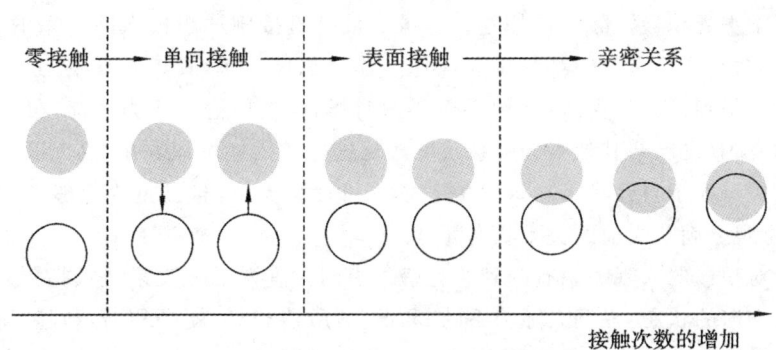

图9-1　西方社会的人际交往模式

中国人与西方人的社会关系结构是不一样的。费孝通先生[①]认为,中国的社会结构是一种差序格局,好像把一块石头丢在水面上所引起的一圈一圈的波纹。每个人都是他社会影响推出去的圈子的中心,熟人、生人按亲疏远近依次分布在一圈一圈的波纹之中。血缘、情感、交往的基本规则就是社会关系呈现差序分布的原因。

在这样的差序格局中,每一个人都以自己为中心和别人进行社会交往。血缘、情感、交往的基本规则就是我们在社会交往过程中遵守的准则。举一个例子,当我们刚进入大学校园时,

---

① 费孝通. 乡土中国[M]. 人民出版社,2008:28-30.

我们会对校园中来自同一个地方的同龄人产生好感,来自同一个地方的人往往容易聚集在一起,这就是中国人常见的"老乡现象",也就是故乡情结。

差序格局决定了中国人的人际交往模式(见图9-2)。我们会依次按照血缘、情感、人际交往规则来确定我们如何与对方交往。比如,我们和父母、兄弟姐妹的交往,因为有血缘关系,所以我们会为了亲情无条件地付出,不计任何代价。又比如,我们和同学的交往,因为同学之间没有血缘关系,所以我们和同学互动的情况取决于彼此之间感情的深度。如果感情深厚,不分彼此的话,那么我们会和对方分享一些私密话题,甚至会将生活费借给对方;当然,如果和个别同学之间没有什么感情,那么我们就会采取比较"客气"的交往方式,会依照人际交往基本礼仪的要求进行交往。

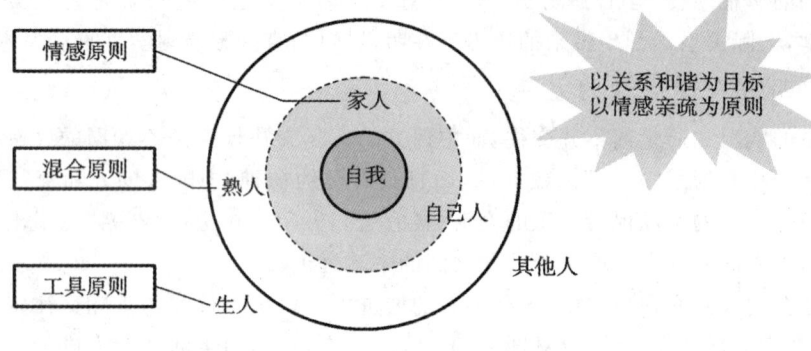

图 9-2　中国人的人际交往模式

(三)积极的人际关系:人际和谐

积极心理学重视积极人际关系的建设。虽然没有直接阐述积极人际关系的含义,但是在探讨积极人格的特征时,学者们都强调要与他人建立积极关系,具体表现在三个方面:当自己需要的时候能够得到他人的支持;当别人需要的时候,自己愿意提供力所能及的帮助;看重与他人的关系,并满意自己与其他人的关系状况。从这样的描述可以看出,判断我们是否具有积极人际关系的关键在于自己是否在这段关系中获得社会支持,自己是否能够自觉地表现出助人行为,并在主观上满意当前的关系状态。

中国文化对积极的人际关系有独到的见解。中国人重视人际关系,强调人与天、人与人之间保持自然而和谐的状态,强调人际关系的"和谐"。所谓"和",就是和谐、和睦,避免人际交往中的冲突和矛盾。中国文化非常强调"和"字,"和而不同""以和为贵""和衷共济""家和万事兴""和气生财""和睦相处"等已经成为处理人际关系的不容置疑的法则。在中国人眼里,积极的人际关系就是"和谐"的人际关系。只有人际关系和谐,我们才能感受到他人给予的支持和帮助;只有人际关系和谐,我们才会自觉自愿地帮助他人;只有人际关系和谐,我们才会从这段关系中获得正能量,并感受到积极情绪。

在中国文化背景下,"和谐"的人际关系是指人与人交流、相处过程中的默契和融洽,通过化解矛盾来获得内心的安宁与幸福。具体体现在两个方面:一是彼此和睦、融洽地相处,无须存有戒备之心,也不用过于谦卑。二是善于"息事宁人",让彼此都得到心灵上的安静和幸福(杨晓峰,李玮,郑雪,2009)。要达成和谐的人际关系,就需要人们在社会交往过程中谋求共同的利益,拉近心理距离,弥合彼此的分歧,增进彼此感情(景枫,2008)。

二、大学生重要的人际关系：亲子、师生、同学、恋人

大学生在成长过程中需要处理好四类重要的人际关系：亲子关系、师生关系、同学关系、恋人关系，获得亲情、师生情、友情、爱情。之所以重点谈这四类人际关系，不仅因为这四类人际关系是社会情感支持的主要来源，还因为我们从这四类关系中获得的交往技能、情感体验等，将来可以迁移到我们的婚姻家庭关系、上下级关系、同事关系之中。

（一）亲子关系

亲子关系主要是基于血缘关系而建立起来的父母与其子女之间的关系。父母与子女是血缘关系最近的直系血亲，从亲子关系中获得的亲情是我们幸福体验的重要来源。亲情不仅来源于亲子关系，还来源于基于血亲、姻亲而建立起来的亲属关系。血亲是指在血缘上与我们有关系的亲人，主要是指三代以内的直系亲属；姻亲是指通过婚姻而建立起来的亲戚关系，如姻伯、姻母。在所有亲情中最重要的就是亲子之情。

亲情源自我们最朴素的本能，我们常说的"血浓于水"就强调了亲子之间难以割舍的情感。比如，父母对孩子有舐犊之情，子女对父母有爱戴之情，父母与子女之间存在着难以割舍的情感。不时有新闻报道，为了儿女的健康，有些父母不惜牺牲自己的生命，在生死存亡之际，父母将生的希望留给了自己的孩子。在日常生活中，父母也在为自己的孩子默默付出。有一则新闻报道，当一位老农听说在外地成家立业的女儿要开车回家时，重新修整了从村口到家门口的道路，为的就是方便女儿开车。尽管女儿回家的时间很短，但是这位老农依然以一己之力，默默地为女儿修路。

中国人的亲情明显受到社会文化的影响。中国人的亲情具有三个鲜明的特征：第一，中国人普遍重视父系方面的亲属关系，更容易对父系一方的亲人产生认同感。第二，中国人讲究亲人之间的"责任"，而且承担责任所获得的回报与付出的代价并不对等。中国文化认为，任何一个中国人都应该无条件地为家族及家人做其当做之事，尽其所当尽之责，而不应该期望有所回报，这才是负责任的表现。比如，很多长辈在婚礼现场祝贺新人时，不忘提醒他们应该承担的家庭责任：生小孩、孝敬父母、事业有成就。家族中发展得比较好的个体有照顾、提携其他家族成员的责任。第三，中国人讲究"孝道"。在中国家庭中，既强调父母的抚养责任，"养不教，父之过"，也强调子女的赡养责任，"孝于亲，所当执"。如果子女对父母不孝，将会受到强烈的道德谴责。在当今社会，子女赡养父母已经上升到法律层面，是我们每一个人应尽的法律义务。

知识拓展 ▶▶▶

为什么我们放假回家后，有时会有"相见不如怀念"之感？

离家到外地上学的同学可能都会在住校一段时间之后非常想念父母和家人，想要回家。然而，每次回到家，却容易和父母发生矛盾冲突，难免有"相见不如怀念"之感。这是为什么呢？

有的同学认为，这是因为父母太操心，总想让我们变得更好，却没有保持适当的心理距离。我们在学校之所以能够与其他同学和谐相处，是因为彼此能够维持朋友之间的"鸿沟"，井水不犯河水。但是父母不一样，他们希望我们按照他们理解的方式"长大成人"，不断地鞭策我们做出改进，哪怕是我们不愿意做的。

有的同学认为,这是因为生活理念的不同。在成长过程中,我们与父母的生活逐渐分离,对生活产生了不同的理解,在很多生活话题上自然也就产生了分歧,正所谓"话不投机半句多"。

有的同学认为,是因为彼此的沟通方式比较直接,让彼此感受到挫败感。父母会直接告诉我们哪些是对的,哪些是错的。我们或许会因为在同学、朋友面前无关紧要的事而被父母指责,于是挫败感油然而生。反过来,父母觉得自己的正确建议被反驳了,也让父母产生强烈的挫败感。冲突也就难免了。

有的同学认为,是因为彼此都有一些固执的看法。比如,我们常说"无论我多大,在父母眼中我们永远都是孩子",尽管我们已经长大成熟,但父母会固执地认为我们应该一直是早睡早起、好好学习的孩子,一旦我们出现睡懒觉、不看书的行为,就会被父母指责。

在日常生活中,尽管我们能理解父母的良苦用心,但是难免会吵吵闹闹。如何增进亲子关系,增强亲情呢?我们可以在以下三个方面进行尝试。

第一,通过聊天扩大沟通范围,促进对彼此的理解。生活中没有绝对的对与错,只有相对的。人在出生之后,就一直完成社会化任务,直到能够在社会中独立生活为止。在成长的道路上,我们经历的事情、看过的东西、接触的人群都不同于父母,这就需要通过聊天、写信、参与彼此的社会活动等形式,了解对方的经历和想法,为沟通打好基础,这样才能真正地理解对方。

第二,通过家庭活动增强互动,找到相同的想法,增进彼此的感情。可以借助周末聚餐、假期旅行、家庭野营、亲子阅读、亲子手工等形式,在互动中增进对彼此的理解,增强亲子感情。中国人表达情感的方式比较委婉,往往用行为来代替情感的表达。各种家庭活动创设了相对稳定的空间和交流互动的环境,我们以陪伴的方式体验到父母的内心世界。

第三,互换"角度",设身处地地感受彼此的内心。我们和父母成长的时代背景不一样,经历和视野也不一样。我们没有经历过父母经历过的事情,父母也没有经历过我们这代人在成长中遇到的困惑,这就是所谓的"代沟"。但是这条代沟并非不可逾越,我们可以在生活中主动体验父母成长的艰辛,也可以将我们的困惑展现给父母。通过互换角色,体验对方的生活情境,很多误解就会迎刃而解。

(二) 师生关系

人非生而知之者。在成长的道路上,每一个人都不离开老师的指引。"明师之恩,诚为过于天地,重于父母多矣。"师生关系是我们成长过程中最基本、最重要的一类社会关系。师生关系的状况不仅直接影响到教育教学的效果,还影响到师生双方的身心健康和幸福。和谐的师生关系有助于增强老师和学生的幸福感。

在现实生活中,教育实践中的很多不幸的事情都源自不良的、敌对的师生关系。课堂点名、完成作业、考试评分等理所应当的事情,现在却开始成为师生矛盾的源头。曹砚辉(2012)通过研究发现,当前高校师生关系存在以下四点问题:一是教学过程中师生关系机械化。在教学过程中,师生关系是一种单向、被动的授受关系,属于"我讲,你听;我问,你答"的单向传递,而非双向互动。二是人际交往中师生关系陌生化。老师和学生之间就像"熟悉的陌生人",缺乏精神层面的交往。三是师生互动中师生关系功利化。现有有些学生找老师一般是因为两种情况:点名未到、考试失利。增进师生关系不是为了学习,而是为了成绩,为了获得学习之外的其他利益。四是教育管理中师生关系自由化。师生关系围绕着教学活动展开,而教学活动是一种目标明确的活动,为了达成目标,必要的教学管理必不可少。古人云:"教不严,师之惰。"但在现实生活中,教师正常的教学管理却充满了风险,面临社会舆论的压力,导致一些老师不敢严格管理学生。

笔者曾经在课堂上以"最受欢迎的老师的特点"为题,让学生们写出自己的一些想法。调查结果显示:积极的人格、有人格魅力是学生最看重的方面(希望教师具有幽默、风趣、成熟稳重、真诚、友善、耐心、随和、热情等品质),其次就是与学生亲近,有亲和力,之后依次是教学态度认真、负责,教学内容轻松、有吸引力,语言表达清晰、生动有趣。

教育教学是一个生命影响多个生命的场域。如何增强师生情感,在师生之间传递正能量呢?从学生角度来说,我们可以做到以下几点。

第一,师生是共存、共生、共同发展的整体。"饮其流者怀其源,学其成时念吾师。"没有老师在学业、生活上的指引,我们是不可能获得"安身立命"的本领的。老师对于我们每一个人来说,不仅是人生道路上的指引者,还是增强自身能力的外在助力。

第二,"学"与"教"相互促进、相互影响是塑造和谐师生关系的关键。好的学生是被激励出来的,同样,好的老师也是被激励出来的,我们学生就是其中一个重要的激励来源。对知识有所质疑,而不是对老师有所怀疑;对教学提出建议,而不是对老师提出批评。这些互动表明了我们对老师教学活动的跟随、关注,是促进老师成长的良好方式。

第三,摆正自身的心态,聚焦学习。"师者,授业解惑也。"老师是促进我们成长的重要外部助力。我们应该聚焦学习,通过与老师的互动,达到增强我们自身能力的目的。而不应该带着功利性目的,将师生关系视为一种获得理想成绩的工具,这既是对自己的不负责,也是对老师的不尊重。学习是我们自己的事情,并非老师的事情。

(三)同学关系

俗语说的"在家靠父母,在外靠朋友""多一个朋友,多一条路""朋友多了,路好走"等都展示了朋友的重要性。友情是我们在社会化进程中非常重要的一个推动力量。有了友情,才会获得人脉关系,产生归属感;有了友情,才会获得社会支持;有了友情,才有赢得精彩人生的可能性。对于我们学生而言,友情的重要性体现在以下四个方面。

首先,友情满足自我发展的需求,促进积极自我同一性的建立。友情在人的三个成长阶段中发挥着重要的作用。一是在幼儿阶段,个体需要通过良好的同伴关系,以游戏的形式体验成人的社会活动和道德面貌,促进自我形象的建立。二是在青春期阶段,个体需要通过良好的同伴关系,认识自我,悦纳自我,实现自我的整合。三是在青年初期,个体需要通过良好的同伴关系,建立亲密关系,获得亲密感,避免孤独感。总之,良好的同伴关系容易使人产生认同感,实现情感共鸣,在获得归属感、认同感和安全感的同时,建立积极的自我同一性。

其次,友情是我们社会化的重要途径。同学群体是我们接触到的第一个社会群体,这个群体对我们的成长非常重要。比如,在谈论什么是时尚的行为时,我们会认为家长、老师说的不算,朋友说的才对。从朋友这个群体,我们逐渐习得社会规范。友情会影响到我们社会化的进程,我们对友情的需求逐渐从渴望他人认同,获得心理安全感转向重视关系的亲密程度和情感的共鸣上。友情可以增强我们的自我价值感,提高合作、共情、观点采择等社会能力,促进我们走向社会,相反,则会阻碍我们的社会化进程,让我们走向自我孤立。

最后,友情是社会支持的重要来源。"多个朋友多条路"就是指朋友带来的社会支持。当我们遭遇挫折或困境的时候,朋友的物质、情感支持就显得非常重要,我们的内心会感受到力量和希望,以及伴随的情绪体验。

友情作为人际吸引的一种形式,表达的是双方互惠的、积极的情感。处于成年初期的大学生是如何理解"友情"的?徐伟等人(2006)搜集了269名大学生关于友情的联想词,之后让另外100名大学生将高频联想词进行归类,结果显示:与友情相关的词语大致可以分为朋友、相互关心与支持、分享与交流、积极情感与亲密性、共同活动与联系、友谊的功能价值、矛盾及冲突、友谊的投入八类(见表 9-1)。再对这八类词语进一步进行聚类分析,可以得出,大学生对友情的理解大致集中在关心与支持、分享与交流、共同活动与联系、矛盾及冲突处理四个方面。

大学阶段的友谊是建立在亲密关系和情感共鸣的基础上的,这时的学生更倾向于追求志同道合的知己,而不是追求朋友的数量。从前面的调查结果可以看出,朋友之间更倾向于情感上的共鸣与支持。

表 9-1　大学生对友情联想词语的系统聚类分析结果[①]

类　　别	联想激活的词语
朋友	知音、马克思与恩格斯、同学、伙伴、朋友、好朋友、友情
相互关心与支持	义气、两肋插刀、兄弟、真诚、坦率、友谊天长地久、无话不谈、关心、关爱、支持、鼓励、信任、祝福
分享与祝福	志趣相投、志同道合、互相帮助、坦诚相待、同甘共苦、患难与共、分享快乐与痛苦、谈心、了解、沟通、倾诉、倾听、安慰、依靠、付出、宽容、包容
积极情感与亲密性	幸福、美好、快乐、温暖、感动、思念、牵挂、爱情、天长地久、心心相印
共同活动与联系	玩耍、逛街、聊天、聚会、联络、写信、电话
友谊的功能价值	宝贵、成功、高兴、兴趣
矛盾及冲突	吵架、矛盾、背叛、虚伪、孤独、金钱
友谊的投入	时间、学习

如何培养和增进友情?正所谓"仁者见仁,智者见智",培养和增进友情的途径没有固定的模式。我们可以参照以下三个方面的建议。

第一,友情是后天培养和发展起来的感情。"人生乐在相知心",朋友之间的情感贵在通过互相了解、互相认同而达到共鸣。在学生时代,朋友主要来源于同学。从幼儿阶段到现在的大学阶段,同学关系对自我的成长与完善非常重要。在幼儿阶段,友情可以帮我们获得归属感,在中学阶段,友情可以帮助我们获得认同感和安全感,在大学阶段,友情可以帮助我们建立稳定的情感关系,促进我们走向成熟。

第二,需要通过互动增进感情。友情是我们情感依恋的方式,同学之间如果没有情感,彼此就只能是"熟悉的陌生人"。同学之间需要通过相互关心、相互爱护、相互保护、相互珍视等,达到"情同手足""契若金兰"的状态。同样,即便我们与某位同学的感情深厚,但是平时很少互动,那么友情也会逐渐淡化。所以,增强友情的关键在于互动,就算友情深厚,也需要不时沟通,增进感情。

第三,友情不能附载朋友关系以外的其他利益关系。朋友之间的相处原则强调的是"君子之交淡如水",也就是说,朋友之间交往应该如水一样清澈透明、交心交底。在日常生活中,朋友之间往往采取"礼尚往来""亲兄弟明算账"的交往方式,以避免隔阂、嫌隙的产生。因此,在涉及经济利益的时候,一般会要求互不拖欠,并且朋友角色要尽量避免与其他社会角色重叠。

---

① 徐伟,李朝旭,韩仁生.友谊的结构研究——一项对大学生友谊内隐观的调查研究[J].心理科学,2006,29(5):1096-1100。

第四，友情建立在人际信任的基础上。两个人成为朋友，依靠的是彼此之间的信任。人际信任最起码的要求就是不欺骗朋友，朋友之间坦诚相待，任何"杀熟""烧熟人"等有损人际信任的行为，都会损害友情。

（四）恋人关系

爱情是男女之间一方对另一方产生的爱慕依恋的情感，相爱双方构成恋人关系。爱情是建立在生理基础之上的，一个人进入青春期之后，生理渐趋于成熟，性心理也随之出现。性心理是在性生理成熟的基础上形成的与性特征、性欲望、性行为有关的心理过程及状态。在大学阶段，对异性充满好奇、出现性幻想都是正常的心理现象。这个阶段需要正确处理性心理需求与社会规范之间的冲突，形成正确的恋爱观，正确地处理恋人关系，学会爱的能力。

大学生在恋爱过程中表现出以下特征。一是重视恋爱过程中的情感因素，"与君初相识，犹如故人归"就道出了恋爱中情感因素的重要性。恋爱过程中体验到喜欢、快乐、浪漫、幸福、激情、温馨等积极情绪或情感，是我们向往爱情的原因之一。二是把爱情视为婚姻的基础。我们都期望通过爱情走向婚姻和家庭，不经历恋爱期的相处，恋人之间怎么增进彼此的感情？又怎么知道对方正是自己需要的另一半？三是爱情与婚姻都需要"面包"。婚姻和家庭离不开柴米油盐酱醋茶，恋爱也需要一定的经济基础。比如，恋爱中的两人身处异地，两人实现互动就需要一定的费用。当然，也不能等有了经济基础再来谈恋爱。活在当下，做自己该做的事情，两情若是相悦，岂会过于强调经济基础。四是择偶标准多样化。俗话说："情人眼里出西施。"我们的择偶标准并不是整齐划一的，而是萝卜白菜各有所爱。不过在恋爱对象的选择上，虽然没有统一的标准，却存在适不适合的说法。中国社会强调婚姻家庭的"门当户对"，其实就是在强调恋爱双方的匹配性。五是重"情"轻"欲"。在恋爱中有生理欲望是正常的需求，如果确立恋爱关系半年多了，但是彼此连手都不曾牵过，那么大家可能都会觉得有问题。重要的是这种生理欲望应该建立在"情"的基础上，而不是因"欲"生"情"，应该重情感共鸣而轻生理需求。

如何建立积极的恋爱关系？我们在恋爱过程中要注意以下三个方面。

一是个人既要树立与社会主流价值观相匹配的爱情价值观，也要注意自己与恋人爱情观的匹配性。爱情价值观是我们对爱情的总的评价和看法，是人生观、价值观的重要组成部分。作为社会成员的个体，要顺应社会的发展，就应该树立与社会要求相一致的爱情价值观，同时要考虑自己与恋人"三观"的匹配程度。志同道合、三观一致是爱情首要考虑的因素。只有这样，才能保持恋爱关系的长久，才有可能步入婚姻和家庭。古人婚姻讲究"门当户对"，就是强调两个人要有相近的生活习惯、对生活有相近的看法，从而在生活中有更多的共同语言。只有看待世界、对待人生的态度相同，两个人才能保持稳定的恋人关系。

二是正确地处理好恋人关系。在大学校园中，恋人关系大多建立在同学关系、朋友关系的基础上。妥善处理好恋人关系，会促使我们的爱情升华为亲情，相反，也可能连友情都丧失。每一个人都有独特的成长经历，成长经历的不同，导致我们看待世界和现实问题有所差别。我们不必在每一件事情上都要求观点一致，要学会包容和理解，"君子和而不同"。

三是学会爱的能力。爱的能力包括爱一个人的能力和被爱的能力。爱一个人的能力就是拥有"表达爱"的能力，内心拥有安全感，不仅能在言行上表达对某人的爱意和需求，还能包容和理解恋人。被爱的能力是指展现出值得被他人爱的言行举止并在被他人爱的过程中展现出值得对方持续爱下去的言行（如为对方付出，表达自己的爱意等），而不是将对方的爱作为炫耀的资本，或者理所当然地享受对方的情感。

第二节　构建积极人际关系的方法

积极的人际关系需要我们用心经营,除了要把握中国人人际交往的特点之外,与其他人形成积极人际关系的关键就是增进彼此的情感。围绕这个核心,我们可以从以下五个方面营造积极的人际关系。

一、学会感恩

感恩(gratitude)是人类最重要的美德之一。中华民族自古以来就倡导报恩行为,"羊跪乳,鸦反哺""受人滴水之恩,当以涌泉相报""投之以桃,报之以李"等都说明了这一点。感恩还是中国人人际交往的一个重要原则。人与人之间的关系因为互惠而得以维持和强化,在社会交往过程中,如果两个人之间存在积极的互惠互利关系,存在知遇与报恩、给予与回报等互惠行为,那么就会形成积极的人际关系;相反,如果彼此之间充斥着算计、报复,那么就会形成敌对的人际关系。

什么是感恩? 就是对他人的帮助做出报答的行为。在日常生活中,感恩既被视为一种稳定的人格特质,也被看作一种积极的亲社会行为倾向。

具有感恩人格特质的人往往会心存感激,并有做出报答行为的心理倾向。雷锋就是"知恩图报"的代表人物,我们在他身上看到了人类自身的美德。具有感恩这种行为倾向的人会在接受他人恩惠时产生报恩的行为。比如,在汶川大地震发生之后,很多灾区的小孩子在目睹社会各界对自己家乡的无私援助之后,举着写有感谢话语的小纸牌站在路边,向来往的救援车队和人员表达内心的感激之情。

有研究表明,中国大学生具有感恩的行为倾向。蒲清平等人(2012)通过模拟真实生活的游戏揭示了中国大学生"知恩图报"的特征。中国大学生的"知恩图报"行为表现出以下三种鲜明的特点:第一,在这些游戏情境中,大学生具有感恩意识,但这种感恩意识不够强烈,这可能与受恩的程度有关。这说明受恩的程度影响着大学生的感恩意识。第二,大学生在报恩的过程中体验到积极的感激之情,感激之情越强烈,产生报恩行为的倾向就越明显。第三,大学生都表现出明显的报恩行为,这可能与因亏欠而产生的弥补心态有关。同时,最近还发现,中国大学生普遍存在积极的内隐感恩,即当一个人意识到施惠者给予的恩惠或帮助后产生的一种无意识或自动化的感激之情,并力图报答的行为倾向(何安明,刘华山,惠秋平,2013)。

很多积极心理学的研究表明,感恩会导致直接的互惠行为,引导我们对施惠者做出利他行为和亲社会行为,增强彼此之间的信任,提升人际关系的质量。感恩对我们每一个人而言,具有积极的作用。首先,感恩带来的是一种积极的自我情绪体验。当受恩者加倍报答了施恩者之后,作为受恩者的我们一方面解除了因受助而产生的亏欠心理,平复了自己的心态,另一方面也因为报恩行为而获得满足的情绪体验。报恩行为展示了我们助人的能力,必然为自己带来积极体验。其次,感恩激发受恩者做出助人、利他的行为[1]。一般来说,受人恩惠越多,感激

---

[1] 在心理学中,虽然助人行为和利他行为都属于亲社会行为,有助于营造良好的社会氛围,但是两者是有明显区别的。助人行为、利他行为主要从回报的期望效果进行区分。一般来说,助人行为是指期待回报和不期待回报的行为,但这类助人行为不一定会为社会和他人带来好处。利他行为则是指既不计较任何个人回报,又有益于社会和他人的行为。显然,我们更应该提倡利他行为。

之情越强烈,越容易表现出不计个人得失的利他行为。而报恩行为反过来会强化施恩人的施恩行为。最后,感恩能够让我们获得社会的赞许和支持,收获积极自我,增强个人的主观幸福感。中国社会强调"知恩图报""受人恩惠千年记,受人花戴万年香"。受恩人的报恩行为能够获得社会的赞许,获得更多的支持,同时自己能够从中获得积极的情绪体验。

知识拓展 ▶▶▶

中国人的报恩行为

国内学者专门总结了中国人的报恩行为,认为中国人的报恩行为具有六个鲜明的特点:①往还性。"恩"和"报"是一种"礼尚往来"的互惠行为,报恩的核心特征就是社会资源或社会行为的交换。②情感性。报恩和报仇都是"报"的往还行为,但包含的情绪特征不同,报恩包含对施惠者的感激。③回报具有增量。中国人的报恩行为往往超越等值往还的"公平"原则,讲究在回报的时候要增量,要"报"大于"施",强调滴水之恩当涌泉相报。④报恩具有延迟性。受惠者在受惠后不一定马上予以回报,要视受惠者本人是否具备报恩的条件而定。⑤区别性。报恩也有亲疏远近之别,只是与人际交往的趋近原则相反,关系越亲近,报答行为就越模糊,相反,关系越疏远,报答行为就越明确。⑥角色差异。施恩者在帮助别人的时候,要不求回报才能达到"义"的道德境界;受恩者在接受别人帮助的时候则应牢记知恩必报,并且要滴水之恩,涌泉相报。

二、学会宽恕

在人际交往过程中,人与人之间难免会发生冲突、矛盾等,交往双方就难免受到伤害。当出现有人受到伤害的情况时,如何弥合人际裂痕、降低人际间的伤害就显得非常重要。心理学研究表明,宽恕(forgiveness)有助于受害者消除愤怒、减轻痛苦、维护身心健康,还能改善人际关系。

(一)宽恕的含义及影响因素

宽容和宽恕的中文意思是有差别的。在《现代汉语词典》中,宽容指宽大有气量,不计较或追究;宽恕指宽容饶恕,不仅要宽大有气量,还要免于责罚。宽容侧重于个体的思想观念,是态度上的容忍;宽恕则针对个体的行为表现,是心理上的赦免。所以,面对一个伤害我们的人,宽容相对来说比较容易,宽恕则比较困难。我们可以宽容这个人,但不一定会宽恕他,依然可能做出报复行为,但是当我们宽恕这个人之后,必然会宽容他,不会做出报复行为。

什么是宽恕?在中国文化背景下,"宽"即雅量容人,"恕"即推己及人,宽恕就是要求我们"躬自厚而薄责于人",强调凡事责己而宽人,并将宽恕作为一种道德修养,以求人际和谐。在心理学文献中,宽恕是指受害者在受到不公正的伤害后,放弃对冒犯者消极的情绪、判断和行为,取而代之以积极的情绪、判断和行为。具体来说,当受害者宽恕冒犯者的时候,在情感方面,受害者对冒犯者的愤怒、憎恨等情绪逐渐被中性情绪所取代,并有可能转化为同情、爱心等积极情绪;在认知方面,受害者不再有责怪或报复冒犯者的想法,转而表现出尊重、祝福的趋势;在行为方面,受害者放弃报复行为,愿意与冒犯者和谐共处。

围绕着侵犯事件,受害者和冒犯者之间存在三种宽恕行为:宽恕他人、寻求宽恕、自我宽恕。宽恕他人、寻求宽恕、自我宽恕三种宽恕行为的关系如图9-3所示。

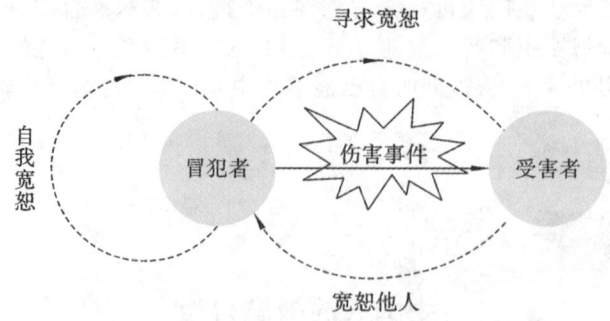

图9-3　三种宽恕行为：宽恕他人、寻求宽恕与自我宽恕

宽恕他人(granting forgiveness)就是日常生活中常说的原谅，是受害者受到他人伤害后，选择放弃敌视冒犯者，并善待冒犯者的心理过程。寻求宽恕(seeking forgiveness)是指冒犯者在伤害他人后，主动承担道德责任并尽力寻求受害者的宽恕的心理过程，道歉、后悔、忏悔、悔罪都属于典型的寻求宽恕的行为。自我宽恕(self-forgiveness)是指冒犯者宽恕自己所犯的错误或罪孽，由憎恨自己转变为关爱自己的心理过程。

无论是宽恕他人、寻求宽恕，还是自我宽恕，都是围绕着冒犯者、受害者而展开的。不过，在日常生活中，我们最关心的莫过于如何宽恕他人。与人为善，最重要的就是善于宽恕他人，宽恕他人不仅能够化解人与人之间的矛盾与隔阂，还能展现一个人的道德修养。古人云："有容，德乃大。"(《尚书·君陈》)

哪些因素会影响我们宽恕他人？从现有的研究结果来看，个体认知因素(如积极的归因解释、对冒犯事件的反复回想、公正观念等)、心理倾向(如共情、同情心等)、人格因素(如宜人性、高自尊等)、年龄(年龄越大，越容易宽恕他人)等都有助于让受害者宽恕冒犯者，达成和解。如果从更为宏观的社会文化层面来看，中国人的宽恕侧重于情感方面，倾向于通过"动之以情"的方式宽恕冒犯者，而西方人的宽恕强调认知方面，倾向于通过"晓之以理"的方式宽恕冒犯者。当然，除了情感因素之外，受害者宽恕冒犯者最重要的动因就是冒犯者是否做出寻求宽恕的行为，主动道歉、及时道歉能够促使受害者原谅、宽恕冒犯者。

（二）宽恕他人：原谅抑或报复

能够促使受害者原谅冒犯者的原因有两个：一是冒犯者的道歉和主动寻求宽恕的行为。二是受害者的情感强烈程度。受害者的情绪感受是促成原谅的重要因素，为什么有时候冒犯者主动道歉并赔偿了所有损失，却没有得到受害者的原谅呢？其中一个很重要的原因就是受害者还存在强烈的愤怒、憎恨情绪。

主动寻求宽恕的行为(道歉、赔偿等)能够促进受害者和冒犯者的和解。冒犯者在什么情形下才会做出主动道歉、弥补损失等行为呢？一般来说，要经历以下三个心理阶段：第一，意识到后果的严重性。后果的严重性是冒犯者寻求宽恕的前提，冒犯者意识到自身冒犯行为带来的严重后果，内心产生强烈的认知冲突，进而对后果的责任做出归因解释。第二，将责任归结于自己。自责、内疚、后悔是寻求宽恕的内在动因。在责任归因过程中，如果冒犯者将事件的责任归结于自己，产生自责(自责是冒犯者对后果进行责任归因的结果)，那么内心会体验到强烈的内疚、后悔情绪。这些强烈的消极情绪会促使冒犯者做出行为改变。第三，道歉、赔偿是寻求宽恕的外在行为表现。冒犯者主动道歉、赔偿，做出善意的利他或助人行为，以偿还、弥补冒犯行为造成的过失。

恨意是人际交往时出现的最为严重的消极情绪，不仅会让受害者不肯原谅冒犯者，还会促使受害者做出报复行为。从现有的研究来看，有三种情形容易让受害者产生恨意：一是受害者受到的伤害超过了自己的容忍限度。比如，因为伤害事件而丧失了家中唯一的孩子。二是冒犯者是有意实施，且事后并没有任何主动寻求宽恕的意图或行为。比如，冒犯者故意作弄受害者，不仅使受害者当众出丑，失去面试机会，而且事后冒犯者还百般抵赖，寻找借口为自己开脱。三是受害者无法预料冒犯者是否还有后续行动和反应，是否存在持续伤害的可能性。因此，在主动寻求宽恕的过程中，除了主动道歉、尽力赔偿损失以外，冒犯者还要及时安抚受害者的情绪，尽量让受害者的心情得到平复，这才是获得受害者原谅的关键所在。

如何安抚受害者的情绪，平复受害者的心情呢？作为冒犯者或者受害者的亲友，我们可以尝试从以下两个方面安抚受害者的情绪：一是主动道歉，表达冒犯者的悔意。道歉的核心是尽量去除受害者的情绪，展现冒犯者自己的悔意。后悔是指我们意识到如果先前采取其他行为，其结果会更好时所产生的情绪。后悔展示了我们对自己的错误、过失的反省和承担责任的态度。发生伤害事件之后，受到伤害的一方会自动把自己放在"受害者"的角色上，放弃改变情境的能力，抱怨、责备是常见的应对方式；当然，如果自己在事件中负有部分责任的话，抱怨、指责就是一种推卸责任的方式。在道歉的同时，向受害者表达悔意，有助于消除受害者的对立情绪。二是道歉要及时。应该及时消除受害者的愤怒情绪，冒犯者越早道歉，消除的效果越好。另外，伤害事件发生之后，受害者容易放大"受害心态"，一方面抱怨自己遭遇的不公平对待，另一方面寻求更多的关注和同情，作为自我防御方式。冒犯者的及时道歉，可以让受害者的抱怨情绪得到宣泄，使其感到获得关注和同情，在一定程度上让受害者恢复对生活的掌控。

知识拓展

受害者心态

受害者心态被普遍认为是一种认为"自己是受害者"的心态。在这种心态下，受害者认为自己在伤害事件里遭受了不公平对待，而自己对此根本无力控制。受害者会觉得周围每个人都对自己不够好，时时陷入被伤害的感觉里。考试没考好，会抱怨老师故意出偏题；同学关系一团糟，总认为是对方不理解、不体谅自己；办事不顺心，就觉得总是有人跟自己作对。受害者会站在"道德"的至高点上，产生"都是别人的错，我没有错"的感受。

受害者心态是一种不健康的心理防御机制。在这种心态下，受害者将一切不快乐、不幸福归咎于其他人，丧失了对生活的掌控，使自己短暂地获得同情、安慰甚至照顾。当受到伤害之后，受害者看问题的视角会集中于"失"的地方，比如，一个装着半杯水的杯子，受害者总是把目光关注到"杯子空了的一半"上。在现实生活中，你为受害者做了很多引导工作，希望给他们带去一些希望，但是他们会抱怨更多，他们觉得你不够了解他们，希望让你知道他们心里有多痛苦。如果你提供一个建议,他们又会提出这个建议带来的新问题,并为自己寻找借口,不去解决问题。无论你说什么,这些人都会自怨自艾。让人感受到他们无法掌握自己的生活。

受害者心态意味着受害者无须为自己的现状负责,也无须为自己承担责任,免除了自责、内疚的情绪。在这样的心态下,受害者不肯放下"受害者"的角色,一味地寻求外在的帮助与同情。但这种模式往往不会持续很久,受害者过度地汲取外部的关怀,让周围愿意提供帮助的人感觉到这是一个无底洞,会消磨掉心底的爱,最终会因为厌倦而离开。受害者容易让自己陷入"孤立"的境地。如果我们有类似的心态,就请记住:不要停留在原地或期待别人为自己负责,只有我们自己才能对我们被伤害的感觉负责。

当然,如果冒犯者没有表现出主动和解的行为,也没有尽力去平复受害者的情绪,那么受害者就有可能采取报复行为。报复(vengeance)是受害者为补偿自己所受的伤害,而采取对冒犯者进行惩罚或伤害的行为来发泄怨恨、不满情绪。实际上报复还是有一定的积极作用。首先,保护也是一种自我保护机制。报复和否认、投射、幻想、补偿一样,都是受害者在遭受冒犯之后对受损的自尊和自信进行弥补。其次,报复有利于受害者恢复心理平衡。因为受害者只有通过报复弥补了自己曾经受到的伤害,才能感受到被公正对待。报复实际上有利于维护公平、正义。报复行为会对冒犯者产生警示作用,让冒犯者意识到自己对别人造成的伤害的严重性。最后,报复行为实施之后能带来快感。当受害者报复冒犯者并获得补偿之后,内心会产生满足、成就感(迈克卡伦,2001)。

课堂活动

报复是如何产生的?

假设你和另外一位自己根本不了解的同学正在参与这个活动,对方也不知道你的存在。现在你们每人都有20元钱,你有两个选择:一是把你手里的20元钱全部给对方,二是将这20元钱留下来。

如果你把自己的20元钱给对方,那么对方不仅会得到你的20元,还会得到额外的80元,对方总共会得到100元钱。

如果你把20元钱留下,那么游戏结束。你和另外一名参与者各拿20元钱回家。

你会选择哪一个选项?

如果你选择将20元留给对方,那么请继续下面的活动。

如果对方在得到100元之后选择独吞这100元钱,请问你现在会有什么感受?你会做什么?

现在有一个方法可以惩罚对方。只要你拿出1元钱,对方就会被扣掉2元钱。你愿意惩罚对方吗?如果愿意,你愿意拿出多少钱来惩罚对方?

在之前的活动中,当我们选择给对方20元,对方又选择独吞100元钱奖金的时候,我们中的大多数人的内心会出现敌意、怨恨,有实施报复的想法。这个活动实际上表明,在遭遇背叛的时候,大多数人会实施报复,而且会加重惩罚。

(三)自我宽恕:达成自我和谐

"人非圣贤,孰能无过?"对自己的过错,除了主动道歉、赔偿以外,我们更愿意自我宽恕。为什么呢? 这关系到实现自我和谐,减轻自己的内疚感和罪恶感。自我宽恕(self-forgiveness)就是宽容、原谅自己,这类宽恕行为既发生在侵害别人的时候,也发生在伤害自己的时候。如果我们学不会自我宽恕,就会陷入自责的泥潭中。自我宽恕行为具有以下特点:①自我宽恕的对象是自己。②自我宽恕是冒犯者的内部心理和认知调整过程。③自我宽恕会产生动机倾向的变化,由厌恶自己转向善待自己。从经验来看,得到受害者原谅的冒犯者容易自我宽恕;当自己对自己造成了伤害,我们更愿意饶恕自己。

自我宽恕的动力来源于什么呢? 不仅仅是源自羞愧感、罪恶感。一些自我保护机制驱使我们自我宽恕,和自己进行和解。这些机制包括:①自恋的保护机制。我们每一个人都愿意接纳自己的优点和长处,对于错误的意图或行为,我们会自动地予以否认或者做出合理化的解释。②自我增强和提升的动机。每一个人都有追求积极的自我形象和肯定自我的内驱力,以增强自尊和自我价值感。③每一个人都有自我实现的需求和爱的能力。这种积极品质也会促使个体面对自己的错误,否则会受到良心的谴责。

相对于宽恕他人,宽恕自己显得更容易一些。我们可以通过责任归因训练、移情、尝试和解等方式促进自我宽恕。

从自我宽恕模型(见图9-4)来看,因冒犯而产生的羞愧感和罪恶感是促使个体产生自我宽恕的主要原因。当然,对冒犯行为的主观责任归因、冒犯的严重程度、对被冒犯者的移情、与被冒犯者的和解行为、接受被冒犯者的宽恕等也会促进自我宽恕。

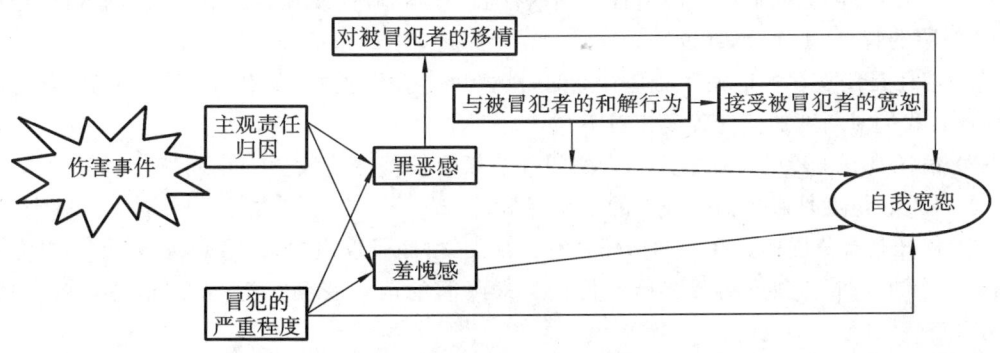

图9-4　自我宽恕模型(霍尔,芬切姆,2005)

(四)宽恕他人的心理训练

宽恕别人就是善待自己。在生活中,如果我们对受到的伤害一直耿耿于怀,怨恨他人,或者一直让自己陷入受害者的角色而难以释怀,内心就会形成心结。执着于过去已经发生的伤害,成天沉浸在怨恨的情绪之中,我们哪有心情看到生活的其他方面,哪有心思思考自己的未来? 因此,我们需要引导自己有意识地宽恕他人,放下怨恨。

不少积极心理学的研究者通过干预训练,形成了一些有效的宽恕他人的引导方案。比如,恩莱特的四阶段二十单元模型、麦卡洛等人的宽恕干预模型、沃辛顿的宽恕干预模型。这几个干预方案各有特色。恩莱特的四阶段二十单元模型重视当事人从不宽恕到宽恕的情感过程；麦卡洛等人的宽恕干预模型重点强化认知性宽恕和情感性宽恕；沃辛顿的宽恕干预模型向求助者灌输宽恕的理念，然后达成情感性宽恕。临床研究发现，这些干预方案普遍对人际伤害导致的心理问题有良好的效果。这里简单介绍麦卡洛等人的宽恕干预方案，希望能够引导大家在需要的时候按照这些步骤，主动地宽恕他人。

麦卡洛等人的宽恕干预模型重在培养当事人具有认知性宽恕和情感性宽恕，共包括九个步骤。

第一，当事人与治疗者建立良好关系。

第二，帮助当事人理解伤害性事件的性质及当事人对其做出的反应。

第三，运用简洁的评价或共同讨论，使当事人理解什么是共情。

第四，当事人理解对冒犯者的共情和宽恕冒犯者之间的联系。

第五，通过书面和口头联系，让当事人练习认知重构，并聚焦于冒犯者的心理状况及其在一般生活情境中的状态。

第六，当事人回忆自己曾经需要被他人宽恕的经历。

第七，帮助当事人分析归因错误，鼓励当事人从情境归因的角度重新看待冒犯者的行为。

第八，强调冒犯者的需求，以及宽恕对增强冒犯者主观幸福感的作用。

第九，明确地区别悔改、和解与宽恕，并讨论如何将获得的宽恕策略应用到日常生活中。

三、学会信任

信任是构建积极人际关系的基石。人际信任是指在人际交往中，双方对彼此言语和承诺的可靠性的一种主观预期和判断。中国人的人际交往模式和社会结构呈现一种"差序格局"（见第一节），这影响着我们的人际信任。国内社会心理学研究发现，当代中国人的人际信任具有三个鲜明的特点（王小章，2008）。

（1）信任是建立在一定关系的基础上的，血缘和情感是建立人际信任的最重要因素。因为这个特点，我们对制度的信任程度相对不高。

（2）信任具有情境性特征。人与人之间的信任会根据情境发生变化，有时深信不疑，有时会疑虑、怀疑。情境是影响信任程度的重要因素。

（3）信任是有范围的。我们的信任是有界限的，对圈子以内的人（亲人、熟人）会选择信任，对圈子以外的人（陌生人）则会选择不信任。人际间的信任受到亲近与否、情感亲疏程度的影响。

中国人的信任是因亲近、熟悉而衍生的信任，由"近"而"信"，由"亲"而"信"。因此，在探讨增进人际信任问题的时候，需要分两种情形：一是对亲人、熟人的信任；二是对陌生人的信任。

对亲人、熟人而言，我们要保持和增强人际信任。在中国人看来，具有血缘关系和姻亲关系的人们是最亲近的群体，中国人的信任是建立在血缘关系和姻亲关系基础之上的。我们和自己的亲朋好友、同学、战友之间存在着信任，他们说什么、做什么，我们都持信任的态度。但是和这类人群交往时存在一个极大的挑战——杀熟现象（有的地方也称之为"专烧熟人"）。当我们和朋友一起闲聊，谈到购买某一件商品的时候，朋友忽然提到："我认识的一个熟人就是卖这个的。他肯定会便宜卖我。"听到这句话之后，有人马上说了一句："专烧熟人。"杀熟现象意味着被熟人欺骗，往往给人际关系带来了破坏性的影响。俗话说："熟人好办事。"可关键时刻，熟人有时却会为自己捞取最大的利益。

对陌生人的信任需要在交往过程中逐渐建立，我们与陌生人交往一开始是带着防范心理的。俗话说："害人之心不可有，防人之心不可无。"我们在人际交往过程中，需要在遵守交往规则的基础上，逐渐增进彼此的情感。首先，我们要根据自己在人际交往中扮演的角色，建立角色性信任，达到知人知面的程度。其次，在彼此熟悉、情感有所增进的基础上，基于互惠的程度原则，建立工具性（契约式）信任，达到知根知底的程度。最后，彼此产生情感依恋，能为对方无条件付出甚至是牺牲，建立情感性信任，达到知己知心的状态。

日常生活中出现的人际矛盾和冲突，有一部分是源于人与人之间的不信任。正是因为人际信任的丧失，我们容易互相猜忌和怀疑，最后一件小事情也会导致大矛盾。当人际信任被破坏后，应该如何修复？我们修复人际信任的重要途径就是强化人际交往过程中的情感因素，具体来说，可以从以下三个方面着手。

第一，调整我们的责任归因。人际不信任的主要原因就是将他人的欺骗行为归因于早有预谋或有意而为。在这种情形之下，我们不会选择再信任他人。但是当我们将他人的欺骗行为归因于其他因素造成的无心之失，那么我们会选择再信任他人，将欺骗事件视为一个误会。

第二，欺骗者的道歉、补偿行为重建内心平衡。被欺骗的感受会让我们的内心失衡。欺骗的一方需要向被欺骗的一方主动道歉，或自我惩罚，或接受被欺骗方的惩罚，展现修复关系的诚意。这样容易使被欺骗者的内心得到平衡，进而达到修复受损的人际信任的目的。

第三，完善交往的规则或者约定。可以通过完善交往的规则，弥补造成彼此不信任的制度漏洞，或者增加惩罚性措施，确保彼此在人际交往中做到诚实守信。

四、学会助人和利他

亲社会行为有助于构建积极的人际关系。比如，在公交车上有人主动让座，让座的一方和接受座位的一方容易建立人际关系。在心理学研究中，促进人际关系和谐的行为有三类：一是亲社会行为，二是助人行为，三是利他行为。

亲社会行为是指我们为他人提供帮助或打算帮助他人的行为。凡是与攻击、欺诈、戕害等反社会行为相对立的行为都可以视为亲社会行为，如同情、分享、协助、捐款、救灾、自我牺牲等。社会允许我们在实施这些行为的时候，附带合情合理的回报期望。

助人行为比亲社会行为在道德的要求上更为严格，是指助人者的助人动机和实际效果都是有益于他人的行为。比如，为了回报别人对自己的帮助和弥补自己曾经的过失而帮助他人的行为，都属于助人行为。助人行为强调在实际效果上是有益于他人的行为。助人行为既可能是满足他人的需求（求助、乞求食物等），也有可能是满足我们自己的需求（报恩、同情他人等）。

利他行为是指我们心甘情愿地做出有益于他人的行为，而且不期望任何回报，也就是我们常常提及的无私奉献。这是我们社会提倡的一种道德行为。比如，在汶川大地震、玉树地震以及芦山地震发生后，很多人冒着生命危险，连续几天奋力将受害人从废墟中抢救出来之后，悄无声息地离开，没有留下任何信息，一心只为救助他人。

虽然这三种行为在结果上都有益于他人或社会，有助于建立和谐的人际关系，但是它们在动机上存在差异。利他行为的动机更为纯粹，没有任何谋取私利的想法。助人行为则可以附带助人者自己的意图。亲社会行为允许助人者有合情合理的回报期望。因此，从促进人际关系和谐的角度，我们提倡利他行为，鼓励助人行为。

当别人有需要的时候，如何激发我们的助人行为呢？这需要我们长期加强自身修养，养成助人为乐的习惯。在日常生活的以下情形中,我们更容易展现出助人和利他的行为。

第一,就个体差异而言,共情能力较强的个体更容易展现出助人和利他的行为。我们每一个人都有共情能力,只不过有一部分人经过生活的历练,共情能力会更强一些,这部分人展现出助人和利他行为的可能性更高。另外,情境因素也不可忽视。当我们置身于真实的情境之中,或者当我们听到一些感人肺腑的故事的,我们能够感同身受,激发了我们助人和利他行为的动机。

第二,就帮助对象而言,面对老人、儿童以及我们认为的"好人"时,我们更容易展现出助人和利他的行为。这是中国人助人行为的特殊之处。在现实生活中,老人、儿童以及其他弱势群体被认为是值得帮助的,还有给我们留下"好人"印象的人,也容易得到我们的同情和帮助。

第三,受到别人恩惠或帮助的人更愿意展现出助人和利他的行为。俗话说:"得人恩惠千年记。"我们受到别人的恩惠,会"知恩图报,饮水思源"。充满感激之情,常怀感恩之心,就容易做出助人和利他的行为。

第四,当自己的助人行为得到奖赏和强化时,我们也容易展现出助人和利他的行为。助人能够给我们带来心理上的满足和成就感。这些积极情绪体验对我们自己具有强化作用,促使我们今后在类似的情境中主动做出助人行为。

五、妥善处理好嫉妒与妒忌

在与亲密朋友交往的过程中,我们有可能因为亲密关系的丧失或被对方冷落而心怀怨恨;当好朋友站在领奖台上时心中不免有些不舒服,希望站在台上的人是自己。这些都是人际交往中常见的嫉妒(jealousy)和妒忌(envy)现象。如果我们对这两种情绪处置不当,就会带来不良的后果。只有有效地管理嫉妒和妒忌情绪,才能以积极的心态构建积极的人际关系。

(一)嫉妒与妒忌

嫉妒是指我们和另一个人之间的某种重要关系(朋友、恋人)因第三者(人、宠物等)的介入而面临丧失所体验到的消极情绪。嫉妒常常出现在好朋友、恋人等亲密的社会关系之中,源于担心这种亲密关系的丧失。我们往往在生活中使用"吃醋"来指代这种情绪。值得注意的是,第三方的威胁可能是真实存在的,也可能仅仅是想象出来的。一般来说,在预感到关系会丧失后,越看重这种社会关系,越容易出现愤怒、抱怨情绪以及攻击性行为。因此,在恋爱初期,不少人会以对方是否出现嫉妒情绪作为判断彼此关系亲密程度的依据,因为嫉妒反映了个人对这段关系的重视程度。嫉妒的形成机制如图 9-5 所示。

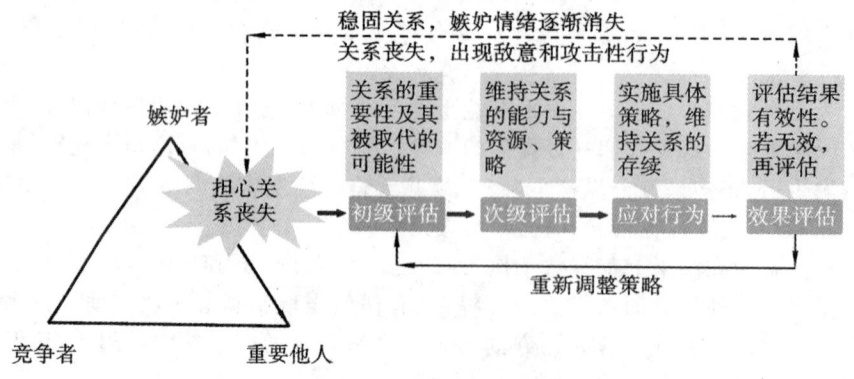

图 9-5　嫉妒的形成机制

妒忌是当别人拥有我们没有的高人一等的能力、成就或者某件物品时，我们体验到的消极情绪。妒忌一般发生在两个人之间，妒忌者既羡慕别人，又希望别人失去这些优势或者和自己一样缺乏那些优势。妒忌不一定是坏事，妒忌会增强自我的不满足感。首先，妒忌反映了妒忌者的上进心。妒忌情绪显示了当前自己与别人的差距，而且这个差距是可以接受的，在付出了一定的努力之后是可以超越的，只不过当前自己与别人的差距是客观存在的。对我们来说，那些拥有常人难以超越的才能或成就的杰出人士，我们不会妒忌，只会羡慕。其次，妒忌提升了我们思维的敏捷性。最近有研究发现，被妒忌者更容易受到妒忌者的关注。妒忌者聚焦于被妒忌者的一切，引发自己大脑一连串高效率的认知活动，找到提升自己的办法，或者发现对方的弱点，将其拉到与自己相近的水平上，增强自尊和价值感。最后，妒忌可以化作努力的动力。"知耻而后勇"说的就是当我们知道与别人的差距之后，不甘落后，奋起直追的状态，这其中就是妒忌在发挥作用。总的来说，妒忌具有积极的社会功能。如果你妒忌别人，那么说明你意识到了自己的不足，你应该努力改进；如果你被别人妒忌，那么说明你在某些方面得到了同龄人的关注，要再接再厉，继续努力。

（二）嫉妒与妒忌的心理机制及消除方法

嫉妒源自我们对重要关系的主观估计。这种主观估计与我们的归因方式以及自身是否具有有效的应对策略有关。主观的归因方式会影响我们对关系丧失可能性大小的判断，是否具有有效的应对策略会影响我们对关系丧失严重性的判断。因此，消除嫉妒情绪可以从两个方面入手。

一是调整归因方式。在亲密的三角关系中，如果嫉妒者认为亲密关系的丧失是伴侣导致的，那么嫉妒者就产生强烈的被背叛感和愤怒情绪，但是如果嫉妒者认为是竞争者导致的，那么嫉妒者就产生担心、不信任、焦虑等情绪。前者会导致嫉妒者出现攻击性行为或严重的自我伤害行为；后者会促使嫉妒者主动采取一些行动来挽救这段亲密关系，避免亲密关系的丧失。

二是寻找到有效的应对策略。无论嫉妒者如何归因，只能调节嫉妒者对关系丧失可能性大小的判断，而不会改变嫉妒的性质，都会引发攻击性行为。因此，我们需要找到有效的应对策略，如果找到了有效的应对策略，降低重要关系丧失的可能性，那么我们就会降低嫉妒情绪的强度，放弃攻击性行为。

妒忌源自向上的社会比较。从进化心理学来看，环境中有限的资源而导致的竞争是产生妒忌的根本原因。正是因为资源有限，为了争夺资源，需要通过社会比较来明确自身的不足，并迅速地弥补自身的不足。当然，在社会比较的过程中，与被妒忌者存在的相似性因素数量、比较领域的重视程度、弥补彼此差距的能力下降、不公平因素等都会使我们产生强烈的妒忌心理，增强我们伤害被妒忌对象的意图，导致我们出现更多的攻击性行为和欺骗性倾向。如果被妒忌对象出现一些失误或过失，那么无论这些失误或过失是否重要，我们都容易幸灾乐祸。

为了降低妒忌带来的消极影响，我们可以从以下三个方面进行调整。

首先，改变社会比较的角度，增强自尊和自信。鼓励适当向下的横向比较和自我的纵向比较，看到自己的优势，积极解释当前的不足和所处的劣势。

其次，接纳妒忌，使用积极的情绪消解挫败感和敌意。鼓励在社会比较中体验到积极的情绪，比如，因自己的进步而体验到兴奋，因自身不足而体验到进取。进行积极的自我暗示，增强自信心。

最后,寻找有效的应对策略以降低攻击性行为出现的可能性。面对生活中的挑战,与他人进行沟通与合作,寻找和确定切实有效的应对策略来弥补双方的不足,引导自己不断地努力进取。

名词解释 ▶▶▶

和谐的人际关系:人与人交流、相处过程中的默契和融洽,善于"息事宁人",化解人际矛盾,彼此获得内心的安宁与幸福。

感恩:对他人的帮助做出报答的行为。

宽恕:要求我们"躬自厚而薄责于人",强调凡事责己而宽人,并将宽恕作为一种道德修养,以求人际和谐。

报复:受害者为补偿自己所受的伤害,而采取对冒犯者进行惩罚或伤害的行为来发泄怨恨、不满情绪。

自我宽恕:宽容、原谅自己,这类宽恕行为既可以发生在侵害别人的时候,也发生在伤害自己的时候。

人际信任:在人际交往中双方对彼此言语承诺的可靠性的一种主观预期和判断。

亲社会行为:我们为他人提供的或打算将要帮助他人的行为。

助人行为:助人者的助人动机和实际效果都是有益于他人的行为。

利他行为:我们心甘情愿地做出有益于他人或社会,而且不期望任何回报的行为。

嫉妒:我们和另一个人之间的某种重要关系(朋友、恋人)因第三者(人、宠物等)的介入而面临丧失所体验到的消极情绪。

妒忌:当别人拥有我们没有的高人一等的能力、成就或者某件物品时体验到的消极情绪体验。

思考与练习

1. 结合现实生活中的实例,分析一下为什么人际关系会影响中国人的幸福感。

2. 请你谈谈自己心目中的亲情、师生情、友情和爱情应该是什么样的。

3. 请你连续三周,每天晚上睡觉之前都写下当天发生的三件值得感恩的事情。三周后再看看自己对周围的人和世界有什么看法。

4. 如果身边的同学发生了矛盾,请设计一个帮助彼此化解矛盾、原谅对方的方案并实践。

5. 请举出生活中因为嫉妒或妒忌而提升自己的真实事例。

第十章 积极的人际关系:学会表达爱

无论是何种形式的人际关系,都需要情感的支撑。爱是营造积极人际关系的源泉。爱既来自本能,也可以通过后天学习获得。我们从出生到现在,无时无刻不沐浴着父母的爱。作为一个社会人,我们应该学会爱的能力,在懂得爱与被爱的同时,还要明白在成长过程中需要从"需求爱"转变为"表达爱"。这一转变不仅是我们心理成熟的体现,更是一个人内心强大的安全感的展现。我们都要学会表达爱、奉献爱。

第一节 学会爱的能力

一、构建积极人际关系的源泉:爱

(一)心理学中"爱"的含义

是不是只有恋爱中的人才拥有"爱"?"爱"是不是只存在于亲人、恋人之间?其实不然,在社会交往的过程中也需要爱。在心理学看来,爱(love)是指发生在个体之间的积极的关切和关心,表现出对人或事物有亲近、关切、投入、扶助、眷恋的心理倾向,是一种强烈的人际吸引形式。

1. 爱的来源与情感依恋

人与人之间的爱是一种复合情绪,来源于婴幼儿时期的亲子依恋。依恋是我们社会性发展的最初表现,也是爱的来源。发展心理学家认为,依恋是儿童与抚养者通过互动而建立的积极人际关系以及情感联结,包括安全型依恋、焦虑-矛盾型依恋、回避型依恋。从全生命周期的角度看,安全型依恋是一种健康的依恋模式,有利于个体的社会性情感、自我同一性、人际关系、人格的发展。当母亲能够准确地区分婴儿哭声的含义,知道其是需要喝奶,还是需要更换尿片,还是需要拥抱时,婴儿的需求能够被满足,便形成了安全型依恋。在陌生环境中,安全依恋的儿童拥有安全感,将母亲视为自己的保护者,积极探究周围的环境。

情感依恋具有传递性。成人婚恋关系中的情感联系被看作依恋关系的一种表现和延伸。婴儿在成长过程中,通过与抚养者积极互动,形成积极的情感联结,逐渐整合成爱。在成年人的情感依恋中,爱有很多表现形式,主要分为激情之爱和亲人之爱。激情之爱就是我们常说的爱情,在这种感情中我们渴望与另一个人建立亲密关系。激情之爱有助于促进两性结合,让彼此双方体验到幸福、愉悦。亲人之爱则是深沉的情感依恋。亲人之爱有助于培养良好的家人关系,促进家庭和睦。

当然,爱的表现形式还有很多,除了激情之爱、亲人之爱之外,按照对象的不同,爱还包括衍生于亲人之间的强烈的关爱、忠诚和善意的情感,如兄弟姐妹之爱;衍生于人与人之间的自尊与钦佩之情,如友情、师生情、同事情。在不同的人际关系中都存在着情感依恋,体现着彼此的爱意。

2. 从积极人际关系视角下对爱的理解

心理学中将"爱"解释为发生在个体之间的积极的复杂情感,体现了人与人之间的关切和关心的态度,对人或事物亲近、关切、扶助、投入的心理倾向。爱在本质上是一种情感依恋的表达。从人际交往的视角来看,爱包含以下几点含义。

第一,表达爱是自己的需要。当我们爱上一个人的时候就会对某人表达爱,这是我们满足自己"爱一个人"的需要,而不是要求对方来弥补"爱"的需求。正是因为存在"爱一个人"的需要,所以我们会为"爱"而主动争取,轰轰烈烈地表白或者默默地付出。但是这种表白或付出不能强求回报,因为爱别人、表达爱意是自己的需要,而不是别人的需要。爱一个人并不一定非要对方也要爱你,索要回报的爱不是爱,而是一种交易,是一种有条件的、有前提的爱。因此,"付出就有回报"这句话在表白时是不适用的。

第二,从人际交往过程来看,爱一个人是单向的,彼此相爱是双向的。我们向对方表达爱意,对方也向我们表达爱慕,这才是彼此相爱的交往过程。如果只有一方产生了爱慕之情,那就是一厢情愿,交往的双方应该相向而行。同时,在交往中对方做出什么反应都是正常、合理的,包括回绝。所以爱一个人就不要试图控制对方,一旦这么做了,你们的交往也就终止了。

第三,爱是一种包容和理解。爱慕一个人很容易,难就难在不仅要欣赏对方的完美之处,还要接纳对方的不完美。无论是亲情、师生情,还是友情、爱情,都要学会接纳交往对象的不完美。尤其在爱情中,爱一个人就要学会接纳、包容对方的所有。这个世界上的每一个人都是独特的,没有哪两个人天生就注定合适。相爱的过程就是双方互相包容、互相体谅,成为最适合彼此的伴侣的过程。

第四,爱是我们内心拥有安全感的体现。无论是"爱"人,还是被"爱",都是内心拥有安全感的体现。因为一个内心缺乏安全感,渴望得到别人的关注来满足内心需求的人是无法展现爱意的。爱一个人,首先要成为更好的自己,只有自己内心拥有安全感,才能给对方带来安全的感受。如果我们在恋爱过程中一味地依赖对方的爱来满足自己的安全需要,那么这种爱就变成了一个人对另一个人的乞求,爱成了怜悯。

生活中任何形式的人际关系都需要爱的滋养,爱是营造积极人际关系的源泉。但是在现实生活中,我们有时会在爱的名义下,试图改变、控制对方,以满足自己的私欲,忘记了爱的本义。营造积极的人际关系就要学会爱,包括爱的能力和被爱的能力。

(二)爱来自本能

积极心理学的研究发现,人性本善。作为情感依恋的一种形式,爱不是我们内心情感的一时冲动,而是我们的本能。

1. 哈罗的"依恋研究"

对婴儿来说,到底是食物重要,还是父母的拥抱重要呢?很多人可能会毫不犹豫地指出,食物更重要。婴儿最重要的任务就是吃饱喝足、睡眠充足,生理的需求是第一位的。心理学家哈罗设计了一个实验,证明了婴儿的情感需求更强烈。在实验中,哈罗用铁丝编织了两个母猴的模型,将其中一个模型上包裹了软软的绒布,而另一个模型只放置了奶瓶。他将一只刚出生不久的幼猴放到这两个模型中,观察其行为,结果显示,幼猴更喜欢绒布模型,只有在饥饿状态下才会待在铁丝模型上。这个研究表明，情感才是婴幼儿阶段最重要的需求。发展心理学的研究也证实，依恋是我们社会性情感发展的最初表现形式。

2. 婴儿的同情

我们在日常生活中不难发现，一群小朋友一起玩的时候，其中一个小朋友哭闹起来后，其他的小朋友都会跟着哭闹起来。大多数人认为，这是情绪感染的原因，其实也不尽然。心理学家曾经做了一项实验，揭示了影响婴儿啼哭的原因。在研究中，他们事先录下一个婴儿的啼哭声和其他婴儿的啼哭声，当这个婴儿在安静睡觉的时候，播放其他婴儿的哭声和他自己的哭声，结果令人很惊讶。甚至连刚出生不久的婴儿在听到其他婴儿的啼哭声后，都表现出同样的啼哭行为，而对自己的啼哭声却没有任何反应。这个实验表明，同情来自本能。

3. 催产素

爱和亲密情感的产生也需要生理基础。积极心理学研究表明，催产素是我们产生爱或亲密情感的重要生理基础。我们对催产素的认识和其在孕妇生产和泌乳上的功能有关。催产素同时作用于外周神经系统和中枢神经系统，通过外周神经系统促进孕妇分娩时的子宫收缩和哺乳时的乳汁分泌，通过中枢神经系统促进母亲的孕育行为。近年来，神经科学家和心理学家开始揭示催产素对人类社会行为的影响。相关研究结果显示，孕妇体内催产素含量的上升有助于增强亲子依恋，有效地降低产后的应激反应。莱文等人（2008）研究发现，孕妇产前每3个月和产后第1个月血浆中的催产素含量与母婴的情感依恋程度呈正相关，催产素含量较高的母亲更愿意关注、抚摸和关注婴儿。之后，戈登等人（2010）研究了血浆中的催产素、唾液中的皮质醇与新生儿家庭成员的社会交往之间的关系。结果发现，父母血浆中的催产素含量越高，家庭成员亲密互动的质量也越高。

二、心理成熟：从"需要爱"到"表达爱"

营造积极的人际关系，要学会表达爱，简单来说，就是我们要具备爱的能力以及被爱的能力。在心理学家弗洛姆看来，成熟的爱的原则是"我被人爱，因为我爱人"。爱与被爱都要建立在成熟的爱的基础上，真爱的基本要素是"给"而不是"得"。

心理的成熟过程就是从"需要爱"向"表达爱"进行转变。需要爱是向外界索求爱，是一种不成熟的爱。"我爱，因为我被人爱。"在婴幼儿阶段，孩子通过哭泣、言语等表达自己对爱的需求；在青少年阶段，孩子会通过愤怒情绪的表达、言语的争执、行为的孤立，甚至冷漠表达自己对爱的需求；在成年初期，人们表现出情感依赖，一味地向外界索取，接受周围人给予的爱。这些不成熟的爱表现为"我爱，因为我需要你"。一个人在社会化过程中，要从"需要爱"向"表达爱"进行转变，表达爱是一个人心理成熟的标志，是情感依恋发展的最高阶段。爱是一种包容和善意。

具备爱的能力就是愿意向他人（不仅是亲人、恋人）付出自己的情感，并从中获得满足。表达爱的人知道这是自己的需要，所以愿意助力对方成长，成全对方，不会强求回报，明白人际互动的双向性，能设身处地为对方着想。表达爱的人能够包容对方的不完美之处，高度地投入积极情感，体验到人际交往的美好。表达爱的人与他人交往时，展现出强大的安全感，一切的防御、负面、极端化等心理反应都在消失，高度地开放自我，呈现真实的自我。具备被爱的能力就是懂得如何接受别人的爱，这也是表达爱的一种形式。因为被爱不仅表明了你在别人心目中的重要性和吸引力,还需要你给予情感上的回馈,向对方表达欣赏和感激,让对方知道自己是值得被爱的。在日常生活中,被爱的感觉能够引起我们极大的满足,觉得自己的价值得到了体现。被爱不是拿来炫耀的资本,不是在爱里坐享其成的理由。如果这样做,就显示出我们的不成熟,展现了自身爱的缺失。相反,只有加倍的付出、积极的回馈才能说明我们是值得被爱的。被爱也是一种能力,能够提升双方的自尊和价值。

在现实的人际交往中,很多人向其他人索求爱,渴望被爱,可最终很难真正被他人所爱、所眷恋。因为这种形式的"爱"实际上只是幼年时期索取爱的另一种表现。比如,有人问对方:"你爱我吗?爱我就要替我做作业、洗衣服";有人要求自己的配偶"进得厨房,出得厅堂"。这些都是以爱的名义,肆无忌惮地索取爱,是一种不成熟的表现。我们在成长过程中要学会爱和被爱。

第二节　寻找亲密的关系

人际吸引是指人与人之间在情感方面相互喜欢和亲和的现象。合群、喜欢和爱情是人际吸引的三种典型形式,其中爱情是最强烈的人际吸引形式,伴随着强烈的爱慕与眷念情感。同时,爱情是一个古老而弥新的话题,我们每一个人对爱情既向往又迷茫。我们该如何正确地打开"谈情说爱"的模式,追求一段属于自己的爱情,提升爱的能力呢?

一、为什么需要爱情

埃里克森人生阶段理论认为,每个人都需要完成特定阶段的心理发展任务,才能保持身心健康,获得幸福的人生。大学阶段正处于青年期,大学生需要通过社会交往来获得亲密感,避免孤独感。亲密感来源于两个方面:一是与异性建立亲密的恋爱关系,二是与同龄人建立亲密的伙伴关系。

在这个阶段,寻找到人生的另一半,与他建立亲密关系,对大多数人来说是比较困难的。大学生通过恋爱体验着被人关怀的感觉,憧憬着未来幸福的家庭和成功的事业,避免产生停滞感。随着性生理的成熟和性心理的发展,我们渴望爱情,大胆地追求爱情成为大学生中较为普遍的心理状态。

(一)性生理的发育

进入青春期以后,性激素急剧增加,在促进性器官发育的同时,也促进人们第二性征的出现。到了青年初期,个体的性生理、性机能已经成熟,开始对性知识产生浓厚的兴趣,也开始对异性产生爱慕的心理。在性激素的作用下,男生出现遗精,女生出现月经,这些都是正常的生理现象。

(二)性心理的发展

性心理是指在性生理的基础上产生的与性征、性行为有关的心理状态与心理过程,包括性欲望、性冲动、性幻想等。大学生的性意识已经完全形成,会对异性产生好感、爱慕之情,渴望爱与被爱。进入青春期以后,青年人对性的意识,由不自觉到自觉;对异性的兴趣,由反感到爱慕……这几乎是每个人必经的历程。在寝室熄灯以后的"卧谈会"上,大学生们谈论较多的一个话题就是如何找到另一半,怎样谈恋爱。正是在这样的性心理影响下,大学生们向往着属于自己的爱情。

(三)社会环境的影响

在班杜拉看来,人的行为可以通过对榜样的模仿而习得。同样,我们的恋爱行为容易受到生活中榜样的影响。在不少涉及爱情的影视作品中,羞涩而唯美的爱情吸引着青年人的关注,大胆而直率的恋爱行为引领着青年人的模仿。在大学校园中,学生情侣在公共场所的亲密行为或示爱行为会吸引同龄人的目光。如果同寝室中有一位同学开始谈恋爱了,那么其他同学就会急迫地想要谈恋爱。

二、心理学世界里的爱情

(一)心理学对爱情的定义

爱情是在性生理和性心理成熟的基础之上,男女双方因相互仰慕而渴望对方成为自己终身伴侣的积极情感。我们可以从以下几个方面来理解爱情。

第一,爱情是一种愉悦、幸福的积极情感。爱情是一种强烈的人际吸引形式,是彼此之间的喜欢和眷念,因此,处于恋爱中的人内心常常感受到甜蜜。

第二,爱情受到道德的约束。爱情是稳定的、专一的情感关系。与另外一方谈恋爱,要认真投入,对感情负责任,保持稳定的恋人关系,不提倡朝三暮四;要忠诚专一,不提倡移情别恋;要公开明确,不提倡暧昧不清。这些都是我们应该遵守的道德规范。社会尤其谴责"第三者",不能为了一时兴起而破坏别人的感情。

第三,爱情是我们爱情价值观的体现。我们与什么样的人谈恋爱,在恋爱过程中如何互动,都体现了我们的恋爱价值取向。

第四,爱情有其生理基础。爱情是在性生理和性心理成熟的基础上产生的,恋爱中出现的性心理大多是由生物因素引起的。多巴胺、苯基乙胺、血清素(5-羟色胺)、去甲肾上腺素等内分泌物质都参与了我们的恋爱过程。

第五,爱情的行为倾向是付出、奉献、不求回报。爱情中的双方,彼此互相倾慕、眷恋,任何一方向另一方表达爱慕都是在表达自己爱一个人的需要,而不是交易,不是用自己的爱慕去交换对方的眷念。

第六,爱情趋向于维持长久的亲密关系,指向婚姻家庭。恋爱中的我们都希望能够维持长久的关系,或者能通过恋爱步入婚姻家庭。恋爱不是随意的行为,不能一时兴起,就希望在一起,一时生气,就希望分离。任何人都想维持一段长久的、稳定的恋爱关系。

(二)需要树立正确的爱情价值观,端正恋爱动机

青年期是心理从不成熟到成熟的过渡期,这个阶段的青年人的价值取向并没有完全形成。很多人认为,这个阶段的青年人正处于感情的"荒漠"阶段,不少青年人都在试探性心理作用下盲目地寻找或追逐自己喜欢的异性对象。因此,要追求积极的爱情,提升自己爱的能力,首先就要树立正确的爱情价值观,要端正恋爱动机。

1. 树立正确的爱情价值观

追求什么样的爱情,取决于我们有什么样的爱情价值观。爱情价值观就是引导个体恋爱行为的标准和对爱情的看法,包括择偶标准、对爱情的理解、爱情在社会交往中的位置和对失

恋的处理。

研究发现，处于青年期的大学生表现出四种爱情价值观：第一，贪图性欲取向。爱情是情爱和性爱的统一，不能一味地突出两性的结合，而单纯地追求性爱。爱情中的性爱源自情爱，只有感情累积到一定的程度，才会不自觉地想要亲近对方，陪伴对方，自然会对性爱产生渴望。美好的性爱会使爱情充实。第二，现实功利取向。虽然爱情需要一定的物质基础，但是不能过于看重物质。这种价值取向把爱情作为一种交易，依靠爱情达到改变自身社会地位、经济条件，满足自己虚荣心的目的。这种功利性爱情建立在双方等价交换的基础上，失去了等值性，爱情就失去了存在的基础。第三，理想浪漫取向。爱情是理想与现实的统一，然而这种价值取向对爱情的物质基础并不看重，追求的是精神上的满足，强调彼此志趣相同，注重自己的内心体验。这种价值取向容易使自己的爱情成为"空中楼阁"，这类恋爱观带有唯美的色彩。第四，奉献提升取向，即愿意为对方奉献一切而不期望对方的回报。这种价值取向将恋爱视为人生的一段重要经历，既能相爱相长、互相成就，又能反观自己的不足，进行自我完善，增强自己爱的能力。这是社会倡导的主流价值取向。

在青春洋溢的校园里，爱情是大学校园文化的重要主题。恋爱是人生中一段重要的经历，要树立与社会主流价值取向相一致的爱情价值观，可以与恋人并肩奋斗，共同勾画未来，或者以此为镜，知不足，实现自我完善和提升。

2. 端正恋爱动机

追逐爱情的动力来源于我们的恋爱动机，这也是爱情价值观中最重要的方面。有研究显示，中国大学生的恋爱动机大致可以分为情感性、婚恋性、成长性、功利性、消遣性、从众性、表现性、性爱性、共勉性、游戏性 10 种。积极的恋爱动机包括情感性、婚恋性、成长性、共勉性，这些动机不仅能帮助我们获得积极的爱情体验，还能帮助我们提升爱的能力。

情感性就是在恋爱中以满足情感和爱情体验为目的的内部取向。在这种动机的驱使下，个体重视自己内心情感需求的满足，情感的强烈程度影响着恋人关系的发展。婚恋性就是以步入婚姻家庭为目的的内部取向。在这种动机的驱动下，我们重视恋爱的结果，将构建婚姻关系作为自己恋爱的最终目标。成长性是指以促进个人成长和学业进步、增进对异性的了解为目的的内部取向。在这种动机的驱使下，我们重视恋爱给我们带来的成长，努力弥补自身的不足和缺陷。共勉性动机突出在恋爱中为了共同的志趣（如学业、未来的发展）而相互激励、相互促进，共同进步成长的内部取向。

要注意端正恋爱动机。功利性恋爱动机并不重视恋爱带来的情感满足，而是重视其他工具性目标的达成。正是在这种动机的驱使下，有的大学生为了以后的就业问题刻意寻找"富二代""官二代"谈恋爱。消遣性（或游戏性）恋爱动机是以打发时间、消遣娱乐、排解空虚寂寞、调剂学习压力等为目的的恋爱动机。在这种动机的驱使下，不少学生为了避免内心的孤独而谈恋爱。从众性恋爱动机是指受到"跟风""随大流"等从众心理的驱使而谈恋爱。在这种动机的驱使下，大学生看到自己的好朋友开始谈恋爱后，也会快速地和异性谈起恋爱，是一种跟风和模仿。表现性恋爱动机是指以炫耀为目的的恋爱动机。在这种动机的驱使下，大学生对爱情的满意程度完全取决于他人的羡慕程度。性爱性恋爱动机突出通过恋爱满足自己的性爱需求，而不重视情爱的满足。在这种恋爱动机的驱使下，性爱的需求一般是第一位的。

（三）寻找真正的爱情

爱情三角理论认为，真正的爱情包含三个成分：激情、亲密和承诺。激情是指恋爱双方处于短暂、爆发式的情绪状态，具有与对方结合的强烈意愿，促使双方产生吸引力，是爱情的动机成分。亲密是指彼此亲近、相依的倾向，是爱情的情感成分。承诺是指与对方维持亲密关系、长相厮守的意愿，是爱情的认知成分。

爱情如果只有激情、亲密和承诺中的一种，那是不成熟的爱情。光有亲密，彼此之间仅有热情、理解、沟通、支持和分享等，却无主动趋好的倾向，无意展现忠诚，只能称之为喜欢。光有激情，彼此之间仅有亲近的冲动和强烈的欲望，却没有情感的支持，做不到忠诚专一，只能称之为迷恋。这种爱来势凶猛、不可阻挡，往往只能成就短暂的交往。光有承诺，虽然能一心一意地投入爱情，拥有努力维持爱情的决心，也展现了责任与担当，却没有亲近的动力和情感的支持，只能称之为空洞的爱。爱情不能光靠承诺而存在，也要有支持、亲近的趋向。

缺少激情、亲密和承诺中的任何一种，都是不成熟的爱情。只有激情、亲密，没有承诺的爱，是浪漫的爱，这种爱"不在乎天长地久，只在乎曾经拥有"，是喜欢和迷恋的结合。只有激情、承诺，没有亲密的爱，是愚昧的爱，这种爱会发生在旋风般的求爱之中，在压倒一切的激情作用下，双方可能会闪电般地快速结合，但并不十分了解或喜欢对方，这种爱情会让双方都会很痛苦。只有亲密、承诺，没有激情的爱，是伴侣的爱，相爱的双方会努力维持长久的感情，表现出亲近、分享、支持以及对爱情关系的投入，这种爱情里的双方会携手走完人生，但是缺少精彩的瞬间。爱情的三要素如图10-1所示。

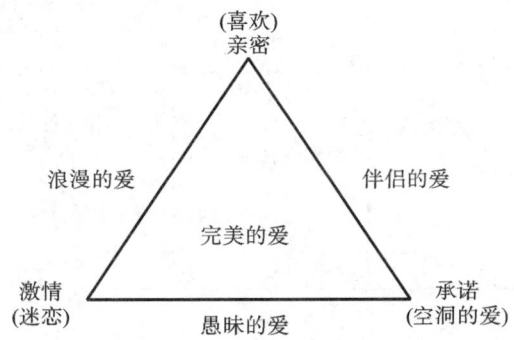

图 10-1　爱情的三要素：亲密、激情和承诺

当爱情的三个要素——亲密、激情和承诺都充分展现出来时，我们就能体验到彻底的或完美的爱情，这是我们大多数人都想追求的爱情。当然，一段完美的爱情不仅要有完美的结局，更重要的是我们能在恋爱的过程中体现爱与被爱的能力。

相对于其他人群，大学生在爱情上表现出以下特点：①恋爱的高度专一性与爱情的唯美性并存。大学生对待爱情认真，强调情感的专一，不允许在亲密关系中出现"第三者"。在爱情的体验上，追求爱情的浪漫与美好。②重精神胜于物质。有的同学说，在这个最美好的年纪和你在一起，不是因为别的原因，而是因为你恰好就在我的身边。这充分地展现了大学生谈恋爱更看重精神层面的追求。③以维持长久的亲密关系、步入婚姻家庭为目的。现在很少有大学生追求"不在乎天长地久，只在乎曾经拥有"的爱情，普遍以走入婚姻为最终的目的。

三、恋爱中应该如何表达爱

爱情只是我们亲密关系的其中一种形式，爱情需要通过恋爱来实现。大多数恋爱关系都是建立在同学、朋友、同事等关系的基础上的，因此，在恋爱中，恋人之间的情感由友情转变为爱情,继而升华为亲情,这使得恋爱的过程不同于一般的人际交往过程。体验完美的爱情需要把握恋爱的过程,在成就完美爱情的同时,提升爱与被爱的能力。

(一)亲密关系的发展阶段

一般来说,亲密关系的发展经历以下五个阶段(见图10-2):人际吸引、亲密关系的确立、亲密关系的持续、关系的衰落或恶化、亲密关系的终止。无论是恋人关系,还是朋友关系,都会经历这五个阶段,直到关系的终结。

在人际吸引阶段,外表、才能、兴趣、爱好、志趣等因素有助于吸引对方。建立人际吸引之后,在亲密关系确立阶段,彼此相互爱慕,情感因为激情而迅速升温,体验到"一日不见如隔三秋"的心情,并逐渐出现情感依恋和行为互动。在亲密关系持续阶段,会根据彼此互动的情况出现三种情形:持续地提升为双方满意的情感依赖关系(增长性持续)、志趣相投但共处时没有激情(稳定性持续)、不能持续提升亲密关系(不稳定性持续)。其中,后两种情况随着时间的推移,彼此之间的感情变淡,联系减弱,直至亲密关系的终止。但是增长性持续的亲密关系直至一方的死亡才会终止。

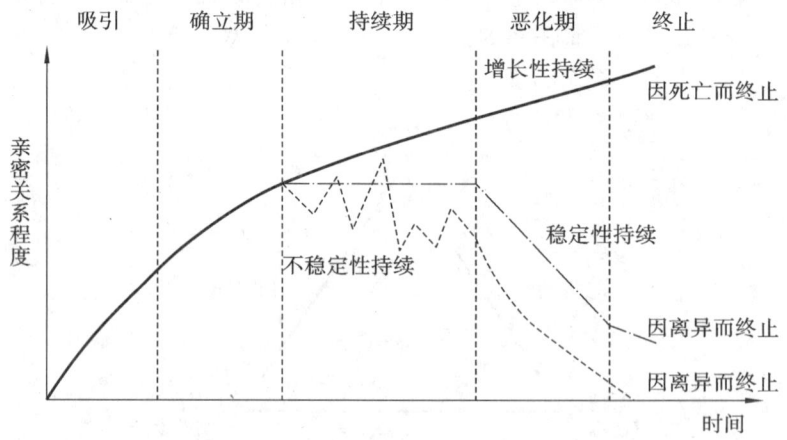

图10-2 亲密关系的发展(莱文杰,1980)

具体到大学生的恋爱过程而言,大学生亲密关系的发展分为四个阶段:亲密关系的确立期、亲密关系的磨合期、亲密关系的冲突期、亲密关系的稳定期(王禧,2014)。在这四个阶段,大学生的心理和行为表现是不同的,具体内容如表10-1所示。

表10-1 大学生恋爱的阶段及其心理与行为特征

发 展 阶 段	心理与行为特征
确立期	通过一定仪式或仪式性行为明确彼此的恋人关系。在这个阶段,大学生情侣对恋爱充满了激情、期望,在恋爱中产生强烈的积极情感体验
磨合期	大学生情侣开始适应彼此的社会关系与生活方式。从各自以往的生活圈子中逐渐抽离出来,将生活的重心转入"二人世界",逐渐调整并适应彼此的学习方式、社交方式、生活习惯等

续表

发 展 阶 段	心理与行为特征
冲突期	大学生情侣因为价值观念、生活习惯、生活消费观等深层次因素而出现明显的矛盾和冲突。通过在剧烈冲突之中的调整和适应，提升情侣之间的匹配度和情感依恋程度。部分情侣或因此发现彼此个性不合而分手
稳定期	大学生的亲密关系趋于稳定。彼此适应对方，倾向于将亲密关系长期地保持下去，并有步入婚姻家庭的打算

在亲密关系确立期，主动追求的一方在对对方萌生好感之后会采用四种方法向对方表白，促进双方从朋友或同学关系逐步向情侣关系过渡。具体包括主动邀约并单独相处（在温馨浪漫的水吧、咖啡屋等约会）、运用身体语言（通过身体碰触试探对方是否对自己有好感）、意志坚定地表白（多次表白并穷追不舍）、利用舍友或好朋友传递信息（掌握对方的有关信息）。在这个阶段，如果表白成功，会通过仪式性行为明确双方的情侣关系。

在亲密关系磨合期，正式确立恋人关系之后，情侣开始适应彼此的社会关系和生活方式。在这个阶段，大学生情侣会出现仪式性互动（通过牵手、拥抱与亲吻等边缘性行为来明确"彼此在一起"）、自我表露（通过展示和表达私密性信息增强彼此的情感依恋）、赠送小礼物（在重要节日和时间点赠送礼物或举行聚会，增强亲密感）、和彼此的舍友或好朋友建立友好关系（便于维持和增强亲密关系）等行为。在这个阶段，情侣会有意调整自己的习惯或行为来适应"二人世界"。刚刚步入恋人生活的情侣，要正确地处理情感与性爱的关系。

在亲密关系冲突期，情侣会因为价值观念、生活习惯、生活消费观等深层次因素而出现明显的矛盾和冲突。在这个阶段，为了增进彼此的关系，一般会采用转移话题、暂时隔离、道歉、妥协、投其所好、协商解决方案、寻找社会支持等方式来缓和矛盾，维持亲密关系。当然，这个阶段也会有部分情侣因为彼此性格不合而分手。

在亲密关系稳定期，大学生情侣形成稳定而亲密的恋人关系，并倾向于持续地发展，有步入婚姻家庭的打算。大学生情侣会通过共同参加活动和电话联系来保持情感亲密、维持亲密关系，推进关系的进一步发展。近年来不少校园都出现了"毕婚族"现象，就是因为有大学生在毕业之前达到了这个阶段，而步入婚姻家庭也就成了水到渠成的事情。

（二）在爱情中学会成长

爱情是大学校园文化的重要主题。不少大学都有口耳相传的"爱情打卡地"，有的大学甚至专门设了有关爱情的课程。爱情让我们向往，但是有时候相爱会很辛苦。很多大学生不是没有爱与被爱的能力，而是被头脑中的一些错误认识所迷惑，阻碍了自己体验爱情的幸福。

1. 现实没有对的人，只有适合自己的人

青年人都向往爱情，期望爱情的到来。每个人都会对自己未来的"另一半"产生种种设想，无论是"一见钟情"，还是"相亲约会"，我们都会有意无意地将期望的"他/她"和生活中的他/她进行对照，期望能在合适的时间找到合适的人。遗憾的是，没有哪一个人生下来就是适合自己的，合适的人也不是能找到、遇见的，需要我们在恋爱中互相影响，完善自己，成为彼此最适合的恋人。

2. 恋爱没有对的模式,只有适合自己的模式

别人的恋爱经验只能借鉴,没有办法在自己的生活中重演。在这个世界上,每个人都有自己的故事、自己的经历。我们需要面对自己的爱人,摸索出适合自己以及恋人的恋爱模式。从目前的调查来看,大学生向往带有唯美而纯粹的色彩的恋爱,看重对方的才能和思想。大学生情侣大多通过两种恋爱模式来增强自己表达爱的能力:相爱相长的恋爱,以恋爱为镜完善自我。在前一种恋爱模式中,情侣更多期望在才能、成长方面互相扶持,增强与提升情感依恋。在后一种恋爱模式中,情侣从亲密恋人身上反观自己的不足,从以自我为中心转向兼顾他人的感受。

3. 学会正确处理恋爱中的矛盾,爱要越挫越勇

任何一段纯粹的爱情都是通过现实生活来检验彼此之间的爱意。爱情不是只求一击即中,匆匆走进婚姻并过完一生。异地恋、被忽视、恋人之间的矛盾冲突等都是恋爱中很正常的现象。正确地解决这些矛盾有助于我们的成长。我们应该积极调整自己,越挫越勇,看到自己的成长:①扩大社交圈。在观察他人的恋爱过程、分享恋爱经历或看法的过程中,识别和改进自己的不足。②转变思维,从成长的角度思索解决问题的方法。在恋爱的道路上,寻找自己心目中的他/她时,我们应该首先明白为什么要谈恋爱,因为我们不可能在需要伴侣的时候就遇上那个合适的人,我们需要通过恋爱来磨合出一个适合自己的人。

4. 面对分手,展示爱与被爱的能力

"一毕业就分手"是大学生爱情的一道坎,一种结果。比如,临近毕业,情侣中的一方有进一步深造的机会或者重要的发展机会,两人从此不得不分隔两地;毕业找工作时,无法实现比翼双飞,一方不得不回到家乡,而另一方则留在另一座城市。此外,面对彼此的性格不合,很多恋人不得不结束关系。分手、结束恋人关系可能是不少大学情侣不得不面对的现实。

其实,分手也是我们展示爱与被爱的能力的时候。如何做到"分手快乐"?在分手过程中展示我们爱的能力与被爱的能力,这是大学情侣应该掌握的一门学问。在分手的时候,爱的能力就是愿意向对方展现自己的情感与需求,包括期望看到对方能有更好的发展。在分手后,能够设身处地地为对方着想,承受离别带来的痛苦,同时,我们要努力成为更好的自己,而不是自暴自弃、一蹶不振,我们以这样的回馈向对方表达对自己欣赏、爱慕的感激。

第三节 积极的寝室人际关系

中国大学校园中存在一类比较特殊的人际关系——室友关系。室友关系不同于其他一般的人际关系,在其他人际关系中,人们可以进行有效的印象管理,我们会尽可能地"装",试图留给对方一个好的印象。但是在寝室里,我们很难持续地"装"24小时,更何况"装"的了今天,也"装"不了明天。在与室友互动的过程中,彼此的个性得到充分展现,容易交到知心朋友的同时,也容易产生剧烈冲突。室友关系处理得好,就是一辈子的财富。

寝室是大学生学习与生活的主要场所,大学生绝大多数的时间都是在寝室里面度过的。很多同学来到大学不久,就开始和同寝室室友之间出现分歧。大家还记得开学报到的时候吗?那时我们彼此都不认识,也不了解,那为什么几个月之后我们开始出现这种现象呢?室友关系

是我们人际关系中最重要的一种关系。这一节我们就来谈谈"大学生寝室人际关系"。

一、寝室人际关系与幸福

近年媒体报道中会出现"感谢同学不杀之恩"的言辞，这种带有几分戏谑的说法，让人在感受到几分悲凉的同时，也对大学室友之间可能隐藏的危险关系感到几分担忧。因此，我们应该正确处理寝室人际关系。

补充资料

睡在我上铺的兄弟　洗下脚嘛[①]

最近，《成都商报》记者对市内多家高校的 100 名大一新生进行了抽样调查。结果显示，在这 100 名大一新生中，有 27 名学生对目前宿舍内部的人际关系表示不满。学生们认为的容易造成宿舍关系紧张的原因五花八门，排名前三的分别是卫生习惯、作息时间和性格差异。

在这些不满自己宿舍关系的学生中，女生人数明显多于男生，约占总人数的 70%。值得注意的是，在接受调查的学生中，90% 以上的同学表示，自己的室友来自不同的地方，在开学报到之前都不认识对方。

从上面的新闻报道，我们可以直观地感受到处理寝室人际关系的重要性。因此，有必要为寝室人际关系增加正能量，学习和了解处理寝室人际关系的重要性具体体现在以下方面。

首先，从中国人人际交往模式的视角来看，理解和掌握构建和谐寝室人际关系的方法，有助于我们理解和反思自己当前的寝室人际关系和同学关系，在生活中收获真正的友情。

其次，室友是帮助我们未来发展的重要社会资本。让寝室充满阳光和笑声，让自己的室友关系变得和谐、积极非常重要，这是我们构建自己社会资本的重要因素。

最后，处理寝室人际关系的方法能够迁移到处理未来的同事关系、家庭成员关系上。"早知道"要比"迟知道""不知道"好。

二、导致寝室人际关系困境的原因

从"亲密无间"到"同室操戈"，从 20 世纪 90 年代的《睡在我上铺的兄弟》到今天的感谢室友不杀之恩。这不得不让我们深思：是什么导致现在的大学寝室人际关系走入困境？

首先，不少同学将彼此之间的差异简单归结为"对"与"错"。在这种思维模式下，我们容易将室友推到不容调和的对立面。比如，冬天宿舍大门关不关？这本来只是生活习惯的问题，北方的同学总是待在有暖气的屋子里面，习惯于进屋时将宿舍大门紧闭；但是南方的同学习惯于进屋后仍然开着大门，觉得这样有利于空气流通。关或者不关都没有错，只是生活习惯的差

[①]　廖金城.睡在我上铺的兄弟　洗下脚嘛！[N].成都商报，2013-9-16(17).

异,只要彼此互相理解、互相体谅,矛盾就很容易被化解。又比如,寝室打扫问题,每个寝室都会定期打扫卫生,一般是同寝室的几个人轮流打扫。有的同学可能临时有事或忘记打扫了,事后又没有弥补,室友中就会有人觉得这样做不对,一定要其道歉,结果是显而易见的。其实,并不是打扫了就是对的,没有打扫就是错的。

其次,个人成长经历、家庭教养方式乃至个人修养是不同的,要学会理解、尊重彼此的独特性。每一个学生都是这个世界上独一无二的个体,造成我们独特个性的原因来源于我们的成长经历、家庭的教育。比如,在生活习惯、卫生习惯方面,来自缺水地区的学生可能会比较注意节约用水,因为水在他们那里非常珍贵;来自北方的同学可能不习惯西南地区冬天湿冷的气候,因为他们习惯于温暖、干燥的环境;有的同学习惯留长头发,可能是因为他们民族的习俗……差异是客观存在的,关键在于我们如何理解这些差异,尤其是性格上的差异,需要我们的包容和理解。

最后,沟通方式不当。现在很多大学生不善于沟通,在现实生活中要么不沟通,要么就不顾别人的感受,直接说出自己的想法。沟通方式的不当会直接导致寝室中的人际冲突。比如,有的同学晚上熄灯以后还在阳台上打电话,尽管说话声音很小,但是在寂静的夜晚,连一根针掉在地上的声音都显得非常响亮。一段时间之后,有同寝室的同学实在忍受不了,又不愿意直接说,就只好高高地抬起自己的腿,重重地砸下来,以为打电话的同学能知道自己的意思,但是打电话的同学可能会以为他是半夜睡不着觉,在翻身。最后实在无法忍受时,可能就会大喊大闹起来,直接的后果就是产生人际矛盾和冲突。

三、在人际交往过程中增强正能量,做"中国好室友"

要塑造积极的寝室人际关系,就要在人际交往的过程中增强正能量。新生报到后,无论彼此是否熟悉,都可能被分配在同一间宿舍里。一项调查发现,影响大学生寝室人际关系的因素并不是性别、是否独生子女、家庭条件等,而是大学生对寝室的价值定位、与室友聊天的时间以及参与寝室活动的频次。我们应该以"情感"为纽带,通过情感互动来维持积极的人际关系。

(一)把握人际交往的主动权,积极引导室友的行为

我们对人际关系和谐的诉求要求我们主动调节人与人之间的关系,甚至做出利益上的让步。所以,遇到宿舍矛盾,我们选择回避、逃避、忍让。你晚上玩电脑吵到了我,我早上起床时"以牙还牙",不把你弄醒誓不罢休,但是不和你发生直接冲突。这显然也表现了人际交往的主动性,但是其结果是显而易见的,容易让我们陷入人际交往的恶性循环之中。我们有时会觉得自己无法积极地影响别人。在人际交往的过程中,这种想法会在寝室里传播,传递给彼此,所以,为了显现各自的影响力,寝室的暗战、激战不断上演。

如何摆脱这种人际交往的怪圈呢?

让行为强化自己积极的信念——自我肯定,这是我们提升人际关系的秘诀。以积极信念塑造积极的行为,产生积极的人际影响,反过来,以积极的行为强化自己的积极信念。加拿大心理学家斯廷森已经通过实验证明:自我肯定能够提升积极的人际关系。

案例一 ▶▶▶

大学生沉迷网游　室友苦心"陪玩"

当小张成天待在寝室，沉迷于网络游戏而不能自拔时，小王实在难以容忍室友对自己不负责的态度。"如何帮他才能不影响两个人的关系呢？"小王思前想后，决定用"陪玩"的方式让小张醒悟。于是小王经常"约战"小张。

随着失败次数的增多，小张逐渐对网络游戏失去了兴趣，最后卸载了游戏。小王借机改变策略，时常邀小张去图书馆或自习室学习。小张似乎看出了室友的良苦用心，下定决心改变自己。期末时，小张的成绩从班级倒数一跃升至第五名，获得了三等奖学金。

以上案例告诉我们：要学会自我肯定，而不是一味地抱怨、指责、愤怒，因为抱怨、指责只能使你感受到自己是多么的无能。要树立诸如"我在室友的生活中是非常重要的""我能够积极地影响室友"的信念。要像小王一样，相信自己有足够强的正能量，相信自己能够影响室友。在与室友互动的过程中，小王让对方感受到自己并不是"无药可救"的，只要付出努力，就能拿到奖学金。

（二）强化"室友"角色意识，承担对应的责任和义务

无论是婴儿的啼哭，还是哈罗的实验，都表明了人有情感依恋的需求。"室友"一词让我们明确了自己在寝室中的角色，就是在近距离的交往中相互表达、传递彼此所需的情感。我们应该透过"室友"这个角色，透过自我肯定的机制，满足其他室友情感依恋的需求，在情感上凝聚成一体。这就是自己作为"室友"应尽的责任和义务。

案例二 ▶▶▶

芦山地震现"中国好室友"：一人拯救全宿舍财产

芦山地震发生时，大学生小黄从6楼寝室跑出来后再次折返，抢救出6台电脑、3台单反相机和1只小乌龟。因为这段经历，小黄被冠以"中国好室友"的称号。

面对记者，小黄坦承自己也害怕地震，和室友们在第一时间就跑下楼。之所以返回寝室取出电脑和相机，是因为电脑和相机里都是自己和室友们平时收集的准备参加今年大学生电影节的素材，自己一心想着这些素材不能丢，便单独折返。

面对自己在网络上的爆红，小黄说："很多网友把我个体英雄化了，我们寝室六个人是一个有共同追求的团队。我的付出缘于我有五个值得付出的室友。"

"中国好室友"之所以甘愿冒着生命危险，抢救出全宿舍的财产，是因为"我们寝室六个人是一个有共同追求的团队"，是因为"有五个值得付出的室友"。这不仅是满足室友的情感需求，更是满足自己的情感依恋的需要。

（三）主动将室友纳入"自己人"的范畴，增强情感依恋的程度

要增强室友之间的情感依恋。随着人际情感的增强，从"陌生人"纳入"自己人"的范畴，以情感原则处理室友关系。

案例三 ▶▶

广州高校好室友　室友就是我的双腿

广州大学大三男生小彬，身患小儿麻痹症，行动不便。三年来，他的五个舍友风雨兼程，数年如一日地背小彬上下学。

小彬说，室友是他的双腿。每天上课前，舍友就会背小彬下楼，然后骑自行车载他到教学区，再背他到教室，下雨的时候依旧如此。即便是时间不统一的晚修，也会有舍友负责送小彬上课，上完课再把他接回宿舍。

室友小陈是这样描述他们的行为的："大家都是同宿舍的，是一家人，应该照顾他。"

室友是我们身边的熟人，如果我们内心没有把室友当成"自己人"，就难以发自肺腑地形成助人动机，更谈不上对室友产生情感依恋。如果我们希望自己拥有积极的寝室人际关系，就请尝试把室友当成"自己人"，像"广州好室友"那样无私奉献自我，为室友提供帮助，不抛弃、不放弃，因为"我们是一家人，应该照顾他"。

案例四 ▶▶

武汉高校好室友"苗大妈"宿舍传递正能量

她被同学们亲切地称为"苗大妈"。她每天出入宿舍公共晾衣台数次，整理晾晒的湿衣、干衣，为没人收取的衣服写"失物招领"。她无怨无悔地当起了同学们免费的看衣管家。

"我们整个寝室的衣服都是她收的，从来都不用担心衣服丢失或者掉在地上弄脏了这些问题。"她的室友小杨在接受采访时如此说道。

在"苗大妈"的影响下，原本很邋遢的室友都有了改变，自觉地打扫卫生、整理床铺。两年的朝夕相处，室友们都习惯了依赖苗大妈，凡事都要请教一下她。

同时，当你以对待"自己人"的方式善待室友，室友也会以对待"自己人"的方式"投桃报李"。这是因为关系是相互的。晾衣只是形式，晾衣背后折射出来的是"苗大妈"像对待家人一样对待同学，将晾衣这样的小事当成了自己的事。而她的室友们也在"苗大妈"平凡而温暖的

行为中学会了以"自己人"的方式善待对方。

（四）体谅室友，包容、接纳室友的缺点

"缘分"其实是我们为了维持关系、确保自己获得情感依恋而使用的"借口"。如何积极地维系人际关系，光靠"缘分"是不够的，需要我们在日常生活中多包容和理解。

案例五 ▶▶▶

江西农大"带饭哥"走红网络　被赞中国好室友

江西农大"带饭哥"的图片在该校论坛和微博发出后在网上迅速走红。网友们将这两名为室友带饭的男生称为"带饭哥"，并心之为"中国好室友"。面对这一切，其中一位"带饭哥"平淡地说："那天中午，一些同学不想出去，我刚好出去吃饭就帮他们带了。"

有网友说："也许是为聚餐，跑很远买回十几包熟食；也许是为照顾同学，每餐带回病号饭。带的从来不是饭，是感情！"

有人说："没为室友带过饭、没托室友带过饭的大学是不完整的。""带饭哥"的一句"我刚好出去吃饭就帮他们带了"告诉我们：不能让"凭什么"这样的对立思维左右我们的言行，而是应该寻找彼此的最大公约数和相似之处。当我们找到彼此的共同点时，就不会再斤斤计较，而是对"一些同学不想出去"的理解与包容。所以带的不是饭，而是实实在在的感情；带的不是美味佳肴，而是理解和包容。

当然，包容也是一种道德修养，需要我们在人生的成长过程中逐渐养成。但是我们至少可以在寻找彼此"最大公约数"的过程中形成理解性的包容。

有人说，找到一个值得信赖的朋友是最可靠的幸福。在寝室人际交往中，只有融入彼此的"自己人"的内圈中，增强人际情感，才能在这种近距离关系中感受到无私的帮助，感受到强大的社会支持，感受到人际的温暖。希望大家都能够从正在塑造的寝室人际关系中找到一个值得信赖的朋友，获得自己的幸福。

名词解释 ▶▶▶

爱：发生在个体之间的积极的关切和关心，表现出对人或事物有亲近、关切、投入、扶助、眷恋的心理倾向，是一种的强烈人际吸引形式。

爱情：在性生理和性心理成熟的基础之上，男女双方因相互仰慕而渴望对方成为自己终身伴侣的积极情感。

爱情价值观：引导个体恋爱行为标准和对爱情的看法，包括择偶标准、对爱情的理解、爱情在社会交往中的位置和对失恋的处理。

思考与练习

1. 在你看来,爱是什么?

2. 请你结合生活中的实例,分析"需要爱"与"表达爱"的差异。

3. 你是如何理解和看待爱情三角理论的?

4. 和周围的同学探讨一下,有哪些方法可以让自己和同寝室的同学和谐相处?

第六编

积极的社会组织与文化

"孟母三迁,择邻而居。"这个中国家喻户晓的故事,讲述的是环境对于一个人成长的重要性。积极的社会组织和文化氛围,不仅有益于我们的身心健康,还有助于我们成长。在现代社会,一个人从出生到进入社会,经历了诸如家庭、学校、工作单位、社区、社交团体等社会组织,这些社会组织的建设有助于增强我们的幸福体验。

这些社会组织不仅出现在个人社会化的过程中,还在个体与他人的交往过程中形成一定的氛围。这里所讲的"氛围"主要指的是心理方面,如社会文化、家庭氛围(家风)、家庭文化、课堂氛围(教风、学风)等。培养和塑造积极的心理品质,离不开社会组织与文化的建设。

第十一章　营造积极的成才环境

人是社会性动物,我们的社会化过程离不开社会环境。一个人的成长成才是社会环境中各种力量共同作用的结果,因此塑造积极的组织与环境就显得非常重要。橘生淮南则为橘,生于淮北则为枳。(《晏子春秋·杂下之十》)在现代社会有三大幸事:上学时遇到一位好老师,工作时遇到一位好领导,成家时遇到一个好伴侣。对于大学生而言,最为重要的成长环境就是家庭、学校和社会。积极心理学不仅重视环境对个人发展的影响,还研究什么样的家庭、学校、社会会起到积极的影响。

第一节　积极的家庭

我们每一个人都出生在家庭,成长于家庭,并最终回归家庭。中华民族自古以来就重视家庭、重视亲情。家和万事兴、天伦之乐、尊老爱幼、贤妻良母、相夫教子、勤俭持家等都体现了中国人的家庭观念,展示了中国人深厚的家庭情结。同时,家庭在一个人的成长过程中起着非常重要的作用。荀子说:"蓬生麻中,不扶而直;白沙在涅,与之俱黑。"有什么样的家庭,就会培养出什么样的孩子。古人说:"爱子,教之以义方。"因此,要重视积极家庭环境的建设。积极的家庭环境主要是指家庭成员之间的积极人际关系及氛围,包括家风、家教等。

一、中国文化下的家庭

本土心理学的研究发现,家庭对中国人来说非常重要。中国人很重视家庭,其中一个典型的表现就是在春节来临之际,无论离家有多远,无论有钱没钱,身在外地的游子都会回家过年。中国人重视家庭的这种观念受到历史文化传统的影响。在农耕时代,家族是社会经济和社会生活的核心,家族的保护、延续、和谐、团结是极其重要的,由此中国人形成了以家为重的家族主义。在现实生活中,比较典型的行为就是建立宗祠、写族谱、立族规,同一家族中以字辈确定长幼尊卑。这就是具有中国特色的家族观念。

(一)家族主义

杨国枢教授(2004)提出,家族取向是中国人处理社会关系的重要取向之一。何为家族取向? 就是每个人的生活都以家族为重,以个人为轻;以家族为先,以个人为后;以家族为主,以个人为从。具体来说,就是家族的生存重于个人的生存,家族的荣辱重于个人的荣辱,家族的团结重于个人的自主,家族的目标重于个人的目标。家族取向强调个人服从于家族。

从心理学层面分析,中国人的家族主义体现在对家族的认知、情感和行为意愿方面。在认知方面,重视家族的延续、和谐、团结、富足以及名誉;在情感方面,重视家庭成员的一体感、归属感、关爱感、荣辱感、责任感、安全感;在行为意愿方面,繁衍子孙、相互依赖、忍耐自抑、谦让顺同、为家奋斗、上下差序、内外有别都是典型的表现。

（二）社会取向的成就动机

正是因为受到家族主义的影响，中国人在成就动机方面表现出不同于西方人的特点。中国人不仅具有个人取向的成就动机，还具有典型的社会取向的成就动机。社会取向的成就动机就是指一个人想要超越某种外在目标或标准的一种动态的心理倾向，但是目标或标准的确定主要取决于生活中的重要他人（如父母、老师、家庭、团体等）。中国是以家族主义和集体主义为特征的社会，成就目标一般以家庭或家族为主，忽视个人的自我目标。这种社会取向的成就动机具体表现出以下特点（王小章，2008）：①个人的成就目标和评价标准是由重要他人或所属的团体来决定的。②采取什么样的方式来达到成就目标，也是由重要他人或团体来决定的。③成就行为的效果由他人或团体来评价，并且评价的标准也是由他人或团体决定的。④成就的社会工具性比较明显，即追求成功的目的就是为了让他人或团体高兴。

为什么学业会成为大学生最主要的压力？为什么中国大学生的自我概念中包含学业自我？这些都与中国人社会取向的成就动机有莫大的关系。中国学生不仅为了自己的兴趣、爱好而读书，还为了"为父母争气""光宗耀祖"而读书。也就是说，一个学生读书，背负的不仅有自己的希望，还有父母的期望。学习本应是学生自己的事情，但是有很多与学习相关的事情并不是学生自己可以决定的。学生有时候体验到的不是关心、支持，而是压力、负担，比如在学习目标的确立上、在学习内容的选择上、在学习结果的要求上等。在很多大学生的嘴里，我们不时会听到这些话语："我是我们村第一个考上重点大学的孩子""我爸妈这么辛苦地工作，就是希望我能考上一所好的大学""我要好好学习，绝不能辜负爸爸妈妈的期望"……这些让我们骄傲、温暖、贴心的话，其实饱含压力。社会取向的成就动机促使我们在获得成功的同时，更关注是否得到了他人的认可和赞许，这就是导致学业成为中国学生最主要的压力的重要原因。

（三）中国人的孝道

家族主义不仅会影响我们的成就动机，还会影响我们对待长辈的态度和行为。其中最重要的表现就是孝道，孝道就是子女善待父母或其他长辈的社会态度和社会行为。现代社会重视孝道，对父母感恩就是要求我们对父母尽孝心、行孝道。

现有的研究表明，不同的家庭养育目标对子女的孝道信念存在影响。库查巴沙从家庭养育目标的角度提出了独立型、依赖型、心理依赖型三种家庭模式，并指出这三类家庭模式对子女的孝道信念产生不同的影响。具体来说，独立型家庭模式多存在于个体主义文化背景之下，父母看重子女的独立自主性，子女长大之后愿意离开父母独立生活。依赖型家庭模式多存在于集体主义文化背景下，父母看重子女的服从和赡养，子女忠诚于家庭，成年之后愿意回报父母。心理依赖型家庭模式则出现于非西方文化的现代社会中，父母既看重子女的独立性，又不愿意子女离开。在这三种家庭模式中，来自依赖型家庭的子女，其孝道信念最为强烈，心理依赖型家庭的次之。这表明，子女的孝行和报答父母的行为深受社会文化、家庭文化的影响。

中国人讲究孝道，重视孝心（即行孝的社会态度）和孝行。孝心为本，孝行为末；孝心是核心，孝行是孝心的载体。所以，中国人最看重的是子女对父母有没有孝心，即使有孝心而没有孝行，也是值得称道的。古今对孝行的表述没有多大差异，但是随着时代的变迁，人们对孝心的认识却有很大的差别。从社会态度的角度看，孝道包含孝知、孝感、孝意三个方面，其中孝知最为重要。范丰慧等人（2009）对全国2458名被试的调查显示，当代中国人的孝道认知包括养亲尊亲、护亲荣亲、丧葬祭念和顺亲延亲四个因素。养亲尊亲主要是指子女对父母的赡养和情感投入；护亲荣亲反映了子女对父母声誉和面子的保护；丧葬祭念是指父母去世之后，子女在丧葬、祭奠方面表现出来的孝行；顺亲延亲则反映了我们在日常生活中对父母意见的遵从和重视。其中，养亲尊亲在孝道认知中居核心地位。

二、促进孩子成长的家庭环境因素

家庭环境对孩子的成长非常重要，不少成年人的心理困扰与早期的家庭生活密切相关。家庭塑造了我们，我们从外在的行为到内心的精神世界都烙上了家庭的影子，可以毫不夸张地说，我们的身上都能看到父母的影子。从个体发展的角度来看，家风、家教、家庭关系对个体成长的影响最大。

（一）家风

家庭是人生的第一个课堂，家风是一个家庭的精神内核。家风也称为门风，是指家庭或家族世代认同并相传的价值观念、生活方式、行为习惯、文化氛围、精神风貌的总和，是维系家庭或家族良性运行的精神纽带。家风既是家庭的风尚，代表着一个家庭精神层面的价值取向和行为准则，也是社会风气的重要组成部分。"积善之家，必有余庆；积不善之家，必有余殃。"

家风不仅关系到家庭和睦、社会和谐，更关系到家庭成员的健康成长。首先，良好的家风对家庭成员具有思想引领的作用。家风是家庭文化的外在表现，与社会主流价值观是一致的，这种文化为个人适应社会、融入社会提供了良好的基础。良好的家庭能够引导家庭成员树立正确的世界观、人生观和价值观。其次，良好的家风是塑造一个人正确价值观的重要工具。孟子说："天下之本在国，国之本在家。"对一个社会来说，每个家庭的生活依托都不可替代，每个家庭的社会功能都不可替代，每个家庭的文明作用都不可替代。家风是我们每一个人精神价值观的首要来源，我们需要扣好人生的第一颗纽扣。最后，良好的家风是家庭和睦的保障。良好的家风营造了积极的人际氛围，明确了人际交往的价值准则，能促进和谐人际关系的构建。

（二）家教

养不教，父之过。除了提供身体上的抚育外，家长更重要的职责是对孩子进行教育和培养，使之拥有良好的品德、健全的人格和健康的心理，成为能够适应社会生活的社会个体。与学校教育相比，家庭教育以其持久性和内化力贯穿了一个人的一生。家庭是人生的第一个课堂，父母作为孩子的第一任教师应该承担起应尽的责任。

家庭教育最重要的就是两个方面：一是父母的言传身教。父母将家庭共享的价值观、人生观、道德观以"润物无声"的方式传递给下一代，规范其行为，培养其健全人格。二是父母的教养方式。教养方式是指父母养育和抚养子女的方法、策略。教养方式不仅体现出父母的家庭教育理念，还是判断家庭社会功能的重要因素。在心理学研究中，主要通过"要求性"和"回应性"两个维度来界定家长的教养方式。"要求性"是指家长通过监督和管教使孩子的行为符合家长要求和社会规范，"回应性"则是指家长通过沟通和满足孩子需求来培养其独立性和自我管理能力。由此，父母教养方式可分为专制型、权威型、放纵型和忽视型（见图11-1）。

已有的心理学研究表明，在这四种教养方式中，权威型教养方式的养育效果最好。家长的严格要求能够让孩子顺利地内化社会规范，明确行为边界，减少偏差行为，同时，频繁的沟通为孩子营造了信任接纳的情感氛围，体现了对孩子的尊重。谷传华等人（2003）曾经从家庭环境

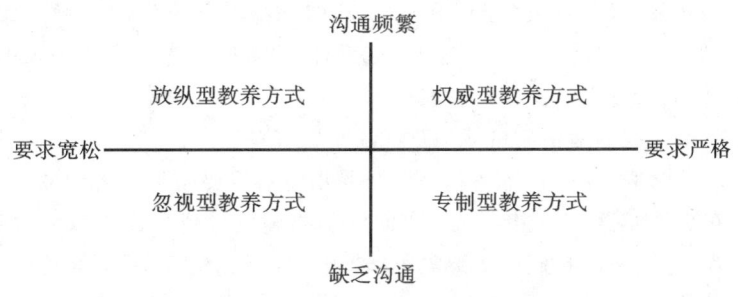

图 11-1 父母教养方式的主要类型

量表与父母养育方式评价量表的维度,对 30 位中国近现代社会创造性人物的早期家庭环境与父母教养方式的特点进行考察。结果显示,这些家庭总体上表现出"严父慈母"的传统教养方式,父母的教养方式不仅体现了慈爱性,更重要的是表现出严厉性。

心理学主张的权威型教养方式与大多数中国父母理解的不太一样。其实,权威不是靠责备和惩罚压制孩子,更不是靠严厉的父母形象,让孩子因害怕而"乖"起来。从教育实践来看,权威型教养方式不是通过心理控制和行为控制来压制孩子,而是给孩子确定明确、适当的要求,建立好行为的边界,进行适当的限制。在这个过程中,父母要与孩子进行频繁的沟通和交流,认真听取孩子的想法,并进行解释和引导。权威型教养方式带来的良好效果已经在很多国家的教育实践中得到证实。

其他三类教养方式都会给孩子以及家庭关系带来负面的影响。专制型教养方式与中国的社会文化有密切的关系。集体主义文化强调家庭利益优先以及家庭成员的相互依赖,其中一种典型表现就是拥有更高权威的长辈(父母)要求子女听话、孝顺与尊敬父母,孩子普遍缺乏被接纳的感觉和独立性。从现代心理学研究来看,这容易让孩子感到心理与行为被控制。有的父母限制并监控孩子的活动,通过惩罚、言语贬低、威胁来打击孩子,从而影响孩子的心理和行为。近年来,有个别人在成年后对父母的教养方式进行控诉,将自己的性格弱点、心理创伤以及自己与家庭决裂的根源归结于父母从小对自己的专制教育以及成年后的无度索求。

在放纵型教养方式下,父母与子女之间虽然存在频繁的沟通和交流,表现出很多的爱与期待,但是父母并不要求孩子服从既定的规则,更强调孩子的自我管理。在这种教养方式下长大的孩子,由于幼年缺乏必要的引导和规范,容易表现出与社会主流规范的不适应,且自我控制能力较差。

忽视型教育方式下,家长对子女既没有严格的要求,又缺乏积极的回应和沟通。在这种家庭中成长的孩子,缺乏精神上的情感依恋和社会支持,不清楚行为的边界,他们适应环境和自我控制的能力都比较差。

总之,家庭教育在我们每一个人的成长过程中发挥着重要的作用。家庭教育要重言传、重身教、教知识、育品行,强调身体力行,重视耳濡目染。家教的优劣直接影响着一个人的精神风貌。

(三)家庭关系

积极的家庭关系和良好的家庭气氛有利于子女的身心健康,反之,紧张的家庭关系则会导致子女在成长过程中出现心理困扰和行为问题。良好的家庭氛围主要受家庭成员关系(祖孙关系、父子关系、母女关系、婆媳关系、亲子关系等)的现状及其质量的影响。在所有家庭关系中,亲子关系是最重要的,父母是孩子人生发展历程中的重要他人。亲子关系的质量直接影响到孩子的身心健康、社会行为以及人格发展。

良好的亲子关系是我们幸福感的重要来源,对儿童来说尤其如此。亲子关系建立在婴儿时期出现依恋需求的时候。我们出生后 6 个月(婴儿期),需要与抚养者建立安全的亲子依恋,以利于我们的生存和情感需要;成年之后,我们依然要和父母建立成人依恋关系;青春期出现的叛逆心理与行为,也反映出我们的情感需求,希望能够得到父母、朋友的关注,获得独立感。

良好的亲子关系为我们提供了强大的情感支持。比如,结束学校的学习后,我们很多人还要在家里温习功课,当学习得精疲力竭的时候,看到父母从厨房端来的一碗热汤,我们的疲惫可能顿时烟消云散,我们感受到的就是父母对我们的关怀。当我们走出高考考场,发现父母就在不远处焦急地等待时,我们感受到的就是父母对我们的支持。当我们就业不顺利时,父母轻轻的一句"回来吧,家里反正就是多一双筷子,多一张床而已"足以让我们感动好几天。这些都是在亲子关系中收获到的温暖和支持。

第二节 积极的学校

"教育决定着人类的今天,也决定着人类的未来。"学校教育前承家庭教育,后续社会教育,在我们的社会化过程中起到了非常重要的作用。学校教育担负着传承老一辈的生产经验和社会实践经验,为当代社会和未来社会培养人才的任务。

一、学校对个人成长的影响

教育改变命运。教育不仅能改变我们的生活境遇,也是我们进行自我完善、提高生命质量、提升生命价值的重要途径。心理学家埃里克森就说过,学校对每个人成长的影响巨大。人们在校园里度过了人生重要的发展阶段,从幼儿园到大学校园,每一个人都要完成相应阶段的发展任务。

(一)幼儿园:获得主动感

3~6 岁的儿童离开家庭,进入幼儿园学习,并在幼儿园度过许多人生发展的关键期。所谓关键期就是学习的最敏感、最容易的时期,如口语发展的关键期(0~4 岁)、书面语言的关键期(4~5 岁)等。更重要的是,他们通过游戏参与社会生活,通过扮演成人角色自主地探究世界、摸索世界,满足自己的好奇心和兴趣。如果学龄前儿童通过游戏、角色扮演完成了对世界的探究,就会获得主动感,避免恐惧感。

遗憾的是,很多家长出于爱护或者关心,过多限制了儿童的探索行为,减弱了儿童探索世界的兴趣。比如,有的孩子喜欢玩沙,喜欢用沙子做出地洞、桥梁、城堡等各种造型,但因为家长的阻止,不仅使得孩子无法了解沙子的一些特性,更重要的是减少了其主动探索的行为。一些喜欢儿童"守规矩"的家长更应该思考这个问题,因为孩子在生活中做任何事情都要"守规矩",那么孩子探索的兴趣就会下降。现在很多大学生主动探索的意识薄弱,没有养成亲自动手的习惯,恐怕与学龄前期的教育有莫大的关系。

（二）小学：获得勤奋感

6岁之后，儿童就要背起书包去上学。在这个阶段，孩子需要投入精力勤奋学习，以求学业的成功，避免失败。当然，学业的成功不是一朝一夕就可以完成的，而是需要长期的坚持和努力。几乎每一个孩子一开始都会高高兴兴地去上学，但是随着时间的延长，不少孩子开始惧怕上学、害怕老师。这是为什么呢？这主要是因为孩子在学校没有体验到勤奋学习带来的快乐，却常常体验到挫败。尽管他们很勤奋、很主动地学习，但是结果却不理想，这种在学习上努力过却仍然失败给孩子带来的心理伤害，容易让孩子自尊心受损，产生自卑感，应该引起我们的高度重视。

在小学阶段，要引导孩子积极地面对学习上的挑战，让他们通过自己的勤奋、努力获得成功，获得成就感，避免自卑感。因此，老师、家长应该在两个方面通力合作：一是在学习任务的设定方面，一方面难度要适宜，尽量让孩子"跳一跳，能够摘到葡萄"，另一方面适当提供引导和铺垫，让孩子在老师、同学、家长的帮助下能够理解和掌握知识。二是在孩子的评价方面要聚焦问题，注重过程，评价中肯，切莫过度扩散，否定孩子的学习能力。另外，要注意焦虑情绪的疏导。当考试成绩不理想时，孩子自然会产生焦虑、担忧等负面情绪，老师、家长和同伴应将其注意力引向考试暴露出来的具体问题上，而不要过多地批评、嘲讽或提出更多的要求。

（三）中学：获得自我同一性

中学阶段的学生正处于人生发展的关键时期——青春期。在这个阶段，学生的兴趣从外部事件转向内心自我，开始解答"我是谁"这个心理发展的核心问题。他们开始有"主见"，独立进行自我评价，希望成人将他们视为"大人"，渴望获得"成人感"；情绪的"两极性"明显，波动性强，容易受到外界影响而从一个极端滑向另一个极端（因为这个鲜明的特点，青春期被视为疾风怒涛期）；思维容易偏激，行为具有明显的冲动性，敢想敢说，敢作敢为，经常表现出反抗行为。中学时期是从童年期向成年期过渡的时期，中学生充满了各种矛盾性心态，容易产生心理不平衡。他们逐渐将自己扮演的社会角色统合起来，形成了连贯而一致的自我认识，建立了自我同一性，避免了角色混乱和冲突。

中学阶段建立自我同一性最重要的方面就是性别角色的一致性，即生理性别与心理性别达成一致。如果一个男生在心理上不能接受自己作为男性出现在公众面前，而坚持认为自己是女性，那么这个男生就没有建立性别角色的一致性，也就是生理性别与心理性别出现分离。

（四）大学：获得亲密感

在建立自我同一性之后，我们会将焦点重新转回外部世界，但这一次注意的不再是外部的客观世界，而主要是人际关系。埃里克森认为，在成年初期，大学生需要通过与他人交往来获得亲密感，避免孤独感。亲密感就是我们与他人融洽相处时的情感体验，包括与父母、兄弟姐妹之间的亲情，男女之间的爱情以及朋友之间的友情等。如果我们在这个阶段体验到亲密感，那么我们内心的孤独感受就会降低。

在大学校园里，大学生们不仅通过恋人关系体验着爱情，还通过朋友（同学）关系体验着亲密的友情。日常生活中，很多大学生都希望与他人建立并保持亲密关系，但是因为种种原因，不仅没有建立亲密的人际关系，反而出现人际冲突。其中重要的原因不在于缺少人际交往的技能，而在于缺少与人交往的正确方法和经验，这与我们的成长环境有密切的关系。一方面，我们大多是独生子女,缺少同龄玩伴,社会交往范围狭窄,另一方面,我们以学习为主,几乎每天往返于学校和家庭之间,缺少与其他同龄人交往的机会。所以,很多独生子女在人际交往上遇到的困扰,到了大学阶段还得不到解决,最终演变成了人际交往问题,困扰着不少大学生。

二、积极的学校教育

(一)学校教育存在的问题

教育不仅承载着一个民族、一个国家的未来和希望,还承载着无数个家庭的梦想和期望。纵观近现代教育的发展历程,学校教育存在的终极理由和根本使命就是立德树人。教育者们需要坚持和恪守"一切为了学生,为了一切学生""为了每一个学生的终身发展"的教育理念。然而,现在的学校教育存在诸多挑战,这些挑战主要体现在两个方面:一是源自学生的学习,二是源自教师的教学。

1. 学生在学习中遇到的挑战

(1)学习目的功利化。

学生学习目的功利化首先体现在"有用""无用"的选择上,学习"有用"的,放弃"无用"的。所谓"有用"就是能带来现实的、直接的、实实在在的好处。具体来说,就是认真学好奖学金评比、升学考试涉及的课程,认为其他的课程不重要;认真学习考试要用到的知识,不为不考的内容费心;生活中和那些能帮助自己提升学习成绩的同学交往,不在那些学习成绩靠后的同学身上浪费时间;选择好就业的专业,不考虑就业前景不明朗的专业……这些功利性做法过分地追求现实功用性,势必让我们形成工具性思维,而忽视自己的兴趣和爱好。

(2)学习意义模糊化。

在不少地区,教师的主导作用掩盖了学生的主体地位,家长的期望就是学生努力的方向。在这样的教育环境下,学生一路被培养、被教育、被塑造、被拔尖,缺乏学习兴趣,学习与生活没有了意义联结点。正因为如此,他们觉得学习不是自己的事情,而是老师的要求,是家长布置的任务,不愿意投入学习,学习活动应付了事。到了大学校园,学生甚至不知道要学些什么,以致无聊、无助,对学习完全失去兴趣。近年来大学生"空心病"现象的出现,使我们不断反思教育的不足,教育应该引导学生恢复对学习的兴趣和对生命意义感的认知。

(3)学习动机不足。

高考失利后,心理落差大;对专业不满意,不想学;就业前景迷茫,不知道读书有何用……这些诱因的存在,使得大学生学习动机不足,学习态度不端正,频繁出现学业拖延行为,对学习产生倦怠感,甚至厌学、不想学。有研究发现,一些大学生对课程的满意度建立在课程是否满足了自己考研、出国、好拿学分等功利性需求的基础上(李国珍,2014)。

2. 教师在教育教学中面临的挑战

近年来,高校教师面临的最大挑战就是教学方式的急剧变革。从教学改革的目标来看,教学改革的根本目的在于提高教学的实效性,关注教学的有效性,关注教学效益、教学质量。如何提高课堂教学的有效性不仅是教育研究者应该考虑的问题,还是教学一线教师应该思考的问题。同时,自2001年全球掀起知识共享热潮的开放式课程运动后,以大规模开放式在线课程(MOOC)为代表的新型课程开始成为教学方式变革的新方向。以网络课程形式呈现的"微课程(microlecture)"也成为当前教学的新方式。如何在学生获得知识的途径信息化、多样化,以及知识呈现的碎片化的前提下引导学生深层次学习,已经成为教师职业生涯中的一项重要挑战。

其次,师生关系面临"失范"。良好的师生关系是教学的重要基础和条件,能够促进学生的学习,比如我们熟知的"教师期望效应"。当前高校师生关系呈现出以下特点:第一,师生间的交流意愿较强烈但现实生活中的交往频率不高。近年来发现一个新的现象,师生之间在QQ、微信等线上交流平台的互动频次比线下交流的频次要多。第二,交流内容较为单一,情感交流较少。大多数情况下师生之间的交流仅限于学习和教学管理方面的事务,较少涉及个人的发展规划。师生之间的情感依恋不强,这主要与师生的交流频次和交流内容有关。第三,教师在学生心目中的地位有所下降。伴随着学生的成长与见识的扩展,教师在学生心目中的权威性逐渐下降。但也有研究发现,教师是大学生学业成就的重要社会支持。这可能与师生关系亲密程度有关,教师与学生的关系越密切,对学生的影响力就越大。第四,师生之间能互相尊重,但角色期待和客观现实之间存在不小的差距。师生双方对彼此角色的认识普遍存在期望与现实的差距,这可能与各自成长的时代背景有密切的关系。师生两代人的成长经历和生活环境有着巨大的差异,必然带来认识上的差距。

(二)积极教育思想与理念

积极心理学重视学校教育对社会发展的影响。积极心理学融入学校教育,聚焦于促进师生的主观幸福感和学业能力,提出了"积极教育"的概念。积极教育是指以学生外显和潜在的积极品质为出发点和归宿点,通过激发提升学生幸福感的因素,增强学生的积极情绪体验,以培养学生健全人格为最终目标的教育。

积极教育真正恢复了教育的本来功能和使命,将教育的关注视角从学生存在的问题转到学生的积极品质和人格上,帮助学生发现并改进不足之处,使得所有人的潜力得到充分发挥,获得幸福体验。积极教育提倡从积极的角度引导学生更好地成长成才,回归教育的本来意义。在实践中,积极教育注重让学生自身具有的积极品质成为预防问题的工具和资源,主张通过增进学生的积极体验来培育和增强其自身的积极品质,同时创设能促进幸福感的环境因素,以培养学生健全的人格。从目前的研究来看,积极教育主要通过激活"学"与"教"两个主体的积极性,营造积极的校园文化,提升师生的幸福感。

1. 激发学生的积极品质,增强学生学习的主动性

教育不仅肩负着传承人类文明的使命,还有着让人们更幸福、生活更美好的目标。教育应该激发学生自身的积极品质,让学生自己寻找到学习的意义和价值,使其自身的潜力得到充分发挥,能够在生活中感受幸福、提升幸福、挖掘幸福。一是发挥学生学习的主体性,激发学生的兴趣和爱好,强化学生学习的自主性,激发其内在学习动机。二是任务难度适中,评价中肯。要在了解学生知识水平的基础上,让学生"跳一跳就能摘到苹果",而不能用"一把尺子"量学生。让学生在学习中找到乐趣,看到自身的努力,集聚正能量,树立"我行、我能"的信念,自主、自觉地学习,实现高效率学习,促进自身全面发展。

2. 激发教师的热情和积极性,强化师生间的情感依恋

教育具有不可逆性,应该尊重学生的每一个成长瞬间。教师不是"生而知之者",必须不断地学习,掌握"学"与"教"的基本知识与规律,避免在教育工作中犯错;要因材施教,为每一个学生提供适合的教育。在优化教学系统、提高教学效益的同时,促进教师的自我成长。

要成为业务精湛、学生喜爱的高素质教师，不仅需要有人格魅力，还需要创新教学形式，灵活地使用启发式、探究式等教学方法，激发学生的学习兴趣，将教学任务和学习内容设置在学生的"最近发展区"，让学生自己生成知识，用教学赢得学生。教师要注意增进师生关系，强化情感依恋；将热情投入教学，用关心覆盖学生。在增强情感依恋、增进师生关系的基础上，挖掘学生的积极品质和潜能，增强师生的幸福感。

3. 更新我们的教育观念，铸造积极的校园文化

实现中华民族伟大复兴的中国梦，离不开成千上万的创新人才。创新人才的培养，不是凭一堂课、一个阶段的教育教学就能实现的，而是需要营造良好的学校小环境和社会大环境。学习和普及积极心理学知识有助于铸造积极向上的文化环境，挖掘师生积极心理品质，提升其心理健康和幸福感，建设幸福校园。

培养心理健康、人格健全的人才，不是学生投入学习、教师投入教学就能够实现的，还需要教育系统内外的每个主体通力合作。要在教育管理者、家长，乃至所有的社会成员中普及积极心理学知识，使其了解教与学的基本规律，培养幸福校园的"土壤"。只有这样，才能培养心理健康的幸福师生，才能增强社会成员的幸福感和社会整体的幸福感，才能实现"教育梦""中国梦"。

三、积极的学校氛围：校风、班风与室风

校园、班级和寝室是学生最熟悉的社会环境。积极的校园、班级和寝室应该具有以下几点特征：第一，所有成员都有成功的希望。在校园、班级和寝室活动时能开发我们自身的积极品质，每位同学都能感知到成功的期望，并能得到外界提供的社会支持，有强烈的获得感。第二，产生强烈的归属感和安全感。在校园、班级或寝室中能够对自己准确地"定位"，找到自己在所属群体中的位置，有强烈的归属感和安全感。第三，人际关系良好。师生之间、同学之间情感依恋强烈，能够在相互沟通和交流中获得足够的社会支持。第四，能够看到自己的进步，个人发展需求能够得到满足。

重视文化建设。校园文化是一所学校所有成员价值观的综合体现，促进了良好班风、室风的形成，引领着每一名青年学子的行为方式。塑造良好的校风、班风、室风，最重要的是形成积极的人际关系、强烈的情感依恋，在此基础上形成积极向上的精神风貌。良好的校风、班风、室风是塑造积极学校、积极班级、积极寝室的重要途径。

第三节　积极的社会

幸福是客观存在的实体，是我们对美好生活的向往和追求。世界各国都把国民幸福作为社会发展进步的重要标准。一个积极的社会追求的不单是社会成员的个体幸福，还要将幸福提升到整个社会，增强全社会的幸福感。亿万人民的"中国梦"就是要实现"国家富强、民族振兴、人民幸福"。积极社会就是指社会进步增强了社会成员的幸福感和社会整体的幸福感。积极的社会必然是实现人民整体幸福的社会，也必然是能够增强、提升人民幸福感和社会整体幸福感的社会。

一、积极心理学视域下的积极社会

积极社会也被称为"幸福社会"。积极社会可以从以下三个方面来理解：第一，积极社会以社会成员的主观幸福感和积极精神状态为指标。社会成员体验到社会发展带来的安全感、获得感和幸福感，并具有积极向上的精神风貌。第二，将社会成员的个人主观幸福感和社会整体幸福感相结合，整个社会充满了自尊自信、理性平和、积极向上的社会心态，是积极社会的表现形式。积极社会能够给社会成员提供积极、宽松的心理环境和物理场所，能够给社会成员带来精神和物质上的满足感。第三，积极社会是经济、社会、政治、文化四位一体的全面进步与发展，并以此作为提升社会成员和整个社会的幸福感的主要途径。

积极社会增强了社会成员的幸福感和社会整体的幸福感，具有以下四点鲜明的特点。

1. 积极的社会幸福观

幸福观是人们关于幸福的观点和看法。有什么样的幸福观，就会追求什么样的幸福，体验到什么样的幸福感。在个体层面上，幸福观决定着我们的幸福感；在社会层面上，社会幸福观同样影响着整个社会的幸福感。更重要的是，社会幸福观影响着个体幸福观的塑造，它不仅影响到社会成员对社会的期望，还会影响到个体的幸福观。我们应该在社会主流价值观的基础上构建积极的社会幸福观。

2. 高质量的生活品质

积极的社会能够为社会成员的发展提供优越的社会环境和强大的物质支持，极大地满足不同层次社会成员的需要，包括物质层面和精神层面的需求。有关幸福感的研究表明，当国民生产总值达到一定的水平后，国民幸福感与经济发展水平不再成正比例增长，这一幸福悖论折射出社会成员从追求生活数量转变为追求生活质量。从现有的研究来看，在任何一个国家，任何一个社会群体中，生活质量与幸福感都是呈正相关的，生活质量才是预测社会成员幸福感的稳定因素。同时，当前社会的主要矛盾是人民日益增长的美好生活需要和不平衡不充分的发展之间的矛盾。在当代社会，人们感到不幸福的主要原因是社会有效供给不能满足民众的需求，这实际上是在提示我们，要建设幸福社会，就要将工作重心转移到提高国民的生活质量上。

3. 社会的公平公正

社会整体的幸福感不是个体幸福感的简单相加，而是社会整体通过实现社会理想和目标而使其成员感受到获得感和满足感。这就需要增强社会各个层级的幸福体验，上到国家和民族层面的幸福感，下至各社会团体、组织和家庭的幸福感，以及最底层的社会成员的个体幸福感。这就意味着要有一个公平、公正和高效的社会制度以及使各项制度得以公平、公正和有效执行的机制。因此，社会的公平、公正也是积极社会的一个重要特征，公平、公正能够增强个体的幸福感。

4. 积极的幸福文化

构建积极的社会，离不开积极的幸福文化的塑造。幸福文化就是在幸福内涵的基础上，形成与社会主流价值观相适应的科学合理的幸福观的文化形态和文化现象。塑造积极的幸福文化要围绕着增强社会成员幸福感，提升社会的整体幸福水平，这就要求幸福文化要体现社会主流价值观的要求，形成符合社会文化、贴近生活实际的幸福理念，最终影响和塑造社会层面和个体层面的幸福观。

二、衡量积极社会的指标：社会幸福感

衡量积极社会的主要指标就是社会幸福感，所谓社会幸福感是指个体对自己与他人、集体、社会之间的关系质量，以及对其生活环境和社会功能的自我评估。这是在宏大的社会环境中衡量一个人的幸福感受，将个体与社会的幸福高度统一起来。

凯斯教授提出，可以从社会接受、社会实现、社会贡献、社会和谐、社会整合五个方面评估社会成员的社会幸福感。国内不少学者的研究结果显示，这五种心理结构具有跨文化的一致性，也适用于在中国文化背景下评估个体的社会幸福感（苗元江，等，2009；王青华，2010）。当个体看到各种社会事件时，能够给予积极的解释和理解；当个体谈及社会的发展时，能乐观地认为社会拥有增长的潜力；当个体置身于生活的社区时，能感受到强烈的归属感；当个体看到社会的发展时，能感知到自己对社会的贡献……这些感悟都是个体社会幸福感的体现。

三、构建积极社会的途径

构建积极社会，除了在宏观层面上引导全体社会成员建立积极的社会幸福观、提高民众的生活质量、完善社会公平公正的机制、塑造积极的幸福文化外，还应该从日常生活中的小事着手，通过增强个体的社会幸福感，直接推动积极社会的建设。

1. 看到社会成员的多样性，提高对社会的包容度和接受度

社会是由社会成员及其组成的各种群体、组织构成的。每一个社会成员都具有独特性，由其所构成的群体、组织也具有鲜明的个性特征。因此，要看到社会的多样性，具有高度的开放性和包容性；同时对人性持积极的看法，要看到社会不断进步和发展的一面。

2. 相信社会有发展潜力，对社会的发展充满信心

积极社会是一种体感社会，是一种可触摸的幸福。也就是社会成员能够看到社会的进步，看到民族振兴的现实，还能够在现实生活中实实在在地看到逐渐实现的"学有所教，老有所得，住有所居，老有所养，家有所安"。相信社会具有发展潜力和空间，相信对社会发展的预期终将实现，对社会的进步和发展充满信心。

3. 体验为社会创造的价值和贡献

个人的全面发展、自我实现与完善是个人最高层次的需求，实现这些需求，就会产生幸福感。个人自我价值的实现包含了自己为社会所做的贡献。为社会奉献、为人类造福，同自我实现并不是互不相容的，而是个人实现自我发展、自我完善、全面发展、实现最高层次幸福的根本途径。人们正是在为社会做贡献的过程中，体验到社会幸福感。

4. 对社会生活感兴趣，探索生活的意义

积极社会既需要高度的物质文明，也需要饱满的精神状态。这就需要社会成员对社会和社会生活感兴趣，能发现社会生活的意义，并能够在个体层面建构生活的意义，摆脱精神空虚。

5. 在社会群体中获得归属感，增强安全感

社会是由各种群体、组织构成的。社会成员在自己所属的群体中有强烈的归属感，能够在集体中与他人保持良好的人际关系，形式强烈的情感依恋，与他人和睦相处；能够在需要的时候得到其他社会成员的慰藉和支持，对自己所生活的社会环境充满安全感。

知识拓展

重大突发事件应急心理管理与服务

自然灾害、事故灾难、公共卫生事件、社会安全事件等突发事件不仅造成了重大的财产损失，还会对民众的身心健康造成不同程度的影响。在这些重大突发事件发生之后，我们应该关注自身的心理建设，及时疏导负性情绪，提升心理健康素养，增强心理正能量，涵养积极向上的健康心态，助力社会良好心态的形成，维护社会情绪的健康稳定。

人在面临突发性事件时出现不同程度的焦虑、紧张、恐慌等负性情绪，甚至出现身体症状，都是正常的现象。如果我们无法通过自我调节及时疏导，就应该主动地借助心理热线、心理咨询、团体辅导等形式，积极地求助专业力量，及时宣泄负性情绪，降低身心的过度反应。多与家人、朋友交流，倾诉内心感受，降低对心理困扰的过度聚焦，获得支持、安慰和鼓励。同时，我们应该增强"每个人是自己心理健康第一责任人"的意识，树立"治未病"的理念，从促进心理健康的角度，防患于未然。我们可以积极协助做好以下三个方面的心理预防工作。

一是主动学习心理健康知识，强信心。突发事件后出现的负性情绪以及躯体症状，大多都是我们对负性信息的过度反应。及时缓解情绪反应强度，积极预防，主动通过权威途径了解突发事件的信息，主动普及与突发事件相关的健康知识，解疑释惑，及时纠正自身知识的不足和歪曲的认知，坚定战胜困难的信心和决心。

二是主动涵养阳光心态，培育积极向上的心理氛围，暖人心。由于个性特征、成长经历等的不同，部分民众对某些心理疾病存在易感性。我们可以通过积极情绪的感染，摈除心理疾患的"污名化"，强化信息传播的权威性，增强社会信任感，为亲历者、患者及其家属、病亡者家属、一线工作者（医护人员、公安民警、救援人员、新闻媒体记者等），以及特困老年人、低保人员、困境儿童等重点人群营造积极向上的心理健康氛围，积极进行价值引导，振奋精神。

三是积极参与心理支持网络的建设，维护社会情绪稳定，聚民心。在应急心理响应的各个阶段，将自身所学融入心理支持网络建设，积极发挥朋辈支持的作用，凝聚社会共识。在为大家增强获得感、安全感和幸福感的同时，认识国情、了解社会，受教育、长才干，促使自己知行合一。

名词解释

积极的家庭环境：家庭成员之间的积极人际关系及其氛围，包括家风、家教等。

社会取向的成就动机：一个人想要超越某种外在目标或标准的动态心理倾向，但是目标或标准的确定主要取决于生活中的重要他人（如父母、老师、家庭、团体等）。

孝道：子女善待父母或其他长辈的社会态度和社会行为。

家风：也称为门风，家庭或家族世代认同并相传的价值观念、生活方式、行为习惯、文化氛围、精神风貌的总和，是维系家庭或家族良性传承的精神纽带。

积极教育：以学生外显和潜在的积极品质为出发点和归宿点，通过激发提升学生幸福感的因素，增强学生的积极情绪体验，以培养学生健全人格为最终目标的教育。

社会幸福感：个体对自己与他人、集体、社会之间的关系质量，以及对其生活环境和社会功能的自我评估。

思考与练习

1. 请你思考一下，当代大学生可以通过什么方式来表达对父母的孝心。
2. 请你和周围的同学讨论一下，我们上大学的目的是什么？
3. 询问一下周围的同学，设计一个活跃课堂氛围、调动学生积极性的方案。
4. 请结合实例，谈谈让自己感受到幸福的社会事件。

第七编

压力的积极管理与主动改变

    压力无处不在,没有哪一个人能够摆脱压力,也没有哪一个人能够逃避压力。与其拼命地逃离压力,不如学会接纳压力,与压力共舞。其实,任何一次压力所带来的"危机",都蕴含着成长和新生。"温水煮青蛙"的故事就在提醒我们:有压力是好事,压力至少能告诉我们此刻需要改变。

    压力在让我们经历痛苦的同时,也给予我们成长的动力。凤凰涅槃,浴火重生。正是因为不断改变自己,我们才会越过越好。因此,我们需要学会与压力和谐相处,学会在压力中改变,学会在压力中成长。

第十二章 压力的积极管理

不经历风雨,怎能见彩虹? 生活并不总是光鲜亮丽,生活中难免会遇到各种压力。经过压力的洗礼,经受住压力的考验,我们才能变得更成熟、更勇敢、更具有生命活力。压力是一把双刃剑,也可能是我们人生的转折点。我们要学会对压力进行积极管理,而不是总看到压力的消极影响,被动地承受压力。

第一节 认识压力

一、压力的实质

压力的产生与两个方面的问题有关:一是在现实社会生活中压力是怎么形成的? 二是我们是怎么体验到压力的? 在回答这两个问题之前,我们首先需要弄清楚什么是压力。

(一)压力的心理学含义

查阅心理学文献可知,压力(stress)一词最早出现于 20 世纪 60 年代。塞利教授是较早对压力进行科学研究的学者之一,在他看来,压力就是个体在面对工作、人际关系等的要求时感受到的生理、心理的非特异性反应。这里说的"非特异性反应"是指一些常见的身心异常反应,但我们并不能从这些反应判断出压力产生的具体原因。比如心跳加速就是一种常见的非特异性反应,我们并不能马上判断出它是由什么具体原因引起的。

我们通常对压力最直观的感受就是它引起了我们的身心反应。拉扎鲁斯教授进一步明确指出,压力是由于事件和责任超出个人应对能力范围时所产生的焦虑状态。这种焦虑一般不是指宽泛意义上的焦虑,称得上"压力状态"的关键是出现了"战或逃(fight or flight)"的强烈反应。这就进一步提出了并不是所有引起身心反应的事情都对我们造成了压力,因为我们只要在受到外界刺激的时候,都会出现生理反应和心理反应。

实际上,之所以出现"战或逃"的强烈反应,主要是因为解决当前困境的资源和能力有限。特别是当事件远远超出了个人的应对能力,一时难以解决的时候,压力体验就会非常强烈。因此可以这样理解,压力是指需要应对的事情超过个体内外的心理资源而出现的生理、行为变化和情绪波动(如焦虑、抑郁、恐惧、担忧等),以及紧张、出汗、发抖等躯体化症状。

(二)压力的形成机制

从心理学研究来看,事情不确定、不可控和负能量过多是产生压力感受的主要原因。凡是让我们产生不确定感的情形,以及当事情的进展无法掌控或改变、"心理垃圾"积累过多时,都容易让我们产生压力体验。从日常生活来看,以下情况需要注意。

第一,我们根本做不到或完不成某一项任务。当我们的实际能力不足以完成某一项任务,不知道应该怎么做的时候，我们就会感受到压力。这种情形让我们体验到无法左右事情进展的无助感，打击了我们的自信心，损伤了我们的自尊，内心感受到的都是强烈的无力感。

第二，目标与现实之间存在较大的差距。我们有时努力地完成某一项任务，却发现实际效果与预期目标之间存在明显的差距，再加上对目标有较高的期待，这就容易让我们体验到丧失了对事情进展的掌控，感到自己"无能为力"，强烈的挫败感油然而生。

第三，在一定时间范围内要做的事情太多。如果我们要做的事情很多，可以预见在规定的时间内无法做完，就会感受到压力，因为这种情形下你根本无法完成任务。同时，这种未完成任务的状态也会让人产生压力。比如，我们打算今天背诵 50 个单词，但直到下晚自习才背了30 个单词，你会发现自己内心的压力陡增。

第四，重要他人对自己有过高的期望。当听到父母说"很遗憾自己没有上大学，希望你能考上一个好的大学"时，压力也会突然增加。尤其是说这话的人对自己而言很重要的话，考上一所好的大学就成了一个不小的"负担"。

其实，还有一些因素会影响到我们的压力感受。有学者发现存在压力易感性人格，如 A 型人格、B 型人格、共存人格、无助-绝望人格等。具有这些典型压力易感性人格的个体在压力情境中更容易感受到压力。

知识拓展

未来的不确定与压力

未来充满着希望，也包含着很多不确定。"人生本无常，世事太难料。"我们在面对压力，解决压力性事件的时候，不可避免地需要面对未来的不确定。一些早期心理学理论认为，对未来的不确定感和回避不确定状态的倾向是焦虑和心境精神病理学的重要机制。随着我们对不确定性的心理响应机制的进一步了解，将事件的不确定性和对不确定性的容忍度进行了区分。研究发现，现实生活中的大部分事情都是不确定的，或者说结果是未知的，事件本身的不确定性并不一定会引发我们的焦虑、担忧，我们对不确定性事件的感知和判断才是引发焦虑、紧张和担心的原因。弗里斯顿等人(1994)使用"不确定性容受度(intolerance of uncertainty)"这一概念描述我们对事件不确定性的容忍程度及在认知、情绪和行为上的相应反应。在现实生活中，面对同样的不确定性，对不确定性的容忍度存在个体差异。有的人能够容忍并积极面对；有的人则无法忍受，常感到焦虑、紧张、担心，并试图逃避或事先预防。

临床研究发现，不确定性容受度是引发广泛性焦虑症的主要原因，并与社交焦虑、强迫症、分离焦虑等焦虑障碍密切相关。不确定性容忍度较低的个体不仅表现出对威胁和不确定性信息的注意偏向，还存在记忆偏向及对模糊情景的解释偏向。在行为趋向上，不确定性容忍度较低的个体更愿意主动探索，以提高事情的确定性。

（三）压力的响应机制

压力会激活交感神经系统和下丘脑-垂体-肾上腺轴的神经通路，让人表现出一些心理症状和躯体症状。从时间进程来看,个体对压力的反应进程大致可以分为警戒反应期、抗拒期、衰竭期。

在警戒反应期,除了表现出强烈的生理反应,如心跳加快、汗液增加、呼吸频率加快等,还会产生焦虑、紧张、不安等心理体验。这个阶段的压力体验是最为强烈的。

在抗拒期,个体采取了一定的策略来应对外在的压力,同时个体进行自我调整,试图抑制生理的过度反应,减轻负性情绪的强度。在这个阶段,个体会感到内心很难受、很痛苦。

在衰竭期,自身的应对资源无法战胜外界的压力,内心充满了压力体验,身体内大量的神经生化递质开始衰减,大量细胞死亡。所以,我们的身体开始出现血压升高、心跳加快、紧张、恐慌等。

实际上,压力是一种适应性的生存机制,压力能够促使我们主动地在生理、心理上做出调整。从人类进化和生存的角度来看,压力无疑具有积极的作用。

二、压力事件

现实生活中很多事情看似平常,但是一旦超过了我们的应对能力就会令自己感受到压力,这些事件被称为压力源,也就是引起个体压力感受的来源。国内学者李虹等人(2003)的研究表明,在校园里存在十五种压力源:学习、就业、人际关系、生活状况、恋爱关系、经济收入、社会、考试、家庭、生活及学习环境、未来、能力、自身的因素(成长、外表、自信)、健康、竞争。大体来说,这些压力事件主要可分为消极生活事件、心理困扰、学业烦扰三种类型。

(一)消极生活事件

这是日常生活中常见的一类事件,时常让人感受到压力。学生常遇到的生活事件有学习、恋爱(早恋)、挫折、人际关系(室友关系)、心理健康问题、工作(就业)、家庭纠纷等。这些事件在没有得到妥善解决之前会困扰我们很长一段时间。需要注意的是,生活中经常让我们感受到压力的是挫折事件。挫折不仅带给我们强烈的负面情绪,还会让我们产生攻击性行为。

(二)心理困扰

内心存在的一些心理因素也会导致压力体验,如完美主义倾向、对现状的不满、成就动机过强、价值观念冲突、错误归因、自制力不强等。在日常生活中有较为强烈的体验的就是极端的完美主义和过强的成就动机。这两种因素容易让我们的自尊心受损,产生极大的挫败感,导致强烈的压力体验。

(三)学业烦扰

学业烦扰几乎是学生每天都会遇到的琐事,事情虽小,却也会给我们带来很大的心理压力。比如,我们每天下课之后都会到拥挤的食堂吃饭,每天都要提醒自己不要迟到,每天都要面对让自己吃力的课程等。如果遇上考试周,那么我们每天还要复习,不断地重复重点、易考点。这些琐碎的学习任务都会让我们倍感压力。

压力事件还有具有一些特点。第一,如果事件得不到解决,那么压力感受会持续一段时间,甚至贯穿整个学生生涯,如考试、学习任务。当然,也有一些压力事件属于偶发性事件,如地震、台风、传染病暴发等,这些事情同样会带来压力。第二,由于我们重视程度的不同,压力事件引发的情绪强烈程度会有明显差异。我们看重的事情虽小,但也有可能带来强烈的情绪冲击;我们不看重的事情,虽然影响很大,却难以引起我们内心的涟漪。第三,压力体验强度与压力源出现的频次有关。越是经常在生活中出现的事情，就越容易让我们体验到压力。比如，学习和考试是大学生最主要的任务，也是发生频次最高的事件。

知识拓展

挫折及其积极管理

挫折是个体的动机、愿望、需要或行为受到内外因素阻碍而失败、失利的一种社会情境。在挫折情境中，个体会体验到挫折感，即个体在挫折情境下产生的焦虑、困惑、担忧、愤怒等情绪汇合而成的心理感受。严重的挫折感会引起攻击性行为或报复行为，而攻击性行为或报复行为会导致严重的后果。心理学中的"踢猫效应"就说明了挫折转化为攻击性行为的后果。人在受挫时会产生不满、愤怒的情绪，继而转化为攻击性行为，这些攻击性行为一般会沿着等级和强弱组成的社会关系依次传递，由地位高的传向地位低的，由强者传向弱者，无处发泄的最弱小的个体便成了挫折情绪的最终承受者。在现实生活中处处可见"踢猫效应"的例子。

挫折并非一无是处，有时会给我们的人生带来积极的影响。首先，挫折提升个人的应对经验和能力。俗话说"吃一堑长一智"，挫折在给予我们失败和打击的同时，也让我们的智慧与能力得到增长，从挫折中汲取营养可以让我们变得更加强大。其次，挫折磨练个人的意志品质和承受能力。自古以来，凡是取得重大成就的人，无不经历过挫折和磨难的考验。物理学家霍金用坚强的意志品质和病魔进行长期的斗争，才在物理学上取得了杰出成就。"宝剑锋从磨砺出，梅花香自苦寒来"，说的就是挫折在磨练个人意志品质中的巨大作用。最后，攻坚克难，激发进取精神。"知耻而后勇"讲的就是挫折有时候能够唤醒我们的羞耻心，激发我们的进取心。

三、压力的消极效应与积极效应

（一）压力的消极效应

尽管压力有一定的积极作用，但是如果压力体验的强度过大，或持续时间过长，我们的身心健康就会不可避免地受到损害。大家之所以尽力消除压力、回避压力，可能与压力产生的消极作用有密切的关系，主要表现在生理反应、心理反应与行为反应三个方面。

在生理反应方面，压力体验会让我们出现非特异性的生理反应（在任何压力源的影响下，所有个体的促肾上腺皮质激素、肾上腺皮质醇都会被释放，引发血压升高、心跳加快、出汗等症状）。从现有的研究结果来看，心理性压力事件（如考试、演讲）引起的生理反应强度要大于躯体性压力事件（如冷刺激、疼痛刺激）。绝大多数压力都属于心理性压力，这些压力导致的生理反应往往涉及大脑皮层、神经内分泌系统。在大脑皮层，海马、杏仁核、前额叶皮层和脑干都是参与压力反应的重要区域；在神经内分泌系统，肾上腺素、促肾上腺素和皮质醇是压力反应下的重要分泌物。要注意生理反应的强度和持续时间，过大的压力反应不仅会影响我们的身心健康，甚至会对 DNA 造成不可逆的损害。

在心理反应方面,过度的压力体验会给人的心理带来许多负面影响,从而损害心理健康。首先,压力会引起个体情绪状态不稳定,主要表现为烦躁不安、焦虑、紧张等情绪。长期处于极端的情绪状态中,容易让我们出现抑郁症、神经症等心理障碍。其次,压力会直接影响人的认知与思维。在强烈的压力体验下,思维容易走向极端,出现注意范围狭窄,思维灵活性、记忆力下降等现象。如果没有得到很好的调整,就容易"钻牛角尖",走进思维的"死胡同"里。最后,过大的压力会增加我们内心的不安全感。强烈的压力体验让我们处于高唤醒状态,感觉自己受到威胁,处于敏感、不安的心理状态中。

在行为反应方面,压力也有所表现。在压力情境中,我们可能会出现退缩、强迫行为、失眠、冲动等消极行为,以降低压力事件的强度,同时会选择一些不适当的压力应对方式,如酗酒、吸烟等行为。在日常生活中我们经常看到,当一个人遇到挫折或者不顺心的事情时,吸烟、喝酒的行为会明显增多。这些行为不仅会损害我们的身心健康,还会让我们感受到新的压力。

(二)压力的积极效应

其实,压力并不是一味地给我们带来消极影响,压力与心理健康呈倒 U 型关系,如图 12-1 所示。如果没有压力,我们容易进入空虚、无聊的状态。在这种状态中,做任何事情都提不起精神,对任何事情都不感兴趣,当然,如果压力过大,我们的身心就会长时间处于"紧绷"状态,容易出现健康问题。从压力程度和持续时间来看,过大的压力会让我们处于亚健康状态,甚至精神耗竭,体验到强烈的无助感,出现病理性症状;只有中等强度的压力,才会促进我们提高工作效率,让身心处于积极的健康状态。

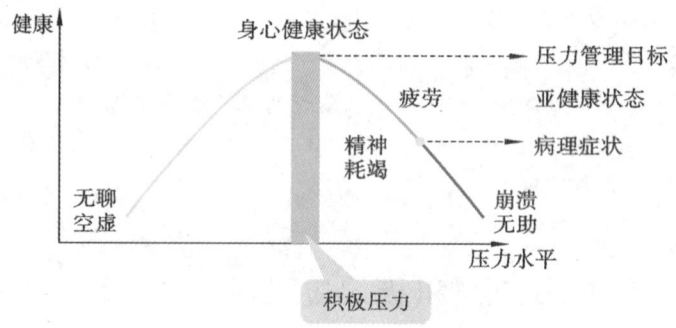

图 12-1　压力与心理健康模型

压力是不可避免的。可能很多大学生都这样想过:"大学校园要是没有考试,没有评奖,也没有论文要写,学生尽可能按照自己的意愿和想法做事,可能会做得更好!"现实果真如此吗?其实不尽然。大家应该都听说过温水煮青蛙的故事:如果青蛙被扔进热水里,那么它会拼命挣扎逃生;如果青蛙被放在冷水里慢慢煮,它就不会挣扎。结果是,在热水里的青蛙或许还有逃生的希望,冷水里的青蛙却会慢慢死去。青蛙尚且如此,我们又何尝不是这样!这个故事给我们的启示是:没有压力,就没有动力。压力的积极作用体现在以下四个方面。

首先,压力能推动我们积极应对困境。孟子说过:"天将降大任于斯人也,必先苦其心志,劳其筋骨,饿其体肤,空乏其身,行拂乱其所为,所以动心忍性,曾益其所不能。"压力可以激发我们的斗志,最大限度地发掘我们的潜力。有时候在压力情境中你会感受到强烈的鞭策,因为你知道预期目标与现实的差距较大,所以你不得不想尽一切办法来缩小两者之间的差距。正是在努力缩小差距的过程中,我们感受到了压力的积极作用。

其次，压力使我们处于唤醒状态，为解决特定任务提供了必要的心理条件。重要的考试（如大学英语四六级考试、研究生入学考试等）会给我们带来不小的压力，这些压力一方面会促使我们检查对知识的掌握情况，另一方面会让我们想办法调节自己的紧张状态，保持良好的心态。

再次，压力可以促使我们成长。在压力研究中，我们常常会提到"钢化效应"，也就是说，在经历了一次压力事件后，当类似的事件再次发生时，我们有足够的经验和资源解决困境，同时身心对压力的应激反应也明显减弱。比如，考试失败会让我们加倍努力学习，争取下一次考出理想的成绩。

最后，压力能够增进我们的幸福感。压力事件本身可能不会让我们产生幸福感，却有可能使我们有机会从认知、情感等多个方面重新审视自己的"幸福状态"，珍惜现在，增进自己的幸福感。比如，我们可能会抱怨现在的生活是多么的无聊，自己是多么的无能，但是所有在灾难中幸存的人都会觉得"活着就是幸福"，他们会想，至少自己还活着，至少自己还能创造幸福生活。

第二节　压力的有效应对策略

压力会让我们的身心处于紧张状态，丧失舒适感。人有消除压力体验的本能，当然，要想彻底消除压力体验，最根本的办法就是解决压力的来源——压力事件。事件解决了，压力也就消除了。但在现实生活中，有很多压力事件一时难以解决或者我们没有能力解决，我们只能选择一些有效的应对策略缓解压力体验。总的来看，主要有七种常见的压力应对策略。

一、重构事件的意义

之前我们已经探讨了认知因素对压力的影响，我们并不是被动地对压力事件进行响应，而是主动认识、应对压力事件。正是因为认知因素的作用，我们即使面对相同的压力事件也可以表现出不同的反应。认知情绪评价理论、情绪 ABC 理论都强调了认知在情绪反应中的重要性。

中国文化提倡和鼓励以积极心态面对压力，对压力进行积极的重构，赋予压力积极的意义（汪新建，史梦薇，2013）。日常生活中有很多方法可以帮助我们寻找到压力的正面意义。

第一，转换角度，关注事情积极的一面。

任何事情都有积极的一面。比如失恋，从性质上来讲失恋是一件负性的事情，它给我们带来了消极的情绪，但是失恋也有积极的一面，我们可以从中学会一些道理或知识，更重要的是，失恋展现了我们的情感依赖。又比如考试失利，考试失利不仅让我们体验到压力，还让我们清楚地看到自身的不完美之处。由此可见，任何压力事件都有一定的积极作用，关键在于我们是否愿意去寻找其积极的一面。

第二，识别自身存在的不合理思维模式，破解认知困境。

一件平常的事情，为何在我们看来会具有伤害性或威胁性呢？这可能与我们自身存在的不合理思维模式有关。一些认知偏向容易让我们将事件解释成具有威胁性的事件，如消极化倾向（压力事件发生之后只会想到消极方面）、灾难化倾向（将压力的结果视为糟糕至极、无法改变的)、责备他人(即便负性事件是自己造成的,却将责任推卸到别人身上)、完美主义倾向(对自己提出过于完美的标准)、非此即彼的思维(认为事件的结果非好即坏,没有中间状态)、应该化倾向(过度强调应该做什么,不应该做什么)。我们很难在这些扭曲的认知模式中寻找到事件的积极意义。

第三,调整自己的期望值,学会乐观地接纳现状。

"期望越大,失望越大。"对事件的期望值不仅影响我们实现目标的动机,还影响我们对事件的认知与解释。很多时候,如果我们降低对事情的预期,就很容易从积极的方面来解释当前的处境。每一个大学生都会对考试产生期望,特别是大学英语四六级考试、研究生入学考试等。假如我们预期自己的成绩至少能达到90分,但实际成绩只有70分,那么预期与现实结果之间的差距势必让我们产生强烈的心理冲突,甚至出现极端行为。如果我们试着调整自己对结果的预期,如"我觉得之前估计的分数偏高,其实应该在70和80之间"。你会发现,这样容易让自己接纳现状,降低事件的威胁性。

第四,识别扭曲的语言模式,学会自我暗示。

有时并不是压力事件让我们产生强烈的情绪体验,而是扭曲的语言模式带给我们负面的自我暗示。比如,"我必须干得很好才行!""如果我做了蠢事,我就是笨蛋或一无是处的人!""因为我爱你,所以你就必须这样做!"……我们可以细细体会这些话语的深层含义。"我必须干得很好才行!"是不是在说我不能做得不好,"因为我爱你,所以你就必须这样做!"的含义是不是你只有这样做才配拥有我的爱。在这些语言模式中,我们会有被强迫的感觉,无形中感受到很大的压力。我们要学会使用语言澄清自己的真实想法,不要被扭曲的语言模式所蒙蔽,要给自己和他人留一点思维空间,增加事件的可选择性,缓解压力体验。

第五,寻找到恰当的应对策略,帮助我们合理解释事件。

压力的应对策略或方法能帮助我们寻找到对当前事件的合理解释。对自身应对能力和可利用资源的知觉在应对压力的过程中是非常重要的因素,因为它们决定着我们选用哪一种应对策略。如果一个人感知到自己有足够的心理资源来解决面对的压力,他会选择问题解决策略,移除压力事件;如果一个人感知到自己没有能力或资源来解决当前的压力,那么他会选择回避策略。选择恰当的应对策略有助于我们合理地解释事件。

二、积极取向的情绪管理

情绪在生活中扮演着重要的角色,改变了我们的生活。比如,在愤怒情绪的引导下,我们不仅会出现敌意、烦躁等情绪,还容易表现出攻击性行为;相反,如果我们体验到积极的情绪,就会容易发现生活美好的一面,即使遭遇大雾天气,也能体验到"雾里看花"的朦胧美。情绪让我们带着"有色眼镜"看待世界。当然,不仅消极情绪需要管理,积极情绪也需要管理。缺失了积极情绪,我们会陷入痛苦的泥潭之中难以自拔;而高涨的积极情绪会让我们变得浮躁、不踏实。

研究发现,在压力情境中,我们同时体验到积极情绪和消极情绪,即积极情绪和消极情绪同现的现象(陈建文,王韬,2012)。尽管压力体验以消极情绪为主,但我们可以发挥积极情绪的动力作用,使情绪得到快速调整,保持内心的平和状态,也就是达到积极情绪体验和消极情绪体验之间的平衡。

积极取向的情绪管理就是要保持积极情绪与消极情绪的平衡,控制、调节和疏导消极情绪,激发和培育更多的积极情绪。已有的研究发现,当情绪(积极情绪和消极情绪)处于失控的边缘,以及我们感受到强烈的积极情绪或消极情绪时,我们都会无意识地启动情绪调节,积极管理好我们的情绪状态。这个反应机制完全是人类的一种本能。当然,我们更多的是有意识地进行情绪管理,大致有三大类方法:一是转移注意,二是认知重评,三是抑制反应。

从情绪管理的效果来看,确实有一些让我们在尽可能短的时间内有效地改善情绪体验的方法。

从压力应对方式的角度来看,以解决问题为中心的调节优于以缓解情绪为中心的调节。以解决问题为中心的调节力图通过一定的步骤来移除压力情境,消除压力诱发的威胁,有效地降低对负性情绪的反应强度;以缓解情绪为中心的调节只关注自身负性情绪的改变,只能暂时缓解紧张情绪,并不能从根本上降低负性情绪的体验强度。

从情绪调节发生的时间点来看,在情绪尚未出现之前进行的调节优于情绪激活后的调节。当预期的压力事件发生后,我们主动对压力事件进行重新解释,改变对压力事件的预期或认识,会明显地降低压力体验的强度。在情绪激活之后,直接针对情绪本身进行的调节,只能暂时缓解压力。

从效果的角度来看,积极的调节策略(如积极调整、积极设想、问题解决)要优于消极的调节策略(如自责、灾难化、沉思默想、责备他人)。在面对压力和困境的时候,大学生使用频率较高的策略是积极设想、容忍、积极调整、沉思默想,但这四种调节策略的调节效果并不一致。积极设想、积极调整策略能够缓解大学生的负性情绪,而单纯的容忍、沉思默想则会加重负性情绪的体验强度。

三、积极的应对方式

压力应对是指个体为了应付压力而采取的认知和行为方面的努力。从自我与情境的关系角度进行分析,压力应对过程无非存在两种模式:要么改变环境适应自己,要么改变自己适应环境。改变环境适应自己的模式包括移除压力情境、解决问题策略等;改变自己适应环境的模式包括情绪调节、认知重评、放松自己等。

压力应对的关键在于我们选择的应对方式的有效性。比如,针对大学生英语四六级考试,我们可能一开学就制订了复习计划并参加了考试辅导班,但实际上平时并没有花很多的时间去学习英语,直到临考的时候,才知道发愤图强。如果平时功夫下得深,何来考试之前的挑灯夜战呢? 因此,压力并不完全源自压力事件本身,更多的时候是源自我们的应对方式。

积极的应对方式可以从压力应对的效果进行判断,是指有助于我们的身心健康,帮助我们积极适应困境的应对策略或方法,如问题解决、认知重评、求助等。这些积极的应对方式,有的能够彻底地解决问题,消除压力体验,有的能够缓解压力。其实每一位大学生都有一些应对压力的有效方法,但是为什么我们主动应对压力时觉得没有多大效果呢? 这主要与我们自身的一些因素有关。

一是主观预期存在偏差。当遇到压力的时候,很多人希望在经过自己一番努力之后能消除压力感受,感觉到轻松,不能容忍自己仍然体验到压力。其实,只要压力事件没有得到解决,任何压力应对方式只能减少、最小化压力体验,起到暂时缓解压力的作用。这就需要我们从以往的成长经历中借鉴经验,回忆当时的心理变化过程,让我们能够接受当下的体验。

二是挫折承受能力较弱。人会越挫越勇,前提是我们要经历一些事情,当再一次经历类似

165

的事情时,我们就会有足够的经验去面对。没有人可以代替我们应对压力,面对压力,我们只能学会自己解决它。

三是缺乏应对灵活性,不能根据环境的需要而灵活地进行调整。同一种应对方法,在这个情境中使用时减压效果显著,但是在另外一个场景中使用,减压效果就不尽然。拿宣泄情绪来说,当压力过大,情绪感受强烈时,宣泄情绪的减压效果就会很明显,但是当我们需要采取具体措施解决问题的时候,宣泄情绪恐怕不会带来任何明显的效果。

跨文化研究表明,个体主义文化下的个体趋向于使用能够通过改变外在环境以实现自己期望的应对策略,集体主义文化下的个体趋向于使用能够通过控制内在状态以实现应对目标的策略(杨宝琰,万明钢,2008)。陈建文(2012)调查发现,大学生在压力应对中同时采用解决问题的应对方式和调节情绪的应对方式,但是情绪应对的频率相对较高,而且多以转移注意为主。情绪应对并非总是不利于个体的身心健康,它能够在个体遭遇到不可控的压力事件和无法解决的问题时帮助个体达到内心的平衡,同时能够缓解消极情绪的体验,增强积极情绪的体验,为后续的问题应对做准备。张莉等人(2009)对大学生的压力释放方式和应对方式等进行了调查,结果显示,当释放一般压力的时候,大学生常用找朋友聊天、听音乐、睡觉、看电视、唱卡拉OK、上网、喝酒、抽烟等方法;当需要释放极端压力的时候,就会采用暴饮暴食等方法。

当然,我们应该提倡"未雨绸缪"的预先应对(proactive coping)方式,这种应对方式针对潜在压力事件提前采取行动,确保了我们的身心健康。预先应对就是指个体提前采取措施以阻止潜在压力事件的发生。积极心理学提倡的这种应对方式面对的是未来可能出现的压力事件,这是一种心理活动的预先准备状态。

四、自我的积极力量

自我包括自我认识、自我体验和自我调控三个方面,这三个方面的积极力量有助于缓解压力带来的负面效应。正面的自我认识、积极的自我体验、有效的自我调控有利于抵御压力的冲击。

增强个人内在力量的关键在于形成积极的自我概念。格式塔心理学认为,个人的内心冲突是常态,是一种自然现象。在日常生活中,我们会因许多不同的甚至不相容的观点产生冲突,当我们想采取行动面对问题的时候,这些冲突就会加剧,我们容易选择逃避或者回避,以维持内心的暂时和谐。格式塔心理学认为,逃避或者回避冲突并不能解决问题,应该将矛盾呈现出来,让个体交替处于两种对立的观点之中,借用对话的形式来解决冲突,实现积极自我与消极自我的整合。让个体接纳自己的不足,树立积极的自我认识。下面介绍一个促进正面自我认识形成的自我对话练习。

自我训练 ▶▶

塑造正面的自我认识

训练的基本流程:首先,明确存在相互矛盾的自我认识。确定自我认识的具体领域,是寝室人际关系的自我认识,还是学习方面的自我认识,越具体越好,之后分别在一张白纸上分别列出自己在这个领域的优点、缺点。其次，找好合适的替代物品，分别指代"优点"和"缺点"，比如可以选择两支笔、两把椅子、两个靠垫或者两瓶水等。最后，依托这两种象征物，开始优点、缺点的自我对话。

例如，一个性格内向的学生平时困扰于自己的不合群，希望能与同学们多交流，体验到积极的人际关系，但在现实生活中就是不愿意表达，也不知道如何与同学们相处。他为自己罗列的优点是内心想和别人交往、喜欢与人交谈……，缺点是不合群、独来独往……

优点、缺点的对话过程如下：

缺点：（看着优点的象征物）我整天一个人独来独往，我很想和同学们说说话……

优点：（看着缺点的象征物）你其实是可以处理好的，你也有好朋友，你们一起聊天，一起逛街，一起做作业……你有与人和谐相处的能力。

缺点：（看着优点的象征物）我已经很努力地改变现状了，但是我发现，我越努力，就越容易犯错，效果就越差。

优点：（看着缺点的象征物）你对自己太苛刻了，其实你已经很不错了。之前你和同学们相处时，思维比较偏执，老是觉得别人不对。现在你不仅注意改正自己的这些缺点，而且开始反思自己，这是很大的进步。

缺点：（看着优点的象征物）嗯，我也觉得现在与同学们相处得挺愉快。只是想起以前的事情，再想想自己期望的人际交往目标，就很纠结……

优点：（看着缺点的象征物）你要关注现在，不要去想过去和将来的事情。要相信你自己，只要你真诚地待人，就能够与人和谐相处。

缺点：（看着优点的象征物）好吧，我试试。

优点：（看着缺点的象征物）你要相信自己，你是有能力处理好的。

正面的自我认识是形成积极自我体验的起点。增强个人内在力量，离不开积极的自我体验，自尊、自信、自强、自立都是在自我认知的基础上通过自我评价而产生的自我体验。自尊、自信、自强、自立的个体在应对压力和困境的时候，能够依靠自身的内在力量，更加勇敢地迎接生活的挑战。实际上，每一个人都具有追求积极自我意象、肯定自我的驱动力，以满足增强自尊、提高个人价值感、寻求积极自我认识的需要。这种驱动力就是自我提升，也被称为自我增强或自我提高。比如，我们组织的一场学生活动失败了，在反思失败原因的时候，我们可能会这样说："其实整个活动还是挺好的，每个人都努力付出了，要是之前多宣传一下就好了……"又比如，考试失利后，有些同学可能会说："还不错，别人平时很努力地学习才考到90分，我都没有怎么复习，就考到了70分，这让我太意外了。"这些都是自我提升的表现，能帮助我们维持积极的自我体验。

增强个人内在力量，需要有效的自我调控。自我调控是指个体克服冲动、习惯或自动化反应，通过自我监控和自我反馈，有意识地掌控自己行为方向的能力，使自己的行为更符合社会或自我标准。有效的自我调控就是在不损害积极的自我认识和自我体验的前提下，主动、积极地依靠自身的内在力量进行自我调控。衡量一个人的自我调控是不是有效的，关键在于个体是否具有主动性和自主性，结果是否指向积极的方面，调控的过程及结果能否带来积极的情绪体验。其中，主动性是指个体能够根据环境的需要主动控制自我；自主性是指自我调控过程中的自我决定能力，知道调控的内容，明确调控的机制，设定调控的目标。

五、有效的时间管理

对压力的感受与时间管理有关。日常生活中的压力体验与未完成的事件或任务有关,如果有一件事情或任务未完成,我们就会感受到压力,但感觉可能不会很强烈;但是如果有好几件事情没有完成,而且这几件事情都比较重要,那么就会体验到强烈的压力。压力体验与处理这些未完成事件的时间安排有关。如果我们能够合理利用时间资源,按照事情的重要性、急迫性来安排处理顺序和方式,那么我们感受到的压力就会减少。

(一)时间管理

时间是一种重要的压力应对资源,具有不可变、无法储存、不可替代的特点。时间管理就是根据事先的规划合理地安排事情,以提高办事的效率。时间管理的核心就是对事情的安排和控制,让每一件事情都处于掌控之下,增强我们对事件进程的掌控感。

时间管理的作用在于提醒和引导。时间管理会提醒我们要做什么事情,要做多少事情;时间管理也会引导我们在安排好的时间做该做的事情,并集中精力做好事情。时间管理的有效性直接影响我们对压力的感受。

(二)合理管理时间的方法

对时间进行管理需要注意两点原则:一是重要的事情优先安排、优先处理,二是拒绝添加计划外的活动,确保活动不超量。主要有三种时间管理方法:一是列举待办事情清单,二是根据轻重缓急来安排事情,三是时间账单。

1. 列举待办事情清单

列举待办事情清单是一种对待办事件进行时间管理的方法,简单来说,就是将每天要完成的事件列出一份清单,然后依据要求完成时间安排处理顺序,尽力做到"今日事今日毕"。

在设计、制订待办事情清单的时候,首先要明确所列事件的类型,如日常工作、特殊事项、计划中的任务、昨天未完成的事件等。然后根据不同的事件类型制作时间轴,分类安排事情。一般在开始一天的工作之前制订待办清单,完成一项事情就划掉一项,对于重要的、紧急的事情可以优先安排,并标明完成的时间节点。如果因为一些意外因素而无法按时完成当天的事情,那么在制订清单的时候,可以根据事情的轻重缓急,将前一天未完成的任务分配到当天或第二天的清单之中,避免发生因为任务超量而无法完成的情况。

2. 根据轻重缓急来安排事情

我们同时处理多项任务是一件极为困难的事情,需要根据时间的紧迫性、事件的重要性两个维度进行时间规划。这种时间管理方法是按照事情的轻重缓急来建立一个时间管理的坐标,按照紧迫性、重要性这两个维度,将所有的事情大致划分为重要且紧急、重要但不紧急、紧急但不重要、不重要且不紧急四类(见图12-2)。我们可以根据实际情况,有序地完成这些事情。

3. 时间账单

时间账单是根据完成事件所需时间来进行管理的策略。我们事先可以根据以往的经验或他人的建议主观估计完成事件所需的时间,之后按照完成事件所需的时间,统筹安排解决事情的先后顺序。通过时间账单,我们可以清楚地知道应该将当天的时间花在哪一件事情上,同时可以据此减少额外的活动。

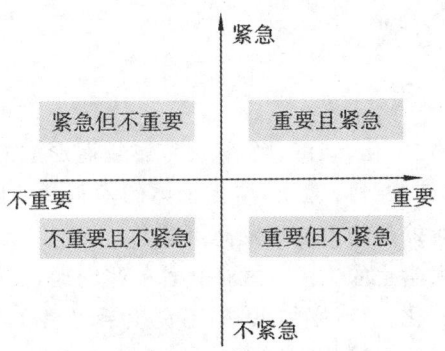

图 12-2 根据轻重缓急进行时间管理

知识拓展

时间管理与学习拖延

几乎每一个人都有过学习拖延行为。学习拖延就是我们有目的地推迟或拖延应该完成的学习任务或活动的行为。我们都会疑惑，学习拖延是因为我们时间管理不当，还是因为我们学习任务完成质量不高，达不到预期使然？随着对学习活动认识的加深，我们知道了学习拖延有主动和消极之分。

主动的学习拖延是由于需要将当前的注意焦点放在其他重要的任务上而有意地拖延任务的行为，比如，我们按计划在准备大学生英语四六级考试，却因为期中考试的到来而暂时中止英语复习。被动的学习拖延则是因为自己的决策或自身能力问题导致拖延的行为，比如，一开始设计学生科研创新项目的时候，制订了很多研究计划，但是由于低估了研究的难度导致研究迟迟无法开展。一般来说，被动的学习拖延不仅会引发负面的情绪体验（考试焦虑、沮丧、低学习成就感等），还会引发消极的学习行为（放弃或推迟完成作业、考试前临时抱佛脚等）。

当然，拖延也不是一无是处。积极心理学研究发现，拖延行为也能带来正能量。首先，在离任务完成期限还早的时候，拖延行为可以让我们暂时随心所欲地做一些轻松的事情，以缓解压力。其次，拖延会导致我们在临近任务完成期限的时候处于紧张的状态，往往会因此而出现高效率的行动。

导致拖延的原因主要有三种：一是兴趣不高，动机不强。有些学习任务可能并不能激发我们的兴趣，我们自己都不愿意去做，即便做了，也多半是敷衍塞责、流于形式。对于这一类任务，不到"最后的期限"我们是不会去主动完成的。二是任务太重，超过现有能力，只能回避。当我们开始执行任务时，发现任务难度太大，只能让我们体验到失败，体验到挫折，最后会抛下手中的工作去干别的事情。三是完美主义倾向。不少人并非缺乏能力或不够努力，却永远停留在求"完美"的准备当中，而迟迟无法开始执行任务。四是同时处理所有学习任务，没有进行有效的时间管理。任务过多，任务超量，没有有效地安排事情，没有宽裕的时间来处理事情，导致无法及时完成任务。

六、积极的生活方式

（一）生活方式

生活方式就是个体受一定文化、经济、风俗、规范影响而形成的一系列生活模式。恰当、适宜的生活方式有益于维护个体的身心健康,增强个体的幸福感。比如,长期吸烟、酗酒的人比没有吸烟、酗酒嗜好的人罹患癌症的可能性要高得多。

有研究结果显示,当前大学生的生活方式存在着一些问题,需要引导其建立积极的生活方式。比如,学习目的日益功利化,学习兴趣下降;不良生活习惯和生活压力引发的身心亚健康状态;整体消费水平适中,却超前消费、盲目攀比;注重建立良好的人际关系,但是部分学生的人际交往能力较差;具备一定的道德标准,但没有达到知行统一;休闲形式多姿多彩,兴趣爱好良莠不齐;普遍密切接触网络,网络行为亟须引导和规范(杨晓慧,2006)。

（二）积极的生活方式

1. 培养健康的闲暇生活

闲暇生活不单是娱乐消遣活动,更不是无聊的休闲。健康的闲暇生活能够让我们体验到生活的乐趣、身心的愉悦和自我成就感。凡是能够带来积极结果、有益于身心健康的休闲活动都是健康的闲暇生活。

第一,健康的闲暇生活有利于身心健康发展。遇到挫折、困难的时候,可以到户外走走、晒晒太阳、看看美景、散散心,以此转移注意力,暂时忘却消极情绪;也可以在体育场上尽情挥洒汗水,发泄消极情绪……因此,充分开展休闲活动,既可调节个体的消极情绪,又可宣泄情绪,缓解紧张,保持身心的健康发展。

第二,健康的闲暇生活有利于人际交往和沟通。人际交往是我们日常生活的重要内容,以沟通为主题的休闲生活为我们提供了交往的机会,可以在沟通中了解和认识他人、社会及周围世界,拓展生活领域,丰富生活经验,使自己不断适应变化的环境。

第三,健康的闲暇活动有利于体验幸福。适当、适度的休闲生活能够提高个人的主观幸福感,不当的闲暇生活则会引起幸福感减弱或丧失。通过积极的休闲活动,人们能在闲暇中发现幸福、体验幸福并创造幸福,这是休闲生活的最高境界。

但是在现实生活中,大学生的休闲生活并不令人满意。大学生的闲暇时间较为充裕,休闲活动已经成为大学生校园生活的重要组成部分。目前存在一个较为突出的问题:大学生休闲生活质量不高,上网成为主要的休闲生活方式。大部分学生休闲活动的动机只是消磨时间,从休闲活动的层次看,学生把大量时间放在上网、逛街、聊天等低档次的活动上面。

2. 音乐放松

现在我们的电脑或手机里面一般都保存着很多歌曲,在需要的时候会播放出来听一听,放松自己的心情。其实,早在两千多年前,孔子就提出了"兴于诗,立于礼,成于乐",也就是说,人的修养开始于学诗,自立于学礼,完成于学乐。音乐不仅在人格修养和塑造方面具有重要作用,而且是有效的心理调节手段。音乐放松就是充分利用情绪感染理论,通过特定的音乐节奏来感染个体的情绪,进而改变其心理状态。在不同的心理状态下,可以选择不同的音乐,由外而内地调节自己的情绪。比如,当疲劳不堪时,可选择《春夜喜雨》《百家姓》《生僻字》等曲目来缓解疲惫的身心;当郁郁寡欢时,可选择《将近酒》《过山》《黄河大合唱》等曲目来激发愉快的情绪。当然,音乐具有鲜明的个性特色,同样的一首歌曲,对不同的人而言,会带来不同的情感体验。

3. 阅读书籍

阅读书籍具有积极的作用,体现在激发思维、社会适应、行为引导和情绪宣泄等方面。首先,阅读有助于拓宽视野,让人们转换角度思考问题。阅读可以激发我们对人生态度、行为进行反思,获得从另外的视角看待问题的可能性。其次,阅读有助于自我提升。我们提倡终身学习,就是要不断地吸收新的知识,阅读书籍有助于提高自己的社会意识水平,扩展知识范围,强化社会与文化规范,增强社会敏感性和社会责任感。再次,阅读有利于行为引导。阅读有关书籍,可以增强活动能力,抑制不成熟行为,促进健康成长。最后,阅读也是一种宣泄情绪的方法。能引起共鸣的诗歌、小说等可以让我们获得替代性体验,产生认同与共鸣,达到疏泄不良情绪的目的,促进身心健康成长。

4. 运动

运动是积极主动的活动过程,可以有效地缓解与释放心理压力,带来愉悦的心情。蒋长好等人(2014)梳理了包括运动在内的身体活动对情绪的影响,结果显示,身体活动(尤其是有规律的身体活动)不仅有助于提高人的生理机能,还具有改善心境、增强积极情绪、提升幸福感和自尊感的作用,甚至在矫治情绪障碍的过程中也具有积极的作用。舞蹈、健美操、散步、游泳、滑冰及球类运动等运动,能够放松我们的躯体,带来愉悦、舒适的心理状态。运动能够有效缓解消极情绪。当我们面临学习、生活等各方面的压力时,运动有助于缓解肌肉紧张和精神紧张,使消极的情绪得以调适与转化。运动还能够锻炼我们的思维,比如,我们在学习打太极拳的过程中,领悟到太极拳的精髓"阴阳相生相克""以柔克刚",这些都可以作为我们为人处世的哲理。

5. 书法

书法是富有中国文化特色的一种活动。现有的研究发现,书法有助于调节注意力和促进身心健康。首先,书法能够改善大脑的电生理活动。来自电生理的研究显示,老年人在经过30分钟的书法练习之后,大脑中的 Fz、Cz 及 Pz 点的 N2 及 P3 波出现了明显的改变,而这些脑电波的变化反映出他们的心理负荷减轻了,意识的知觉水平提高了(陈足怀,刘旭峰,苗单民,高尚仁,高定国,王伟,2002)。其次,书法练习能够提高注意力和其他认知功能。大量研究发现,书法练习可以明显改善老年痴呆患者、智力落后儿童、多动症儿童的注意力。再次,书法练习可以有效地塑造儿童的人格。桑标教授等人的干预研究发现,参与为期2年、每周2节课的书法艺术课程的小学生,书法对他们的人格产生了积极的影响(周斌,刘俊升,桑标,2005)。最后,书法练习还能提高个体的心理健康水平。罗正学等人在军校大学生中进行实验干预研究,将这些大学生分为毛笔练习组、钢笔练习组、无练习组,经过一个月每天30分钟的练习后,结果显示,只有毛笔练习组的 SCL-90 总分与阳性症状总分均呈显著下降趋势(罗正学,苗丹民,高定国,高尚仁,王广献,安超,2000)。另外,还有研究者发现,书法练习能对心理障碍患者进行有效的干预。

七、身心放松的方法

压力事件激活交感神经系统和下丘脑-脑垂体-肾上腺轴的神经通路,引起我们的紧张、焦虑。我们可以实施放松训练,通过身心放松来对抗因生理唤醒而导致的紧张感。身心放松的核心就是放松机体,通过副交感神经系统抑制交感神经系统的活动,从而缓解焦虑、恐惧等情绪,减轻偏头痛、失眠、紧张性头痛等躯体症状,达到增进身心健康的目的。大量的研究文献显示,身心放松不仅有助于改善个体的生理机能,还能改善心境,调节情绪,缓解消极情绪,增强积极情绪,提升个体的幸福感。同时,与听音乐、看电影、阅读等休闲活动相比,身心放松是更为经济有效的情绪调节手段。

身心放松的方法包括呼吸放松、冥想、瑜伽、心理想象、音乐治疗、按摩、太极拳、肌肉放松、临床生物反馈、体育锻炼等。考虑到使用的方便性,下面将着重介绍呼吸放松、冥想、心理意象、肌肉放松。

（一）呼吸放松

最常用、最简单的身心放松方法就是有节奏地深呼吸。对身体和心灵具有放松作用的呼吸方式是腹式呼吸,即深呼吸。一般的呼吸方式(胸式呼吸)可以让我们得到维持生命所需的氧气,却无法缓解内心的紧张与焦虑;而腹式呼吸可以帮助我们恢复平静的心情,缓解身心紧张状态。

深呼吸需要有节奏。有节奏地深呼吸才能使交感神经活动减弱,副交感神经活动增强,抑制全身的共鸣,使我们的心境平和。

自我训练 ▶▶▶

6秒钟深呼吸平静法

腹式呼吸放松的准备:调整姿势,或坐或躺,让自己感觉舒适,紧闭双眼。在刚开始练习的时候,最好将一只手放在腹部下,另一只手放在胸前,然后通过鼻孔进行缓慢的深呼吸。感受腹部在每次呼吸过程中的起伏。做完这些准备工作后,开始进行下面的步骤。

1. 首先深深地吐一口气,然后深深地吸气。

2. 屏住呼吸,坚持2到3秒。

3. 缓慢地、完全地将气呼出。

4. 在呼气时,下巴和双肩渐渐放松下来。

5. 充分体验从颈部、肩部开始流向胳膊甚至手指的放松感。

6秒钟平静反应法是横膈膜呼吸技术的一种精简反应模式。在刚开始练习时,一天内需要练习多次,同时练的频率要达到每小时1次。要在压力情境中缓解紧张情绪,这是一个不错的放松方法。

（二）冥想

冥想起源于东方宗教文化,随着历史的演变,现已成为主要的心理学放松技术之一。冥想是通过自我调控训练,将注意力聚焦于活动、语言或符号上,达到心境的平静,并获得幸福感。有研究表明,冥想不仅有助于改善我们的注意力,还有助于降低血压、缓解头痛、治疗失眠和其他慢性疾病。

对于没有经过长期训练的个体而言,采用聚焦式的冥想形式效果最好。这一类冥想包括身体放松、呼吸调节、注意聚焦三个阶段。在冥想过程中,我们将注意力反复地聚焦到一个刺激物上,如呼吸、一个词语、一句话等,注意力的聚焦使我们的心境恢复平静,可以缓解躯体紧张。初次使用冥想进行放松时,可能很难将注意力从外部转向内部,或者聚焦持续的时间不长,这都是正常的现象。反复多次练习后,这种现象会有较大的改善。

自我训练

呼 吸 冥 想

身体放松阶段:

在一个安静的房间里,放松身体,调整姿势,任何能够放松躯体的姿势都可以。同时,调节自己的呼吸,有规律的吸气、呼气,达到心境的平和。

呼吸调节阶段:

双眼紧闭,将注意力集中到呼吸上面。如果你发觉自己的注意力开始涣散,就立刻重新集中自己的注意力。你不需要关注呼吸的强弱、次数等,只需反复将注意力聚焦于呼气和吸气过程。

注意聚焦阶段:

持续注意呼气和吸气过程,时间大约持续 15 分钟。

冥想结束之后,自然地睁开双眼,慢慢地将注意力转移到你所看到的其他事物上,然后逐渐放松自己的身体,活动一下自己的肢体关节。

(三) 心理意象

有时候我们会遐想自己在海边游玩的情境:清澈碧蓝的海水冲击着海岸,传来哗哗的海浪声,海边的椰树在轻轻地摇曳,脚下踩着软软的金色沙子,温暖的阳光照着脸庞,一群欢呼的人们正在海边嬉戏……

心理意象即通过积极幻想来抑制理性的思维活动,达到内心的平静。一般来说,实施心理意象技术主要分为三步:首先,寻找一个安静的地方,并选择一个令自己舒适的方式;其次,在想象过程中确定一个意象主题,如我在海边享受海浪和阳光。确定意象的主题是非常重要的,与使用心理意象技术的目的密切相关。是暂时逃避压力情景,放松自己的身心,还是为了更好地解决问题而让自己冷静下来。对于不同的意象主题,心理意象的内容是不相同的。最后,集中注意力,将所有的想象力集中于自己创造的意象及其特征上,如想象情景的颜色、形状、声音等。

就效果而言,心理意象能有效地缓解压力事件引起的心理紧张,是目前有效缓解压力的技术之一。我们在日常生活中也常常使用这种技术,比如,在繁重的课堂学习中,有的同学会开始走神,然后沉醉于自己的想象之中,在走神的过程中,他们暂时离开了现实课堂环境,将注意力集中在想象的事物上,体验到放松的感觉。有两个因素会影响心理意象的效果:一是使用心理意象技术的次数。使用的次数越多,效果就越明显。二是对心理意象技术的态度和信念。如果我们内心坚信心理意象是有用的,能够缓解内心的紧张,那么心理意象的效果就会非常好。

(四)肌肉放松

当压力强度过大的时候,我们的肌肉就会僵硬,这是肌肉组织对威胁表现出警觉的反应。当长时间处于压力状态下,我们就容易体验到紧张性头痛、颈部僵硬、关节僵硬、背痛等症状。肌肉放松技术是通过有意识地调控主要肌肉群的收缩和放松来自动缓解紧张,达到放松的目的。肌肉放松技术既可以应用于压力或创伤情境中,也可以用于日常生活中的放松。最简单的肌肉放松方法就是快速地收缩身体某一部位的肌肉,保持1分钟,之后慢慢地放松肌肉。如此反复3次,你会发现这部分的躯体肌肉得到了放松。

使用肌肉放松方法时需要注意以下几点:第一,穿宽松、舒适的衣服,不戴隐形眼镜或框架眼镜。第二,选择安静、无干扰声音(如电话铃声、街道嘈杂声、飞机声等)的地方作为放松的环境。第三,在开始放松之前,选择一个舒适的姿势,可以使用躺椅或躺在舒适的地板上。第四,躯体受伤的人(如严重的腰伤、肌肉扭伤或骨折等)、有心脏病史或严重感冒的人禁止进行这类练习。

自我训练 ▶▶▶

手臂肌肉放松练习

在进行手臂肌肉放松练习之前,请注意自由活动一下自己全身的肌肉群,每一组肌肉都要进行收缩和放松。

在正式练习阶段,首先进行肌肉收缩。尽量使自己手臂肌肉的收缩强度达到100%,保持肌肉僵直,全身的力量都集中到收缩肌肉上。之后进行肌肉的放松,使肌肉强度逐渐下降,80%、60%、40%、20%,直至完全放松。同时,在这一过程中,配合深呼吸来松弛肌肉群。根据自己身体情况,反复进行5~10次。

系统地进行肌肉放松练习需要30分钟左右。当然,你可以根据需要,在必要的时候进行简短的(5分钟)渐进式肌肉放松练习。

第三节　压力的积极管理

压力事件发生之后,会对我们的生理、心理造成不同程度的影响。在压力事件没有得到妥善解决之前,应该对压力进行积极管理,降低压力对我们的损害和负面影响。

一、好压力、坏压力，关键在于认知

事件的性质并不能决定其带来的压力的好坏。喜事也好，坏事也罢，只要完成这件事情所需的心理资源超过了我们的自身能力，都会带来压力。比如，对一个成绩是全班倒数第一的孩子而言，要求他在一个学期内拿到奖学金，"拿奖学金"这件事就是压力；又比如，结婚办喜宴是一件高兴的事情，又是一件充满压力的事情，因为需要考虑参加婚礼的客人们的态度、感受以及满意度。

好压力、坏压力主要是根据事件的结果而言的。凡是有压力的事情都会带来压力反应，判断一件事情带来的是积极压力，还是消极压力，关键在于压力事件的结果。如果压力事件指向的结果是积极的、具有建设性的，那么这个压力就是好压力（积极压力），反之，就是坏压力（消极压力）。奎克等人（1997）将积极压力明确定义为压力事件和压力反应指向健康、积极、建设性的结果。

将压力水平与健康水平之间的关系用曲线表现出来（见图 12-3），得到积极压力的范围。从压力的强度来看，积极压力属于中等强度的压力感知，从最后的结果来看，积极压力下，个体的心理健康处于最佳状态。积极压力以积极心理状态作为主要指标。

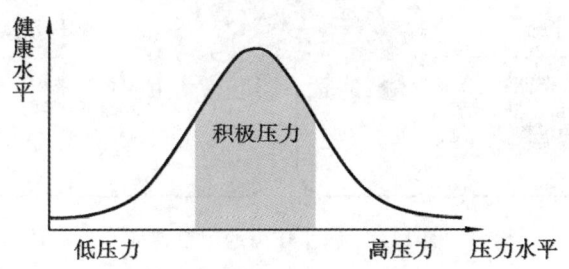

图 12-3　积极压力曲线图

二、积极压力的特征

为了便于大家理解积极压力的特征，我们从认知评价过程来剖析积极压力的特点。之前，我们已经谈到对压力事件的认知要经过两个阶段，在认知评价的过程中，发现积极压力具有以下三个方面的特征。

（一）挑战性的认知评价

在初级评价阶段，根据压力事件的威胁程度，我们会得出无关、消极和积极三种评估结果。这一阶段的评估结果直接影响到次级评价。当我们面对一些事件时，如果觉得这些事件与自己无关，那么我们会体验到轻松，不必进一步做出反应；如果觉得这些事件与我们有关，那么就要进行比较复杂的次级评价过程。

如果初级评价估计事件会带来消极、不利的结果，那么我们就会进一步根据危害程度对压力事件进行次级评价，最后达成压力事件对我们而言是具有伤害性、威胁性，还是挑战性的评价结果。伤害性评价意味着压力事件会给我们带来损失或者伤害；威胁性评价则把压力事件视为对自己生活的威胁,容易让自己失去对事情的掌控;挑战性评价则把压力事件视为对自己生活的挑战,通过自己的努力可以掌控事情的进展。

从评价之后的身心响应来看,伤害性评价、威胁性评价不仅会直接导致生理唤醒水平迅速增强,而且会让我们形成事件不能获得成功的想法,使我们的自尊心、自信心受损;挑战性评价则会鞭策我们主动面对并解决问题,对未来充满热情与期待。

(二)积极的心理状态

有学者认为,处于积极压力之中的人会感受到"活力"(因事件充满挑战而产生的积极情感体验),并全身心地投入当前的活动之中。积极压力的观测指标是积极心理状态,其中不仅包括积极情绪、控制感,还包括对未来充满希望,从当下做的事情中体会到意义感(见图 12-4)。

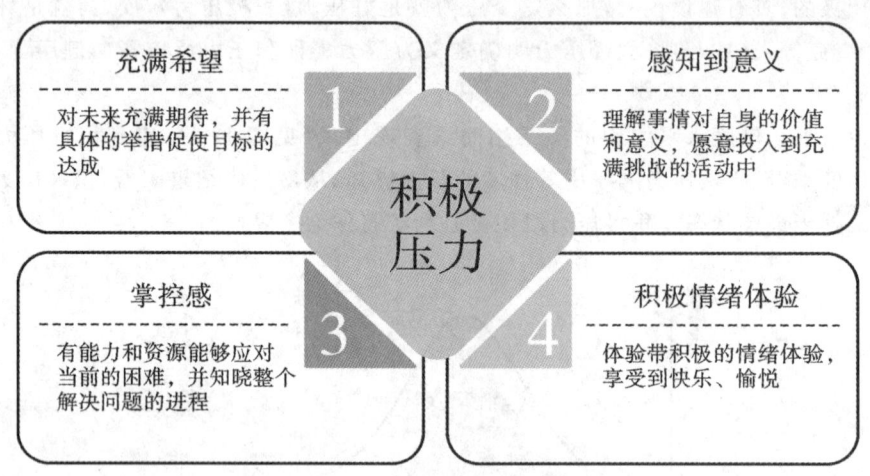

图 12-4 积极压力的观察指标

(三)最佳的心理健康状态

积极压力是中等强度的压力感知,能够带来最佳的心理健康状态。如果我们感受到积极压力,那么我们不仅处于最佳的心理健康状态,而且压力事件会鞭策我们不断地自我成长(如提高学业成绩、最佳的工作投入)。比如,一般而言,考试会给我们带来强烈的身心反应,但是如果某次考试能够让我们主动去寻找更好的学习方法,掌握更多的知识,那么这次考试带来的就是积极压力。

三、让消极压力转化为积极压力

在比较短的时间内,我们一般是无法解决压力事件的。在解决压力事件的过程中,应该尽量改变相关因素,将消极压力转化为积极压力。

(一)明确目标,建立具体而可行的行动方案,增强希望感

任何事情都有积极的一面和消极的一面。面对压力事件的关键在于你是否愿意明确目标来解决问题。比如,考试失利从性质上来讲是一件负性事件,它给我们带来的是消极的情绪,但是考试失利也有积极的一面,它让我们看到了自己学习中的不足。我们可以通过考试明确自身存在的问题,设定恰当的目标,并围绕目标安排具体而可行的行动方案(通过收集错题,找

到自己在掌握知识过程中存在的规律性问题）。在逐步解决问题的过程中建立希望感。

（二）学会乐观地接纳现状，找到事件对自己的意义

在日常生活中，我们往往过分看重事件的结果，而忽视了事件对自己的意义与价值。正因为我们看重的只是结果，所以很难去面对不利的结果。任何一件事情对于我们而言都是有意义和价值的，关键在于我们如何去看待。比如，与同学发生争执时，可能直观的感受就是对方言辞过分、性格差劲，甚至从此以后不愿意和对方相处。面对同样的争执，我们其实可以有另外的体会。争执可以让我们直接看到彼此在观点上的差异，争执可以让我们看清楚彼此关心的焦点问题。

（三）在压力和困境中寻找解决方法和应对资源，增强掌控感

掌控感对于维持身心健康、增强心理安全感具有重要的意义。压力事件之所以让我们体验到压力，主要是因为这个事件已经超出了我们当前的应对能力，不能够顺利地得到解决。这种体验降低了我们的心理安全感，让我们对整个事件及其发展过程失去了掌控感，感觉到自己无法改变任何东西，即便做再多的努力也于事无补。因此，面对压力，应该聚焦问题本身，寻找合适的解决方法和应对资源，在逐步解决问题的过程中增强掌控感。寻找困境的解决之道的过程，就是找回掌控感的过程。

（四）在应对压力的过程中体验到积极情绪

压力事件直接带给我们的是消极情绪。对于青少年而言，学业既是重要的发展任务，也是压力的主要来源。如果能够在繁重的学习任务中感受到积极情绪（如快乐、高兴、兴奋、期望等），或者苦中作乐，让自己感受到愉悦的情绪，那么压力带来的损害就有限且可控。因为积极情绪有助于扩大我们的注意范围，使我们在广阔的社会空间中保持清晰的意识，对新的事物和活动保持开放态度，能接纳新事物。更为重要的是，在压力情境中，积极情绪能够扩展我们的思维，打破思维定式，提供多种看问题的视角和行动方案。

总之，不论我们遇到的困境有多难，只要能够积极面对困境，在解决问题的过程中对未来充满希望，寻找到事件的意义和价值，增强掌控感并体验到积极情绪，那么我们体验到的就是积极压力。

名词解释 ▶▶▶

压力：需要应对的事情超过个体内外的心理资源而出现的生理、行为变化和情绪波动（如焦虑、抑郁、恐惧、担忧等），以及紧张、出汗、发抖等躯体化症状。

挫折：个体的动机、愿望、需要或行为受到内外因素阻碍而失败、失利的一种社会情境。

时间管理：根据事先的规划合理地安排事情，以提高办事的效率。

学习拖延：我们有目的地推迟或拖延应该完成的学习任务或活动的行为。

积极压力：压力事件和压力反应指向健康、积极、建设性的结果。

思考与练习

1. 生活中有哪些事情会让我们感受到压力？请列出清单。

2. 请结合自己的亲身经历，简要阐述压力事件会给我们带来什么。

3. 你常用哪种方法缓解压力？请详细阐述你是如何使用这种方法的，它带来了哪些好处。

4. 请结合亲身经历，谈谈积极的压力有哪些特征。

第十三章　主动的求助行为与积极改变

要想赢得精彩的人生,就必须接受改变、学会改变。要想改变困境,最重要的就是改变自己。只有准备改变、接受改变、主动改变,才有可能获得幸福体验,赢得未来。尽管我们都认同改变是一种生活常态,但是在实际生活中,改变却并非一件容易的事,其中有很多重要的原因,包括对心理健康的"污名化"、对改变带来的不确定性的担忧等。希望通过这章的学习,能够让大家摆脱改变前的纠结,放下包袱,勇敢地去改变。

第一节　主动改变赢得幸福人生

物竞天择,适者生存,说的就是我们要主动适应环境的变化。在竞争激烈的现代社会,只有主动适应社会环境,才能抢占先机,占据优势地位。同时,只有自己有主动改变的意识,才能主动完善自己,再慢慢改变世界。报怨无济于事,只能让我们徒增烦恼,怨天尤人。

一、学会主动改变,顺势而为

有时候改变对于我们来说真的很困难,哪怕自己期望生活出现改变,心中还是会充满疑虑,甚至恐惧。因为我们总是不由自主地按照惯性思维,一如既往地开始新的一天的生活。但是在这个世界上,我们时时刻刻都需要接纳变化、适应变化,因为变化是永恒的。

（一）社会环境的变化是永恒的

世界万物都在变化、运动。以人体为例,人体大约存在 100 万亿个细胞,这些细胞都在不断更新,以人体的表皮细胞为例,它们每两周更新一次。形象的说法就是,此刻的"你"已非彼时的"你"。如果没有新陈代谢这种生理活动,恐怕我们就不会长高,也不会变得成熟。

世间万物时时刻刻都在改变,人类社会也在不断地发生变化,并且这种变化是永恒的。人类社会是在变化、发展的。新中国成立以来,我们国家经济、科技、国防、文化快速发展,综合国力进入世界前列,中华民族经历了从站起来、富起来到强起来的伟大飞跃。"明者因时而变,知者随事而制。"我们只有跟随社会的变化,准确识变、科学应变、主动求变,才能主动寻找提升幸福感的因素,增强社会整体幸福感。

（二）需要主动改变的意识

我们常常认为,虽然生活中存在各种不幸,但是幸福体验总是相同的,其实不然,增强我们幸福体验的因素是在不断变化的。首先,幸福体验会根据我们需求的变化而发生改变。幸福是一种较为稳定的主观感受,但这种感受会伴随着情境的变化而发生改变,我们的需求会发生变化,对幸福内涵的理解也相应会出现变化。比如,在高中阶段,认为能够考上一所好的大学就是幸福的事情,上了大学之后,又认为学业成绩优秀、人缘好就是幸福的事情。其次,我们的幸福体验会随着时间的变化而发生改变,同一件事情,在不同的时间带来的幸福体验是不同的。比如,我们每天下班回家都能吃到丰盛的晚餐,开始的时候,可能会感到非常的高兴、幸福,但是日复一日、年复一年,我们的幸福阈限就会提高,对这件事情的幸福体验就会明显下降。因此,我们需要在生活中有意识地创造、发现、体验幸福,增强自己的幸福体验。

二、主动改变的方式

事物的变化一般有两种方式:第一种是渐进式,就像水滴石穿,要花时间去一点一点地、慢慢地改变,比如,一个学生从不爱学习转变到热爱学习,这需要逐步地引导和启发。第二种是突发式,就像六月的天气,说变就变,刚才还是晴空万里,转眼就乌云密布。人的心理也会发生突变,比如,重大灾害性事件发生之后,部分受灾民众的人格发生了剧变。

从心理学角度来看,一个人最重要、最常见的变化是渐进式的变化。我们某一方面的心理与行为特征都是一点一点改变的,任何行为习惯和性格特征的形成都不是一蹴而就的,都是日积月累的结果。同样,改变一种行为习惯或一种性格特征也不是一瞬间或靠一个念头就能改变的,而是需要有意识的持续改变。

主动改变就是我们自主地为改变当前心理和行为特征做出努力,并促使自己朝积极心理健康状态和人格健全的方向发展。心理学主导的心理训练方案都不是依靠一次活动、一堂课程就能够实现的,而是依靠一系列的活动方案,通过一段时间(一般来说,至少要有 8 次紧凑的心理训练活动)的引导和干预,达到一定程度的改变。当然,对一些有病理症状的个体而言,需要引导和干预的时间会更长。我们一点一滴地改变自己,待到一定时候,我们就会自然而然地发生变化。

三、主动改变的内在力量

变化是永恒的,只有顺应变化,才能获得发展的机会。改变最大的阻力是习惯,但是我们内心也有积极的力量来抵抗我们习以为常的惯性,那就是成长的主动性。

(一)主动改变与习惯

我们日常生活中的很多行为都是重复的,而且在相同或类似情境中会做出类似的行为。一个典型的例子就是我们的习惯性动作,这是我们最熟悉却又最不容易被注意到的。我们每个人为了适应生活环境的变化,都会形成一些习惯性动作,如摸鼻子、眨眼、抿嘴等。在相同或类似情境中反复做出同样的行为,被称为习惯(habit)。实际上,习惯是一种由特定线索引发并指向某个特定目标(包括外显目标和内隐目标)的自动化反应(李斌,马红宇,2012)。习惯有一个好处,就是我们一旦适应了某一刺激持续不断、反复地作用后,就不再对这个刺激做出刻意的反应,大脑不需要进行思考,直接在认知层面上把整个刺激屏蔽。比如,每天早上起床后我们都要刷牙,就算前一天晚上没有睡好,早上睡眼惺忪、迷迷糊糊,也并不妨碍我们刷牙,因为我们能够根据自己所处的位置,熟练而准确地拿到水杯和牙刷。为什么会这样呢?这一切都源自我们的习惯。

尽管有时候习惯会帮助我们省掉不必要的身心反应,但并不是所有习惯都有助于我们的生活。比如,调换寝室后,我们放置洗漱用品的位置肯定会发生变化,而习惯于用品在之前寝室的放置位置就会影响我们的生活。这就是为什么有些老年人宁可独居在生活了几十年的旧居中，而不肯搬迁到新环境中的原因。因为一旦环境发生变化，之前形成的一些习惯性心理和行为就会受阻，需要我们刻意地做出改变，重塑新的行为，这对没有改变意图的人来说是非常困难的。

（二）个人成长主动性是主动改变的内在力量

当遇到发展困境时，我们都会主动地寻求解决办法。比如，当我们考试失败，我们会主动寻找解决的办法，或者是改进学习方法，或者是增加复习的时间。又比如，因有心理困扰而主动前往心理咨询室求助的学生。从这些例子中可以看到人性中积极寻求改变的主动性力量——个人成长主动性。

何为个人成长主动性？个人成长主动性（personal growth initiative，PGI）是在成长过程中，个体有意识地、积极主动地提升和完善自己的倾向（罗比切克，1998）。罗比切克从积极心理学视野重新审视心理咨询领域中的来访者的成长历程并提出这个概念，他认为个人成长主动性包括准备改变的意愿、认知准备、可利用资源和主动改变的行为四个方面。准备改变的意愿是指个体具有改变现有态度和行为特征的愿望。认知准备是指主动改变在应对困境过程中体验到的认知、信念、态度以及和成长相关的价值观念的意图。可利用的资源是指促进主动改变的应对资源，包括社会支持、自我意志等。主动改变的行为表现在个体践行自己有关成长的认知信念和价值观念的行为。

具有成长主动性的个体会表现出以下三类典型的行为：一是主动了解自己的成长过程，寻找以往主动改变的经验；二是评估自己的成长过程，了解主动改变带来的效果；三是主动改变的行为（夏尔马，拉尼，2013）。

在第一种行为中，个体聚焦于自己成长的可能性以及成长的经验。个体通过回顾了解到什么活动可以带来个人成长，哪些方面具有成长的空间，如何有效地提升自己。对自己心理状态感兴趣的同学可以通过阅读心理学书籍来解答自己的心理困惑，探寻自己的内心空间和成长的可能性。

在第二种行为中，个体不断地评估自己的成长变化过程，关注自己成长的效果。个体回顾自己的成长过程，并关注自己是否在成长以及成长的效果。比如，我们可以通过翻阅相册来回顾自己的成长，也可以从中分析自己成长的效果和持续性。

在第三类行为中，个体会勇敢地面对困境，主动做出改变现状的行为，不仅表现出积极改变的意愿，而且敢于实践。在现实的生活情境中，我们可以借鉴以往的经验和方法，快速地让自己成长。

个人成长主动性有助于增强和提升我们的心理健康。有研究表明，在18～21岁的大学生中，大学生的个人成长主动性与心理健康程度呈正相关，而与心理痛苦呈负相关（阿尤布，伊克巴尔，2012）。这就是说，拥有高水平个人成长主动性的个体，其心理健康水平更高。这可能是因为个人成长主动性属于个体内在动机，而成长目标也是由内在动机激发的。罗比切克和凯斯（2009）进一步对个人成长主动性与情感幸福感、心理幸福感和社会幸福感的关系进行探索，结果显示，个人成长主动性与积极心理健康模型的情感幸福感、心理幸福感和社会幸福感呈正相关，而且个人成长主动性可以预测情感幸福感、心理幸福感和社会幸福感的水平。从这些研究结果推导可知，一个具有成长主动性的个体具有强烈的自我成长动机，能主动地寻求自我成长的途径与方法，并时刻监测自己的成长状况。

第二节　阻碍我们主动改变的因素

面对瞬息万变的形势,我们内心都会产生主动改变的意愿,并主动地尝试改变。但经过一段时间之后,生活总是恢复到原来的状态,我们还是习惯于采取过去的应对方式。我们好像永远待在一个"怪圈"之内,没有办法突破。实际上,有很多因素阻碍了改变的过程。

一、自我设限

我们每一个人都很清楚自己的长处,会在自恋的驱使下尽力维持正面的自我认识以及积极的自我评价和体验。但是在一些威胁到自我评价的情境中,个体由于不能确定自己能否获得成功,为了避免可能的失败损害到个体的自我价值感,往往会通过自我设限(self-handicapping,也有学者译为自我妨碍、自我阻碍)来维护自我价值和积极的自我评价。所谓自我设限就是针对可能到来的失败威胁,个体预先表现出一些预防性行为,以求在失败到来时心安理得。比如,在重大考试来临之前,有的同学表现出拖延、喝醉酒、睡眠不足等行为,在考试之前过度地参加一些活动,有的同学甚至在考试前不复习。这些行为都会成为他们考试不利的借口。

一般来说,自我设限有两种形式:一是行动式自我设限,另一个是自陈式自我设限。行动式自我设限是指个体为了维护自我价值感而事先采取明显能够降低成功可能性的行为,如考前酗酒、放弃复习,甚至自我加大任务量等。自陈式自我设限则是个体在投入活动之前先寻找到一些可能不存在的借口或者影响自己发挥的因素,如自己感到紧张、焦虑,身体不适等。

当我们需要改变的时候,可能因改变的目标超过自身的能力而难以胜任,不免产生无助感。无助感并不利于我们的改变,甚至会让我们丧失改变的内在动力,放弃改变。为了避免无助感对自我价值的损害,个体往往会选择自我设限。比如,在人际冲突中,往往需要我们改变自身在人际交往中存在的不足,但是这种改变并不是所有的当事人都能接受的,有的甚至觉得难以启齿。所以当事人就会选择自我设限,常见的就是寻找一些借口,如"江山易改,本性难移",凭此心安理得地面对人际困境。自我设限行为是一种策略性的行为计划,是为了维持自我价值感。

二、惯性思维和行为

习惯化是人类的本能。当某一行为反复出现时,该行为就会自动成为一个人的习惯性行为。习惯性行为不需要我们有意识地参与,它自然而然地重复出现在现实生活中。这类高度自动化的行为有助于减轻我们的心理负担,正因为如此,我们在日常生活中会刻意地进行习惯性训练。比如,在考驾照的时候,为了司乘人员的安全,需要驾校学员不断地反复练习以掌握开车的基本规范,让驾驶行为达到自动化的水平。又比如,在教育实践中做大量的练习题,目的就是让同学们在看到某一类题目的时候,头脑中自动出现解题思路和方法,既提高了答题的质量,又提高了做题的效率。

塑造一个习惯很难,改变一个习惯更难。习惯性行为有时候阻碍了我们的改变。当我们对某一特定情境形成习惯性行为后,只要类似的情境一出现,我们就会自觉或不自觉地表现出自动化行为。比如,现在很多学生是"手机控",当老师在课堂上提及某部分知识很重要,需要大家注意时,话音刚落,这些学生就会马上拿出手机把知识点拍下来。这实际上表明,如果某一个行为与情境之间的联结被不断强化,这种行为就容易成为习惯。

三、不确定带来的恐惧

当需要改变的时候,我们经常会犹豫不决,甚至裹足不前。这是为什么呢? 因为改变会带来不确定性,而阻碍我们改变的最大心理因素就是对不确定性产生的恐惧。恐惧让我们在变化中深陷困境,是我们烦恼的核心。比如,大四进行专业成绩排名时,尽管排名靠前的同学只能保送到一个水平一般的大学读研,但是大多数人还是愿意接受。为什么呢? 因为保送研究生是一个确切的结果,即今后三年你就是研究生,而放弃保送资格,通过考试争取在自己梦想的大学中读研的机会会带来风险,也就是你可能考得上,也可能考不上。面对改变,我们通常愿意选择一个安全、稳定的结果。

改变会带来强烈的不确定感:一是会增加我们对未来的担忧。我们不知道将去往哪里,不清楚自己的未来到底是什么样子。这就解释了为什么我们对于自己确定的改变,仍然做好面对"意外"的心理准备。二是降低了对事物(情)的掌控感。对事情发展失去掌控,会增加很多负性体验。为了增强对事情的掌控感,面对改变,我们会努力设想很多情况,并一一规划解决预案。当然,这样做的同时,也会增加我们的压力体验。如果我们体验到强烈的压力,自己都难以接受,就会在计划阶段人为地增加改变的难度,放弃改变。所以,改变需要打造一个强大的自我。

四、非理性认知

心理学中所谈到的错误认知不是非理性思维模式,而是我们在决策时常见的一些非理性认知因素,这些认知因素会影响到我们的改变,比如,在决策心理学中常见的"框架效应""小概率事件""沉没成本"等。日常生活中常听到的"改变真的很难",就体现了改变的"沉没成本"。

知识拓展

从"沉没成本"看改变意愿

假设你身处下列两种情景中,你会怎么选择?

情景一:你在视频网站看一个免费电影,看了 10 分钟后,发觉这个电影十分无聊。

情景二:你在电影院花了 50 元钱看一场电影,看了 10 分钟后,发觉这个电影十分无聊。

结果解析:在情景二中,很多人会坚持看完这场电影,主要原因就是存在"沉没成本"——已经付出去的、无可挽回的投入(50 元)。沉没成本是指那些已经付出、不可收回的成本(如金钱,时间,精力,感情等),与当前的决策活动无关,但会影响当前的决策结果。

有时候改变是需要勇气的,需要舍去一些已有的东西。在现实生活中,有很多陷入"沉没成本"的现象。比如,一位同学在和女朋友的相处中发现彼此性格不合,觉得对方不适合自己。但为什么迟迟不肯分手呢？他的回答是："我舍不得。"舍不得的原因并不是因为爱情，而是觉得自己在这段恋情里面投入了太多，一起吃饭，一起学习，一起看电影，一起参加社团活动……其实，舍不得的是已经付出的东西。

为什么我们一边痛苦地空耗时间，一边却选择维持现状呢？心理学研究表明，这其实和两个心理效应有密切关系：一个是"珍惜被拥有物"效应，另一个是厌恶损失效应。"珍惜被拥有物"效应是指我们倾向于高估或者看重自己拥有的东西，哪怕实际上并不值得拥有。厌恶损失效应是指我们在同时面对可能的损失与可能的收益时，更愿意选择避免损失，而不是考虑收益。

在非理性认知中还有一种对改变起阻碍作用的认知，即内隐人格观。内隐人格观是指我们关于人格是可以改变的，还是不可以改变的信念系统。很多人在日常生活中会抱怨自身的性格缺陷，希望自己能够能改变这些人格，如古板或者容易轻信别人。所有的人都认为改变自己的性格缺陷很重要，但同时又觉得自己的缺陷是无法改变的。我们要么觉得负面性格也是非常重要的品格，要么觉得这部分性格很难改变；或是觉得会有所"失"，而不是有所"得"。这实际上反映了很多说"江山易改，本性难移"这种话的人，他们的内心认为人格是不可改变的。所以，不是我们不想改变，而是我们深信自己无法改变。因此，改变最大的敌人是自己！

五、功利心态

人人都希望自己往好的方向改变。没有哪一位同学不希望自己能够出类拔萃，但是很多同学只愿意享受改变带来的"好"的结果，却不愿意面对改变的过程，都希望找到一个捷径，无需面对恐惧又能迅速地达到自己的目标。现实生活中，我们都期望自己能够获得各种各样的奖励，却不想付出，或者想以最少的付出换取最大的回报。这就是功利性心态的表现。

改变需要积极的心态。积极心态不仅能够帮助我们从正面的角度看到改变的结果，还能让我们接受改变的过程，尤其是改变过程中涉及的"副产品"。当代大学生最需要注意的就是调整改变过程中的消极心态。我们都期望实现自己想要的结果，却不敢接受因改变而产生的"副产品"。在改变的过程中，不放弃，不抛弃，沉住气，坚持下去，这就是成功改变的秘诀。改变需要有坚持的勇气。

六、不恰当的应对方式

改变为什么这么难？除了前面提到的原因之外，更重要的是和应对方式有关。一般而言，当面对改变的时候，为了避免自尊受损，我们会采取等待、期盼、要求别人三种方式。这些错误的方式并不能促进我们改变，反而会阻碍我们改变。

与获得和已经拥有的东西相比，人们更在意损失；与改变行为相比，人们更愿意维持现状。在担心"失"的情况下，我们首先想到的就是"期盼"，期望自己会有"好运"。我们都相信总有一天自己会有"运气"，会遇到"贵人""天时"，却忘了要改变所有的一切，首先需要自己有所改变。当然，如果我们期盼不到"好运"的到来，那么我们就只能等待，希望别人给自己带来新的气息。当然，如果我们左等等不来，右等等不来，就只能希望别人不要改变。一旦改变带来了不安、不确定和担忧，我们就会将责任归咎于别人，并要求别人改变来适应自己。结果就会陷入一个泥潭，越是要求别人改变，别人就越不会改变，导致我们内心的恐惧日渐加重。

第三节　主动的求助与自我积极变化

尽管我们有心改变，也有意识地进行主动训练，但有时并没有多大效果。其中一个重要的原因就是仅仅依靠我们自己的力量是无法达到完善自我、提升自我的目的的。作为新时代的青年人，我们应该了解自我完善的有效途径，有的放矢，成为更优秀的自己。

一、心理求助行为及其特点

当我们遇到心理困惑时，一般有两种途径寻求心理帮助：一是向家人、好友寻求帮助和支持；二是向心理咨询专业机构或专业人士求助。很多研究者发现，尽管求助的途径简单明了，但是人们仍然存在无法获得帮助的情形。这并不是因为社会缺乏相应的专业机构，而是与我们的求助方式有关。有关心理求助行为的研究表明，在面对、解决心理问题的时候，我们会先自己尝试解决，再求助于人；在寻求外界帮助的时候，倾向于向家人、朋友求助，只有当问题非常严重时才迫不得已寻求专业人士的帮助。相对而言，人们寻求专业心理咨询的比率偏低。

黄希庭、郑涌（2015）总结梳理发现，中国传统文化中有很多不利于心理健康服务工作开展的因素。例如，中国传统文化的社会取向性导致国人倾向于忽视自身内在的精神需要，更愿意将心理问题以躯体化的形式表现出来；儒家文化重视内省，这使得人们普遍欣赏的性格是知足、忍耐、感情不外露等，遇到心理问题倾向于进行内部归因，因而更愿意依靠自身的力量而不是求助于心理健康机构来化解个人心理问题；传统习惯中倾向于把心理健康与道德品质联系起来，给心理疾病带来极大的污名化，也阻碍了人们实施心理求助活动；家族主义文化重视伦理纲常，使得求助者对心理咨询师的期待也包含更多的依赖和服从。心理咨询师直接就问题给出指导和建议被认为是适合人们的心理问题解决方法，造成这种求助行为的原因在于人们对心理问题的羞耻感。因为中国社会文化的这些特点，使得国人在心理健康求助方面表现出一些独有的特征。

江光荣等人（2003）从求助方式、求助对象以及妨碍大学生求助的原因等方面对大学生的心理求助行为进行调查。结果表明，当代大学生在遇到心理困惑的时候倾向于先自己应对，后求助于人；在寻求他人帮助的时候，倾向于向关系密切的人求助，只有当问题非常严重时才向专业机构求助。妨碍大学生心理求助的主要原因是顾全面子，还和对心理困扰的解决难度和自身应对能力的判断有关。刘立新等人（2009）通过问卷调查发现，妨碍大学生心理求助的因素具体包括六个方面：对心理咨询的认同、刻板社会印象、自我情感的开放性、人际信任度、人际环境的控制感、心理困扰的责任归因。

在互联网时代，我们在遇到心理健康问题时存在"矛盾"行为：一方面，在中国文化背景下，民众对心理困扰、心理问题存在"病耻感"，对自身或身边重要人士的心理健康问题往往采取非专业的求助方式，自己"消化"问题，以达到解决困扰的目的，另一方面，越来越多的民众直接在网络上获取心理健康知识或者心理困扰的解决方案，这已经成为不少民众的主动选择和主要选择。

知识拓展 ▶▶▶

心理疾病污名化与康复

心理疾病患者在心理康复的过程中不仅要应对病症本身存在的问题，还需要面对公众对他们的负面评价、偏见和歧视，即所谓的心理疾病污名（stigma of mental illness）。世界卫生组织 2001 年指出："心理和行为障碍患者康复的最大阻碍是社会施予他们的污名和与之相连的歧视。"

与社会公众所施予的污名相比，心理疾病自我污名使得患者对心理救治进行抵制。心理疾病患者会赞同公众有关其群体的消极刻板印象，并形成对自我的偏见。自我偏见会导致消极的情绪反应，尤其是低自尊和低自我效能感。自我偏见还会导致自我歧视行为，表现为拒绝向他人求助，降低治疗过程中的依从性，加重了自身的病情，阻碍了自己社会功能的恢复等。因此，在专业的心理咨询与治疗中，需要对当事人的自我污名化进行积极的干预。

二、心理健康服务及其体系

心理健康是一个人在成长和发展过程中的一种完好状态。心理健康关系到广大人民群众幸福安康和社会的和谐发展。国家"十三五"规划明确强调了通过"倡导健康生活方式，加强心理健康服务"以推进健康中国建设，《关于加强心理健康服务的指导意见》中进一步提出"加强心理健康服务、健全社会心理服务体系是改善公众心理健康水平、促进社会心态稳定和人际和谐、提升公众幸福感的关键措施"。

（一）心理健康服务

什么是心理健康服务？心理健康服务（mental health service）是运用心理学及医学的理论和方法，预防或减少各类心理行为问题，促进心理健康，提高生活质量，主要包括心理健康知识科普、心理咨询与治疗、心理援助以及心理危机干预等。

心理健康服务要达到以下具体目标：①在民众中普及科学的心理健康知识，使其增强心理健康意识，优化心理素质，达到积极心理健康状态；②为少数有心理行为问题和心理疾病的人群解决心理困扰，引导其积极寻求专业的心理咨询与治疗，达到心理健康的状态；③对各类突发事件中的受灾群体和高危人群进行有效的心理援助与危机干预，使其积极地面对困境，实现涅槃重生。

加强心理健康服务工作，目前最需要的是普及和宣传科学的心理健康知识，加强人文关怀和生命教育。与社会经济的迅猛发展相比，我国的心理健康服务工作仍显落后，民众对心理健康的认识依然存在各种误解，甚至存在歪曲的认识。即便是在心理健康服务工作比较成熟的教育领域，也存在一些不足。当前大学生对心理问题的接受程度仍然处于较低水平。不少人出现心理问题后不敢暴露，将心理冲突压抑在内心，这样会加重心理问题的严重程度，甚至可能导致恶性事件的发生(俞国良,王浩,2017)。在这样的时代背景之下,以增强心理健康意识,优化心理素质为目的的心理健康知识传播与普及工作也就越发显得紧迫。

(二)心理健康服务体系

党和政府已经从社会治理的角度提出构建社会心理服务体系(system of social psychological services),包括社会心态培育、社会心理疏导、社会预期管理、社会治理的心理学策略的运用等,其核心目的是解决社会宏观层面的心理建设问题,尤其是要培育自尊自信、理性平和、积极向上的社会心态,为实现中华民族伟大复兴凝心聚力。我们可以通过这些途径来增加心理健康知识,增强心理健康意识,优化心理素质,达到积极心理健康状态,树立"每个人是自己心理健康的第一责任人"的理念。

1. 积极参与心理健康教育活动,提升心理健康素养

要充分发挥中华优秀传统文化,开展心理健康传播与普及工作。心理健康传播与普及的重要目的是提升公众的心理健康素养,也就是人们认识、处理和预防心理问题的相关知识和观点的能力(尔姆,科位,杰科姆,等,1997)。提升心理健康素养是一项艰巨的工作,是一个循序渐进的过程,可以简要地表述为心理科普"三部曲":心理健康知识、心理健康理念和心理健康行为。其中,知识掌握是基本前提,理念提升是重要衔接,而现实运用是最终核心目标。

营造积极的心理健康文化,可以依托每年3月21日的"世界睡眠日"、4月7日的"世界卫生日"、9月10日的"世界预防自杀日"、10月10日的"世界精神卫生日",以及"3·25(善爱我)大学生心理健康文化节、5·25(我爱我)全国大学生心理健康日、9·25(就爱我)新生心理健康活动月"等开展相关心理健康主题活动,宣传积极向上的心理健康理念,让公众提高对心理健康教育活动的接受度。

广泛运用门户网站、微信、微博、手机客户端等平台,充分利用线上(广播与电视专栏、心理广告、心理影视、微视频、动漫等)、线下(科普图书、讲座、沙龙、素质拓展、心理训练等)多种渠道,在文化生活中融入心理健康知识,传播自尊自信、乐观向上的心理健康理念。

把握正确的舆论导向,结合时政要闻,融入心理健康知识。借助相关事件的报道,传播和普及心理健康知识,促进我们对自身心理状态的了解,及时解疑释惑,更新心理健康理念,增强心理健康意识,积极参与营造健康向上的社会心理氛围。

2. 求助专业的心理咨询和心理治疗,增强自身的心理健康

增强"每个人是自己心理健康的第一责任人"的意识。当自身的心理困扰无法通过自我调适、自我疏导获得解决时,就需要心理健康专业人员的引导和支持。在心理健康专业人员的帮助下,克服心理疾病自我污名化倾向,积极解决生活、学习、职业发展、婚姻、亲子、人际交往等方面的心理困扰,促进个性发展和人格完善,预防心理困扰演变为心理疾病,促进自我和谐,提升幸福感。

社会服务机构正在不断健全和完善。在实际生活中,我们可以向专业机构和专业人士求助:一是学校心理健康服务机构。一般是有医学或心理学背景的老师从事心理健康服务工作,可以为我们提供专业的咨询和服务。二是精神卫生机构(精神专科医院/精神科门诊)。这类医院专门收治患精神障碍以及心理困扰的民众。三是社会化的心理健康服务机构。目前看来,这一类机构还需要加强规范化管理,完善管理体系。

3. 增强生命意识，主动化解创伤事件的负面影响

在生活中难免亲身经历一些创伤事件，如地震、重大传染病暴发、交通事故、亲人离世等；或者遭遇一些自己从未经历过的压力事件，如重要考试中名落孙山、第一次恋爱分手、罹患恶性疾病等。这些事件会强烈地冲击我们的心理，使我们的行为发生改变。

我们可以通过心理健康教育活动、心理热线服务、心理咨询与治疗服务等，主动寻求专业人员的心理危机干预和心理援助服务，重视心理建设，增强生命意识，预防自杀冲动，增强对突发事件的心理应对能力。只有爱自己，才能更好地爱别人、爱社会。

三、积极心理学视野下的训练与干预

任何事情都有正反两个方面，只要人的视角足够全面，就能从冲突中看到潜能，从困顿中看到希望（崔景贵，2009）。积极心理学认为，心理治疗的目标不是修复个体存在的心理困扰，而是培育人类的正向力量，发挥个体的正向或积极的潜能。积极心理学认为，在正向力量和环境中培育幸福感的促进因素，就能提升我们的幸福体验。

（一）积极心理学的基本假设

1. 关于当事人的假定

积极心理治疗不再聚焦于人的消极问题或心理困扰，而是认为个体具有生病的能力的同时也有健康的能力。人的生命系统是一个开放的、自我决定的系统，既有潜在的自我冲突，也有自我完善的内在能力，个体一般都能自我决定其最终发展状态。"干预、治疗并非首先以消除病人身上现有的紊乱为目的，而在于努力发动患者身上存在的种种能力和自助潜力……事实和给定的东西不一定必然是障碍和紊乱，也是每个人与生俱来的种种能力"。基于这种积极的价值观取向，积极心理学强调引导当事人从正面视角解释现在的困境，关注积极心理品质和积极体验，在积极心理发展的过程中应对和消解心理困扰。最有效的心理健康预防就是挖掘和培养积极的心理品质及环境中存在的促进因素。

2. 激发当事人的正向能力

积极心理学认为人的本性是好的，拥有身体能力、智力能力、社会能力和精神能力，这四种能力构成了一个人的认识能力和爱的能力，可以依靠这两种能力达到健全人格、助人自助的目的。激发认识能力就是引导当事人建立起一种积极取向的认知，并引导当事人在日常生活中积极解释当前的困境，帮助当事人理解自己当前心理与行为状态的合理性。激发爱的能力就是激发当事人的积极情感能力，用积极情感来消解当事人的消极情感，或者在当事人的消极情感中寻找积极情绪。

3. 消解心理困扰的机制：积极取向的认知与积极情感

发展受到阻碍、被忽视或过度发展都可能导致个体内心紊乱和人际关系冲突，让人表现出好斗、异常的行为以及恐惧、抑郁等心理疾病。我们应该通过积极取向的认知与积极情感消解心理困扰。积极心理学认为，由爱的能力派生出耐心、时间、交往、信心、信任、希望等现实能力（即第一能力）；由积极取向的认知派生出守时、有序、整洁、礼貌、诚实等现实能力（即第二能力）。这些积极力量有助于消解我们的心理困扰。

（二）积极心理治疗及其实践

积极心理治疗（positive therapy）是指以积极心理学思想为指导，借助个体自身的积极力量和美德，让个体在修补自身缺陷、解决问题的同时，朝着积极的方向发生正面改变的心理疗法。

在积极心理治疗领域中，有两位较为活跃的学者：一位是来自德国的诺斯拉特·佩塞施基安教授，他在跨文化研究的基础上创立了一种积极心理治疗范式，另一位是塞利格曼教授，他提出了积极预防和积极治疗的观点。生活意义疗法、接纳与承诺疗法都纳入积极治疗的范畴。虽然积极心理治疗是以积极心理学思想为理论指导的一类心理疗法，但是积极心理治疗的实践先于积极心理学思想的产生。这两位学者都希望发展和增强自身的人格优势，培养积极的人格力量，增强环境中促进幸福感的因素，推动人的积极发展。

这里简要介绍佩塞施基安教授创立的积极心理治疗方法。这种在东方文化的基础上建立的积极心理治疗的理论、方法和技术有两种干预和治疗的思路：一是根植于积极人性，让当事人看到自身具有的潜能和积极品质；二是借助于东方寓言、神话等，提供正向观点，让当事人从中获得新的认识，建立自我信任和安全。在实践中，我们一般可以通过以下五个阶段，引导自己形成积极取向的认知和积极情感。

1. 观察和保持距离阶段

当事人尽可能以书面形式汇报自己什么时候对什么事、什么人感到烦恼，对什么事感到愉快，让当事人学习区分积极事件和消极事件。同时，当事人重新学习在面对这些事情时有哪些其他可选的态度和行为方式。

2. 调查阶段

当事人根据鉴别分析调查表，确定自己在哪些方面表现出典型的积极品质，在哪些方面又表现出消极品质。由此得到自己在品质、行为方式和能力方面较为系统而全面的信息。

3. 鼓励阶段

鼓励阶段的重点在于改变习以为常的交往模式、促进伙伴之间的信任及改变当事人的态度。具体做法是放弃对冲突伙伴的消极行为的批评，只对对方表现出来的积极行为进行鼓励，这种与习惯相反的新做法有助于建立新的伙伴关系。为了让当事人同自己的伙伴建立起信任关系，当事人需要学着强化自己伙伴身上的积极品性，弱化自己身上与之相关并容易引起冲突的消极品性。

4. 语言表达阶段

作为沟通工具的语言容易造成误解。语言表达阶段就是让冲突伙伴们努力消除他们之间存在的误解。礼貌与诚实的关系是语言表达阶段的关键冲突。治疗师在这个阶段要帮助当事人确立一个以"礼貌-诚实"这个关键冲突为核心，并有具体内容的鉴别和练习规划。为了让当事人摆脱把冲突闷在心里不说或者曲解冲突的状况，治疗师应指导当事人按照确定的规则，逐步练习如何同自己的伙伴进行沟通，既谈论自己的积极的品性和经历，也谈论消极的方面。

5. 扩大目标阶段

限制自己的目标是心理障碍者最容易出现的做法，因此要有目的地消除来访者视野的狭隘性。要指导来访者学着不把冲突转移到其他行为领域，而是努力追求新的、过去从未体验过的目标。

名词解释 ▶▶▶

个人成长主动性：在成长过程中，个体有意识地、积极主动地提升和完善自己的倾向。

自我设限：针对可能到来的失败威胁，个体预先表现出一些预防性行为，以求在失败到来时心安理得。

心理健康服务：运用心理学及医学的理论和方法，预防或减少各类心理行为问题，促进心理健康，提高生活质量，主要包括心理健康知识科普、心理咨询与治疗、心理援助以及心理危机干预等。

积极心理治疗：以积极心理学思想为指导，借助于个体自身的积极力量和美德，让个体在修补自身缺陷、解决问题的同时，朝着积极的方向发生正面改变的治疗技术。

思考与练习

1. 请你描述一下生活中自己主动改变的事例。

2. 结合生活实例，谈谈在哪些情境中我们会主动要求改变，哪些时候我们会害怕改变。

3. 和周围的同学讨论一下，当自己有困惑、需要帮助的时候该怎么办。

参 考 文 献

[1] 毕重增,黄希庭,窦刚.青年学生自信类型划分初探[J].心理科学,2008,31(2):431-433.

[2] 蔡先金.人格本位:大学生健全人格之培育[J].现代大学教育,2007(6):82-88.

[3] 曹砚辉.当前高校师生关系存在的问题及解决对策[J].教育探索,2012(3):99-100.

[4] 车丽萍,黄希庭.青年大学生自信的理论建构研究[J].心理科学,2006(3):563-569.

[5] 陈足怀,刘旭峰,苗丹民,等.毛笔书写对老年人认知加工能力的影响[J].中国行为医学科学,2002(6):620-621.

[6] 陈建文.健康人格教育的理论透视[J].高等教育研究,2010(3):81-87.

[7] 陈建文,王滔.大学生压力事件、情绪反应及应对方式——基于武汉高校的问卷调查[J].高等教育研究,2012(10):87-94.

[8] 陈建文,王滔.压力应对人格:一种有价值的人格结构[J].西南大学学报(社会科学版),2008(5):133-138.

[9] 陈永艳,张进辅,李建.迷信心理研究述评[J].心理科学进展,2009(1):218-226.

[10] 程明明,樊富珉,彭凯平.生命意义源的结构与测量[J].中国临床心理学杂志,2011(5):591-594.

[11] 程凯,曹贵康.走神的理论假设、影响因素及其神经机制[J].心理科学进展,2014(9):1435-1445.

[12] 崔景贵.德国积极心理治疗范式述要[J].江苏教育学院学报(社会科学版),2009(5):1-5.

[13] 杜建政,夏冰丽.自豪的结构、测量、表达与识别[J].心理科学进展,2009(4):857-962.

[14] 费孝通.乡土中国[M].人民出版社,2008:28-30.

[15] 范丰慧,汪宏,黄希庭,等.当代中国人的孝道认知结构[J].心理科学,2009(3):751-754.

[16] 樊万奎,段兆兵.近十年我国师生关系研究的回顾、反思与展望[J].教育科学研究,2009(12):67-71.

[17] 葛明贵.健全人格的内涵及其教育[J].安徽师范大学学报(人文社会科学版),2003(4):469-473.

[18] 谷传华,陈会昌,许晶晶.中国近现代社会创造性人物早期的家庭环境与父母教养方式[J].心理发展与教育,2003(4):17-22.

[19] 郭丁荣,任俊,张振新,等.品味:主动用心地感受积极体验[J].心理科学进展,2013(7):1262-1271.

[20] 郝琦,乐国安.积极心理治疗的理论与方法述评[J].赣南师范学院学报,2000(1):28-34.

[21] 何安明,刘华山,惠秋平.大学生感恩内隐效应的实验研究[J].心理发展与教育,2013

(1):23-30.

[22] 候佳捷. 大学生自我同情及其与心理健康的相关研究[D]. 重庆:西南大学,2007.

[23] 侯玉波. 文化心理学视野中的思维方式[J]. 心理科学进展,2007(2):211-216.

[24] 胡发贵. 论中国传统文化之"忍"[J]. 社会科学战线,2003(4):20-24.

[25] 胡金生. 中国人自谦的动机及其与主观幸福感的关系[J]. 辽宁师范大学学报(社会科学版),2009(5):48-51.

[26] 胡金生,黄希庭. 自谦:中国人一种重要的行事风格初探[J]. 心理学报,2009(9):842-852.

[27] 黄时华,邱鸿钟. 大学生的榜样偶像崇拜与专业学习的动机激发[J]. 社会心理科学,2006(5):50-53.

[28] 黄希庭,郑涌. 中国心理健康服务:基于需求与服务关系的研究[J]. 心理与行为研究,2015(5):585-590.

[29] 黄希庭,郑涌,李宏翰. 学生健全人格养成教育的心理学观点[J]. 广西师范大学学报(哲学社会科学版),2006(3):90-94.

[30] 蒋长好,陈婷婷. 身体活动对情绪的影响极其脑机制[J]. 心理科学进展,2014(12):1889-1898.

[31] 江光荣,王铭. 大学生心理求助行为研究[J]. 中国临床心理学杂志,2003(3):180-184.

[32] 姜永志,张海钟. 中国人自我的本土化心理研究——"忍"的和谐思想[J]. 延边大学学报(社会科学版),2010(2):113-116.

[33] 靳宇倡,何明成,李俊一. 生命意义与主观幸福感的关系:基于中国样本的元分析[J]. 心理科学进展,2016(12):1854-1863.

[34] 景枫. 试论构建人际关系和谐[J]. 河北师范大学学报(哲学社会科学版),2008(2):74-77.

[35] 柯江林,孙健敏,李永瑞. 心理资本:本体量表的开发及中西比较[J]. 心理学报,2009(9):875-888.

[36] 雷鸣,戴艳,肖宵,等. 心理复原的机制:来自特质性复原力个体的证据[J]. 心理科学进展,2011(6):874-782.

[37] 李斌,马红宇. 习惯研究的现状与展望[J]. 心理科学,2012(3):745-753.

[38] 李恩洁,凤四海. 报复的理论模型及相关因素[J]. 心理科学进展,2010(10):1644-1652.

[39] 李凤兰,王小云,张倩楠. 转型期大学生的幸福观及其对主观幸福感的作用[J]. 湖北社会科学,2016(4):188-194.

[40] 李国珍. 大学课程学习的满意度研究——以武汉市高校 2500 名高校大学生的调查为例[J]. 高等教育研究学报,2014(1):51-55.

[41] 李虹,梅锦荣. 大学校园压力的类型和特点[J]. 心理科学,2002(4):398-508.

[42] 李力,廖晓明. 积极心理资本:测量及其与应对方式的关系研究[J]. 黑龙江高教研究,2012(9):37-40.

[43] 李琼,黄希庭. 自我控制:内涵及其机制与展望[J]. 西南大学学报(社会科学版),2012(2):41-52,173.

[44] 李育辉,傅婷,魏薇. 高中到大学阶段学生的压力和应对变化:一项追踪研究[J]. 心理科学,2012(2):396-400.

[45] 李祚山. 大学生健全人格特征的内隐观研究[J]. 心理科学,2005(6):1406-1409.

[46] 梁亮,吴明证. 婚姻关系中的情绪表达和情绪表达冲突[J]. 应用心理学,2009(4):334-338.

[47] 刘富汉. 大学生非理性信念与人格的关系研究[D]. 福州:福建师范大学,2009.

[48] 刘立新,董竹娟,张宏宇. 妨碍大学生专业心理求助行为的原因探讨[J]. 中国青年研究,2009(3):51-58.

[49] 刘孟超,黄希庭. 希望:心理学的研究述评[J]. 心理科学进展,2013(3):548-560.

[50] 刘裕,贾志永. 大学生学校生活满意度的实证研究[J]. 中国青年研究,2008(1):56-60.

[51] 陆洛. 个人取向与社会取向的自我观:概念分析与实征测量[J]. 美中教育评论,2007(4):1-24.

[52] 骆艳萍. 试论同情心教育的价值与途径[J]. 湖南师范大学教育科学学报,2009(4):41-45.

[53] 罗正学,苗丹民,高定国,等. 书法训练对军校大学生的情绪调节[J]. 心理科学,2000(5):564-567.

[54] 塞利格曼. 持续的幸福[M]. 赵昱鲲,译. 杭州:浙江人民出版社,2012.

[55] 许春玲,周树智. 幸福社会价值论[M]. 北京:社会科学文献出版社,2013:86-96.

[56] 苗元江. 心理学视野中的幸福——幸福感理论与测评研究[D]. 南京:南京师范大学,2003.

[57] 苗元江,王青华. 大学生社会幸福感调查研究[J]. 赣南师范大学学报,2009(4):76-81.

[58] 苗元江,余嘉元. 试论幸福教育的起点、核心、目标[J]. 教育评论,2001(5):7-8.

[59] 佩塞施基安. 积极心理治疗——正向的理论与实践[M]. 白锡方,译. 北京:知识产权出版社,2013.

[60] 蒲清平,朱丽萍. 大学生"知恩图报"的心理反应特点[J]. 心理科学,2012(5):1185-1189.

[61] 邱林,郑雪. 大学生生活满意度判断的文化差异研究[J]. 心理发展与教育,2007(1):66-67.

[62] 任俊,叶浩生. 积极:当代心理学研究的价值核心[J]. 陕西师范大学学报(哲学社会科学版),2004(4):106-111.

[63] 石国兴,王紫薇. 心理和谐概念辨析[J]. 心理科学,2013(1):234-238.

[64] 舒首立,卢会醒,张露,等. 中国文化的自尊与西方文化的 self-esteem 之比较[J]. 西南大学学报(社会科学版),2012(1):45-51,174.

[65] 宋兴川,乐国安. 大学生生活满意度与精神信仰关系的研究[J]. 应用心理学,2004(4):39-43.

[66] 谭小宏,秦启文. 责任心的心理学研究与展望[J]. 心理科学,2005(4):991-994.

[67] 唐家林,李祚山,张小艳. 大学生积极心理资本与主观幸福感的关系[J]. 中国健康心理学杂志,2012(7):1105-1108.

[68] 田克俭. 良心在道德行为中的作用及良心的形成[J]. 道德与文明,2004(1):29-31.

[69]　涂阳军,郭永玉.创伤后成长:概念、影响因素、与心理健康的关系[J].心理科学进展,2010(1):114-122.

[70]　万黎,夏凌翔.试论幸福感与健全人格的关系[J].西南大学学报(社会科学版),2004(6),19-21.

[71]　王甫勤.大学生寝室人际关系影响因素的实证研究[J].大学教育科学,2008(1):84-89.

[72]　王嘉毅,赵志纯.大学生校园生活满意度的实证研究[J].大学(研究与评价),2007(11):17-24.

[73]　王青华.社会幸福感心理结构的跨群体研究[D].南昌:南昌大学,2010.

[74]　王禧.大学生建立亲密关系的过程研究[J].中国青年研究,2014(4):85-92.

[75]　王小章.中国社会心理学[M].杭州:浙江大学出版社,2008.

[76]　汪新建,史梦薇.中国人压力应对研究:基于主位与客位的视角[J].心理科学进展,2013(7):1239-1247.

[77]　王彦,李廷黎,冯华润,等.大学生幸福感提升的纵向研究:适合度和努力的调节作用[J].心理科学,2013(3):647-652.

[78]　王枬.论教师的仁爱之心[J].教育研究,2016(8):117-124.

[79]　吴宝沛,张雷.妒忌:一种带有敌意的社会情绪[J].心理科学进展,2012(9):1467-1478.

[80]　吴继霞,黄希庭.诚信结构初探[J].心理学报,2012(3):354-368.

[81]　吴柔嘉,雷鸣.中国道家认知疗法的应用研究现状与展望[J].心理技术与应用,2019(11):693-700.

[82]　邢占军,黄立清.Ryff心理幸福感量表在我国城市居民中的试用研究[J].中国健康心理学杂志.2004(3):231～233.

[83]　杨慊,程巍,贺文洁,等.追求意义能带来幸福吗?[J].心理科学进展,2016(9):1496-1503.

[84]　杨晓慧.当代大学生生活方式问题及对策研究[J].东北师大学报(哲学社会科学版),2006(6):189-193.

[85]　徐伟,李朝旭,韩仁生.友谊的结构研究——一项对大学生友谊内隐观的调查研究[J].心理科学,2006(5):1096-1100.

[86]　许远理,熊承清.大学生情绪智力对主观幸福感的预测效应分析[J].心理研究,2009(4):77-81.

[87]　许艳杰.大学生未来时间洞察力、成就动机与心理幸福感的关系研究[D].石家庄:河北师范大学,2009.

[88]　杨宝琰,万明钢.跨文化心理学中的压力和应对研究[J].心理科学,2008(4):925-928.

[89]　杨国枢.中国人的心理与行为:本土化研究[M].北京:中国人民大学出版社,2004.

[90]　杨晓峰,李玮,郑雪.试论心理和谐的构建[J].内蒙古大学学报(哲学社会科学版),2009(3):117-121.

[91]　杨艳,洪恩强.江西高校师生关系现状调查[J].当代教育理论与实践,2010(5):94-97.

[92]　杨宜音.试析人际关系及其分类——兼与黄光国先生商榷[J].社会学研究,1995(5):

18-23.

[93] 杨玉辉. 道家幸福观的内容、特点及其当代意义[J]. 中国道教,2011(6):30-33.

[94] 杨中芳. 中庸社会心理学研究的构念化:兼本辑导读[M]//杨宜音,中国社会心理学评论(第七辑). 北京:社会科学文献出版社,2014.

[95] 俞国良,王浩. 社会转型期大学生心理健康教育观念的思考:访谈证据[J]. 黑龙江高教研究,2017(3):106-108.

[96] 袁加锦,龙泉杉,丁南翔,等. 负性情绪调节的效率:中国文化背景下认知重评与表达抑制的对比[J]. 中国科学:生命科学,2014(6):602-613.

[97] 曾红,郭斯萍. "乐"——中国人的主观幸福感与传统文化中的幸福观[J]. 心理学报,2012(7):986-994.

[98] 张海霞,谷传华. 宽恕与个体特征、环境事件的关系[J]. 心理科学进展,2009(4):774-779.

[99] 张静. 中西幸福观之比较[J]. 山东社会科学,2008(3):64-68.

[100] 张阔,付立菲,王敬欣. 心理资本、学习策略与大学生学业成绩的关系[J]. 心理学探新,2011(1):47-53.

[101] 张莉,钟向阳. 是"释放压力",还是"掩盖压力"?——对大学生压力释放与应对方式的初步调查与思考[J]. 青年探索,2009(4):36-40.

[102] 张清芳. 大学生希望特质的评定与干预研究[D]. 北京:北京师范大学,2002.

[103] 张晓明. 中国本土心理学资源中"乐"的思想[J]. 吉林师范大学学报(人文社会科学版),2011(1):19-22.

[104] 赵子真,吴继霞,吕倩倩,等. 诚信人格特质初探[J]. 心理科学,2009(3):626-629.

[105] 郑雪. 健康人格的理论探索[J]. 华南师范大学学报(社会科学版),2006(5):141-147,160.

[106] 周斌,刘俊升,桑标. 书法练习对儿童个性发展的影响[J]. 心理科学,2005(5):1266-1268.

[107] 周浩,王琦,董妍. 无聊:一个久远而又新兴的研究主题[J]. 心理科学进展,2012(1):98-107.

[108] 周晓虹. 现代社会心理学[M]. 上海:上海人民出版社,1997.

[109] 宗培,白晋荣. 宽恕干预研究述评——宽恕在心理治疗中的作用[J]. 心理科学进展,2009(5):1010-1015.

[110] AYUB N. The relationship of personal growth initiative, psychological well-being, and psychological distress among adolescents[J]. Journal of Teaching in Physical Education,2012(6),101-107.

[111] BELLIZZI K M, BLANK T O. Predicting posttraumatic growth in breast cancer survivors[J]. Health Psychology, 2006(1):47-56.

[112] BONANNO G A. Loss, trauma, and human resilience[J]. American Psychologist,2009(1),20-28.

[113] BONANNO G A, Ho S M Y, CHAN, et al. Psychological resilience and dysfunction among hospitalized survivors of the SARS epidemic in Hong Kong:a latent class

approach[J]. Health Psychology, 2008(5):659-667.

[114] BRYANT F B, VEROFF J. Savoring: A new model of positive experience[M]. Mahwah: Lawrence Erlbaum Associates, 2007.

[115] BURGDORT J, PANKSEPP J. The neurobiology of positive emotions[J]. Neuroscience and Behavioral Reviews, 2006(2):173-187.

[116] BUTLER E A, LEE T L, GROSS J J. Emotion regulation and culture: Are the social consequences of emotion suppression culture-specific? [J]. Emotion, 2007(1):30-48.

[117] CAHN B R, POLICH J. Meditation states and traits: EEG, ERP, and neuroimaging studies[J]. Psychological Bulletin, 2006(2): 180-211.

[118] CIKARA M, FISKE S T. Stereotypes and schadenfreude: Affective and physiological markers of pleasure at outgroup misfortunes[J]. Social Psychological and Personality Science, 2012(3): 63-71.

[119] ELLIOT A J, DWECK C S, YEAGER D S. Handbook of competence and motivation [M]. New York: Guilford Press, 2018.

[120] DAY L, HANSON K, MALTBY J, et al. Hope uniquely predicts objective academic achievement above intelligence, personality, and previous academic achievement[J]. Journal of Research in Personality, 2010(4): 550-553.

[121] DUNKEL C S. Possible selves as a mechanism for identity exploration[J]. Journal of Adolescence, 2000(23):519-529.

[122] EMMONS R A, MCCULLOUGH M E. The Psychology of Gratitude[M]. New York: Oxford University Press, 2012.

[123] FREESTON M H, RHE'AUME J, LETARTE H, et al. Why do people worry? [J] Personality and Individual Differences, 1994(17):791-802.

[124] GARLAND E, GAYLORD S, PARK J. The role of mindfulness in positive reappraisal [J]. Explore: The Journal of Science and Healing, 2008(1): 37-44.

[125] GLANTZ M D, SLOBODA Z. Resiliency and development: Positive life adaptations [M]. NY: Kluwer Academic, 1999.

[126] GORAL F S, KESIMCI A, GENCOZ T. Roles of the controllability of the event and coping strategies on stress-related growth in a Turkish sample[J]. Stress and Health, 2006(22):297-303.

[127] GORDON I, ZAGOORY-SHARON O, LECKMAN J F, et al. Oxytocin and the development of parenting in humans[J]. Biological Psychiatry, 2010(4): 377-382.

[128] DAVIDSON R J, SCHERER K R, GOLDSMITH H H. Handbook of affective sciences [M]. Oxford: Oxford University Press, 2003.

[129] SMITH R H. Envy: Theory and research [J]. Envy, 2008.

[130] IRVING L M, SNYDER C R, CHEAVENS J, et al. The Relationships Between Hope and Outcomes at the Pretreatment, Beginning, and Later Phases of Psychotherapy[J]. Journal of Psychotherapy Integration, 2004 (4): 419-443.

[131] JI L J, PENG K, NIBETT R E. Culture, control, and perception of relationships in the

enviroment[J]. Journal of Personality and Social Psychology，2000(78)：943-955.

[132] JORM A F，KORTEN A E，JACOMB P A，et al. "Mental health literacy"：a survey of the public's ability to recognise mental disorders and their beliefs about the effectiveness of treatment[J]. Medical Journal of Australia，1997(4)：182-186.

[133] JOSEPH S，MURPHY D，REGEL S. An affective-cognitive processing model of post-traumatic growth[J]. Clinical Psychology and Psychotherapy，2012(4)，316-325.

[134] KASTENMULLER A，GREITEMEYER T，EPP D，et al. Posttraumatic growth：why do people grow from their trauma? [J]. Anxiety，Stress & Coping：An International Journal，2012(5)：477-489.

[135] KEYES C L M. Social well-being[J]. Social Psychology Quarterly，1998(61)：121-140.

[136] KEYES C L M. The mental health continuum：From languishing to flourishing in life [J]. Journal of Health and Social Behavior，2002(2)：207-222.

[137] KEYES C L M. Promoting and protecting mental health as flourishing：A complementary strategy for improving national mental health[J]. American Psychologist，2006(2)：95～108.

[138] KILLINGSWORTH M A，GILBERT D T. A wandering mind is an unhappy mind[J]. Science，2010，330(6006)：932.

[139] KLAUSNER E J，SNYDER C R，CHEAVENS J. A hope-based group treatment for depressed older adult outpatients[M]// WILLIAMSON G M，SHAFFER D R，PARMELEE P A. Physical illness and depression in older adults：A Handbook of Theory，Research，and Practice. New York：Springer U. S，2002：295-310.

[140] KUMPFER K L. Factors and processes contributing to resilience：The resilience framework[M]//GLAHTZ M D，SLOBODAZ. Resiliency and development：Positive life adaptations. NewYork：Kluwer Academic，1999：179-224.

[141] LECHNER S C，ANTONI M H. Posttraumatic growth and group-based interventions for persons dealing with cancer：what have we learned so far[J]. Psychological Inquiry，2004(1)：35-41.

[142] LECHNER S C，ZAKOWSKI S G，ANTONI M H，et al. Do sociodemographic and disease-related variables influence benefit-finding in cancer patients[J]. Psycho-Oncology，2003(12)：491-499.

[143] LETZRING D T，BLOCK J，FUNDER D C. Ego-control and ego-resiliency：Generalization of self-report scales based on personality descriptions from acquaintances，clinicians，and the self[J]. Journal of research in personality. 2005 (39)：395-422.

[144] LEVINE A，ZAGOORY-SHARON O，FELDMAN R，et al. Oxytocin during pregnancy and early postpartum：Individual patterns and material-fetal attachment[J]. Peptides，2007(6)：1162-1169.

[145] LEVINE S Z，LAUFER A，STEIN E，et al. Examining the Relationship between Resilience and Posttraumatic Growth[J]. Journal of Traumatic Stress，2009(4)：

282-286.

[146] LU L, GILMOUR R. Culture and conceptions of happiness: Individual oriented and social oriented SWB[J]. Journal of Happiness Studies, 2004(5):269-291.

[147] LUTHANS F, LUTHANS K W, L B C. Positive psychological capital: Beyond human and social capital[J]. Business Horizons, 2004(47):45-50.

[148] MARQUES S C, PAIS-RIBEIRO J L, LOPEZ S J. The role of positive psychology constructs in predicting mental health and academic achievement in children and adolescents: A two-year longitudinal study[J]. Journal of Happiness Studies, 2011(6): 1049-1062.

[149] MCCULLOUGH M E, BELLSH C G, KILPATRICK S D, et al. Vengefulness: Relationships with forgiveness, rumination, well-being, and the Big Five [J]. Personality and Social Psychology Bulletin, 2001(5): 601-610.

[150] MCMILLEN J C, SMITH E M, FISHER R H. Perceived benefit and mental health after three types of disaster[J]. Journal of Consulting and Clinical Psychology, 1997 (5): 733-739.

[151] MCVAY J C, KANE M J. Does mind wandering reflect executive function or executive failure? Comment on Smallwood and Schooler (2006) and Watkins (2008) [J]. Psychological Bulletin, 2010(2): 188-207.

[152] MELTZOFF A N, MOORE M K. Newborn infants imitate adult facial gestures[J]. Child Development, 1983,54: 702-709.

[153] MIYAMOTO Y, MA X M. Dampening or savoring positive emotions: A dialectical cultural script guides emotion regulation[J]. Emotion, 2011,11(6): 1346-1357.

[154] NEFF K D. Self-compassion: An alternative conceptualization of a healthy attitude toward oneself[J]. Self and Identity, 2003,2(2):85-102.

[155] NELSON S D. The posttraumatic growth path: An emerging model for prevention and treatment of trauma-related behavioral health conditions[J]. Journal of Psychotherapy Integration, 2011,21(1): 1-42.

[156] O NG A, EDWARDS L, BERGEMAN C. Hope as a source of resilience in later adulthood[J]. Personality and Individual Differences, 2006,41(7): 1263-1273.

[157] PARK C L. Making sense of the meaning literature: An integrative review of meaning making and its effects on adjustment to stressful life events[J]. Psychological Bulletin, 2010,136(2): 257-301.

[158] QUICK J C, QUICK J D, NELSON D L, et al. Preventive stress management in organization[J]. Personnel,1997.

[159] RICHARDSON G. The Metatheory of Resilience and Resiliency[J]. Journal of Clinical Psychology, 2002,58(3): 307-321.

[160] ROBITSCHEK C. Personal growth initiative: The construct and its measure[J]. Measurement and Evaluation in Counseling and Development, 1998,30(4): 183-198.

[161] ROBITSCHEK C, ASHTON M W, SPERING C C, et al. Development and

psychometric evaluation of the Personal Growth Initiative Scale-II[J]. Journal of Counseling Psychology, 2012,59(2):274-287.

[162] ROBITSCHEK C, KEYES C L M. Keyes's model of mental health with personal growth initiative as a parsimonious predictor[J]. Journal of Counseling Psychology, 2009,56(2): 321-329.

[163] RYFF C D, KEYES C L M. The structure of psychological well-being revisited[J]. Journal of Personality and Social Psychology, 1995,69: 719~717.

[164] HO S M Y, CHU K W, YIU J. The relationship between explanatory style and posttraumatic growth after bereavement in a non-clinical sample[J]. Death Studies, 2008,32:461-478.

[165] SCHLENKE B R, WEIGOLD M F, SCHLENKE K A. What makes a hero? The impact of integrity on admiration and interpersonal judgment[J]. Journal of Personality, 2008,76(2): 323-354.

[166] SHARMA H L, RANI, R. Relationship of personal growth initiative with self-efficacy among university postgraduate students[J]. Journal of Education and Practice, 2013,4 (16), 125-135.

[167] SHIOTA M N, KELTNER D, MOSSMAN A. The nature of awe: Elicitors, appraisals, and effects on self-concept[J]. Cognition and Emotion, 2007, 21(5): 944-963.

[168] SINGER T, LAMM C. The social neuroscience of empathy[J]. Annals of the New York Academy of Sciences,2009,1156(1): 81-96.

[169] SMALLWOOD J, SCHOOLER J W. The restless mind[J]. Psychological Bulletin, 2006,132(6):946-958.

[170] SMITH A. Cognitive empathy and emotional empathy in human behavior and revolution [J]. The Psychological Record, 2006,56: 3-21.

[171] SNYDER C R. Hope theory: Rainbows in the mind[J]. Psychological Inquiry, 2002,13 (4): 249-275.

[172] STONE V E, BARON-COHEN S, KNIGHT R T. Frontal lobe contribution to theory of mind[J]. Journal of Cognitive Neuroscience, 1998,10: 640-646.

[173] TAKAHASHI H, KATO M, MATSUURA M,et al. When your gain is my pain and your pain is my gain: Neural correlates of envy and schadenfreude[J]. Science, 2009, 323: 937-939.

[174] TEDESCHI R G, CALHOUN L G. The posttraumatic growth inventory measuring the positive legacy of trauma[J]. Journal of Traumatic Stress, 1996,9(3): 455-471.

[175] TOMICH P L, HELGESON V S. Is finding something good in the bad always good? Benefit finding among women with breast cancer[J]. Health Psychology, 2004,23(1): 16-23.

[176] TRACY J L, ROBINS R W. The psychological structure of pride: A tale of two facets [J]. Journal of Personality and Social Psychology, 2007,92: 506-525.

［177］ YOUSSEF C M，LUTHANS F. Positive organizational behavior in the workplace：The impact of hope，optimism，and resilience［J］. Journal of Management，2007，33(5)：774-800.

［178］ ZOELLNER T，MAERCKER A. Posttraumatic growth in clinical psychology-A critical review and introduction of a two component model［J］. Clinical Psychology Review，2006，26(5)：626-653.